Ebert · Kosten- und Leistungsrechnung

Moderne Wirtschaftsbücher
Herausgegeben von Prof. Dr. Eduard Mändle

Günter Ebert

Kosten- und Leistungsrechnung

Mit einem ausführlichen Fallbeispiel

9., überarbeitete Auflage

GABLER

Prof. Dr. Günter Ebert lehrte an der Fachhochschule Nürtingen die Fachgebiete Kostenrechnung und Controlling und ist Gründer der Institut für Controlling Prof. Dr. Ebert GmbH, Nürtingen.

Die Deutsche Bibliothek – CIP-Einheitsaufnahme
Ein Titeldatensatz für diese Publikation ist bei
Der Deutschen Bibliothek erhältlich.

1. Auflage 1978
2. Auflage 1982
3. Auflage 1984
4. Auflage 1987
5. Auflage 1989
6. Auflage 1991
7. Auflage 1994
8. Auflage 1997
9. Auflage Oktober 2000

Konzeption und Layout des Umschlags: Ulrike Weigel, www.CorporateDesignGroup.de
Druck und buchbinderische Verarbeitung: MediaPrint, Paderborn
Printed in Germany

ISBN 3-409-21123-3

Vorwort zur ersten Auflage

Die vorliegende Veröffentlichung gibt einen Gesamtüberblick über den aktuellen Entwicklungsstand der Kosten- und Leistungsrechnung. Sie ist als Lehr- und Nachschlagewerk für Studierende und Praktiker aufgebaut.

Einleitend wird die Stellung und Bedeutung der Kosten- und Leistungsrechnung im Unternehmen sowie innerhalb des Rechnungswesens dargestellt. Das *erste Kapitel* behandelt die wichtigsten kostenrechnerischen Grundlagen. Dabei geht es um den grundlegenden Aufbau sowie die wesentlichen Prinzipien, nach denen die Kostenrechnung betrieben wird. Das *zweite Kapitel* beschäftigt sich ausführlich mit der generellen Gestaltung der Kostenarten-, Kostenstellen- und Kostenträgerrechnung als den wesensbestimmenden Teilgebieten jeder Kosten- und Leistungsrechnung. Im *dritten Kapitel* sind alle derzeit bekannten und für die Praxis relevanten Kostenrechnungssysteme beschrieben. Dabei wird auch eine Beurteilung der Anwendbarkeit der systembedingt unterschiedlichen Aussagen vorgenommen. Anschließend kommt im *vierten Kapitel* ein integriertes Rechenbeispiel einer Kosten- und Leistungsrechnung auf Voll- und Teilkostenbasis zur Darstellung.

Aus der Vielzahl der vorhandenen Einführungen in die Kosten- und Leistungsrechnung hebt sich die vorliegende Veröffentlichung dadurch ab, daß versucht wird, den Stoff im Rahmen eines *Lernprozesses* zu vermitteln. Dazu werden für die einzelnen Abschnitte jeweils *Lernziele* formuliert. Zur Vertiefung der Wissensaufnahme sind entsprechend der unterschiedlichen Voraussetzungen der Leser zusätzlich viele *schematische* und *zahlenmäßige* Darstellungen und Zusammenfassungen aufgenommen worden. Die am Ende jeder Lerneinheit vorgegebenen *Fragen* dienen der *Kontrolle* der Wissensaneignung und der Umsetzung in Können. Besondere Bedeutung kommt dabei dem *integrierten Rechenbeispiel* zu. Ausgehend von einem einheitlichen Zahlenmaterial können die wesentlichen Vollkosten- und Teilkostenberechnungen durchgeführt und damit eine komplette Kostenrechnung abgewickelt werden. Die wichtigsten Unterscheidungsmerkmale beider in der Praxis angewendeten Kostenrechnungssysteme lassen sich damit deutlich aufzeigen und beurteilen.

Günter Ebert

Vorwort zur siebten Auflage

Die wesentliche Zunahme der Fixkosten, insbesondere auch in den indirekten Bereichen, verschärft das Programm einer effizienten Kostenkontrolle und einer aussagefähigen Kalkulation. Aufgrund zunehmender Dynamik und Diskontinuitäten gewinnen außerdem die Plankosten zunehmend größere Bedeutung gegenüber den Istkosten. Als bedeutende Reaktionen hierauf sind die Prozeßkostenrechnung und das Target Costing als neue Ansätze in der Kostenrechnung zu verstehen, die nunmehr erstmals dargestellt sind. Außerdem wurden der Wirtschaftlichkeitsfaktor als zusätzliche Produktkennziffer aufgenommen sowie einige formale Korrekturen durchgeführt.
Für die Vorbereitung der Ergänzungen danke ich meinem Assistenten, Herrn Dipl.-Betriebswirt Ralph Siegmund.

Nürtingen, im Februar 1994   *Günter Ebert*

Vorwort zur achten Auflage

In der achten Auflage wurde eine gründliche Überarbeitung, Erweiterung und Aktualisierung der Publikation vorgenommen. Besonders hervorzuheben sind dabei die Ergänzungen zur Prozeß- und Zielkostenrechnung sowie die Ausführungen zum Controlling als Managementfunktion und Führungskonzeption.
Mein besonderer Dank für die Mitwirkung an der Überarbeitung gilt meinen Mitarbeitern am Institut für Controlling, Herrn Dipl.-Betriebswirt (FH), k.e.n. (VAK Moskau) Steinhübel, Herrn Dipl.-Betriebswirt (FH) Monien und Herrn Dipl.-Betriebswirt (FH) Siegmund.

Nürtingen, im Juli 1997   *Günter Ebert*

Vorwort zur neunten Auflage

Durch vielfältige Anregungen der Leser konnten wieder wesentliche formale Verbesserungen vorgenommen werden. Ich danke Frau Dipl.-Betr.Wirtin (FH) Silke Lutz für ihre Mitarbeit beim Gelingen der 9. Auflage.

Nürtingen, im September 2000   *Günter Ebert*

Inhalt

Abkürzungsverzeichnis

BÄ	Bestandsänderungen
BAW	Beschäftigungsabweichung
BPG	Basisplanbeschäftigungsgrad
BPK	Basisplankosten
DB	Deckungsbeitrag
E	Erlöse
EK	Einzelkosten
FEKZ	Forschungs- und Entwicklungskostenzuschlag
FGK	Fertigungsgemeinkosten
FL	Fertigungslohn
FM	Fertigungsmaterial
GAW	Gesamtabweichung
GK	Gemeinkosten
HK	Herstellkosten
IBG	Istbeschäftigungsgrad
IK	Istkosten
K	Kosten
KA	Kostenarten
KAR	Kostenartenrechnung
KIK	Kontrollfähige Istkosten
KST	Kostenstellen
KSTR	Kostenstellenrechnung
KTR	Kostenträgerrechnung
KTRZR	Kostenträgerzeitrechnung
KTSTR	Kostenträgerstückrechnung
MAW	Mengenabweichung
MGK	Materialgemeinkosten
MStS	Maschinenstundensatz
NA	Neutraler Aufwand
NK	Normalkosten
PAW	Preisabweichung
PK	Plankosten
RFGK	Restfertigungsgemeinkosten
SEK	Sondereinzelkosten
SK	Selbstkosten
TKR	Teilkostenrechnung
VAW	Verbrauchsabweichung
VKR	Vollkostenrechnung
VtGK	Vertriebsgemeinkosten
VwGK	Verwaltungsgemeinkosten

Einleitung:
Kosten- und Leistungsrechnung als Teilgebiet des betrieblichen Rechnungswesens

I. Wesen und Bedeutung des Rechnungswesens

Das Rechnungswesen eines Unternehmens umfaßt vielschichtige und vielgestaltige Aufgaben. Es spannt sich gleichsam wie ein Netz über den gesamten Leistungserstellungs- und -verwertungsprozeß und versucht, den Betriebsablauf so abzubilden, daß Erkenntnisse über seinen bisherigen Ablauf und zu seiner zukünftigen Gestaltung gewonnen werden.

Alles Streben der Unternehmensführung ist letztlich auf die dauerhafte Sicherung der Existenz eines Betriebes gerichtet. Dazu ist es erforderlich, das Unternehmen stets liquide zu halten sowie in möglichst hohem Maße rentabel, wirtschaftlich und produktiv zu arbeiten. Die *Liquidität* ist gegeben, solange alle fälligen Zahlungsverpflichtungen fristgerecht geleistet werden können. Die *Rentabilität* beruht auf dem Gewinn, der in Relation zum eingesetzten Kapital bzw. zum erzielten Umsatz gesetzt wird. Die *Wirtschaftlichkeit* läßt sich durch einen Vergleich zwischen Istkosten und Sollkosten ermitteln. Die *Produktivität* berechnet sich als ein Verhältnis zwischen Ausstoß (output) zu Einsatz (input).

Allgemeine *Aufgabe* des Rechnungswesens ist es, *Informationen* bezüglich Liquidität, Rentabilität, Wirtschaftlichkeit und Produktivität bereitzustellen. Dazu sind grundsätzlich folgende Berechnungen erforderlich:
— Ermittlung der Einnahmen und Ausgaben für eine Periode (Liquiditätsrechnung)
— Ermittlung des Vermögens (Aktiva) und des Kapitals (Passiva) zu einem Stichtag (Bilanzierung)
— Ermittlung der Aufwendungen und Erträge eines Zeitraumes (Gewinn- und Verlustrechnung)
— Ermittlung der Kosten nach Verantwortungsbereichen (Betriebsabrechnung)
— Ermittlung der Kosten der betrieblichen Leistungen (Kalkulation)
— Ermittlung der Wirtschaftlichkeit einzelner Anlagen (Investitionsrechnung)
— Ermittlung von Kennzahlen für Dispositionszwecke (Betriebsstatistik).
Zur Durchführung des Rechnungswesens wurde eine Vielzahl von *Verfahren, Methoden* und *Systemen* entwickelt. Dazu zählen z.B. die doppelte Buchführung, die Zuschlagskalkulation, das Umsatz- bzw. das Gesamtkostenverfahren, die Vollkostenbzw. die Teilkostenrechnung, statische und dynamische Investionsrechnungen usw.

Bei der Ermittlung der *Informationen* ist zu beachten, daß das Rechnungswesen grundsätzlich nur die zahlenmäßig erfaßbaren, also *quantifizierbaren* Prozesse abbilden kann und diese, soweit sie ökonomisch relevant sind, mengen- und/oder wertmäßig darstellt. Qualitative Aspekte, wie die Güte der erzeugten Leistungen, die Treue der Kunden oder das Leistungspotential der Mitarbeiter sind einer direkten Berechnung nicht zugänglich. Die Darstellung der Informationen beruht auf einer geeigneten Erfassung und zielgerichteten Auswertung.

Bezüglich des *Zeithorizontes* ist das Rechnungswesen in der Lage, vergangenheitsbezogene wie auch zukunftsbezogene Aussagen zu erstellen. Informationen über bereits vollzogene Betriebsabläufe dienen der *Kontrolle,* solche über bevorstehende Prozesse der *Vorschau.*

Informationen stellen wesentliche Voraussetzungen für die Tätigkeit von *Entscheidungsträgern* dar. Betriebsinterne Interessenten sind alle an der Unternehmensführung beteiligten Personen. Als externe Interessenten treten die Öffentlichkeit in Form des Fiskus, der Gesellschafter, der Gläubiger usw. auf. Sie alle wirken durch ihre unternehmensbezogenen Handlungen steuernd auf den Betriebsablauf ein.

Der *Umfang* des Rechnungswesens hängt wesentlich vom Informationsbedarf ab, der durch einen gesetzlichen und einen freiwilligen Teil befriedigt wird. Das *gesetzlich* vorgeschriebene Rechnungswesen ist durch handelsrechtliche und steuerrechtliche Vorschriften in Abhängigkeit von der Rechtsform fixiert. Es zeigt ein relativ einheitliches und statisches Bild und dient vor allem der Information der Öffentlichkeit. Das *freiwillig* betriebene Rechnungswesen wird grundlegend durch die Betriebsgröße und Branche, aber auch durch die Wettbewerbssituation und die Konjunkturlage bestimmt. Es ist insofern wesentlich uneinheitlicher und dynamischer in seiner Erscheinungsform und dient grundsätzlich nur der Information der Unternehmensführung. Die beiden Teilbereiche unterscheiden sich inhaltlich dadurch voneinander, daß sie den Betriebsablauf jeweils unter spezifischen Gesichtspunkten darstellen und auswerten. So dominiert im gesetzlichen Teil das Gläubigerschutzprin-

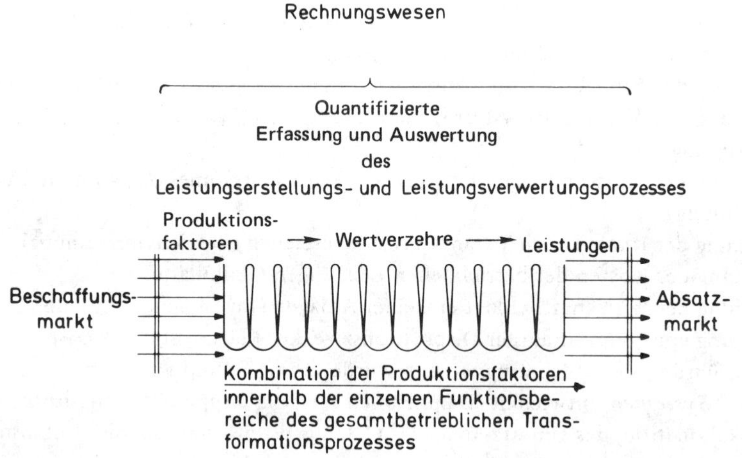

Abb. 1: Bedeutung des Rechnungswesens im Betriebsablauf

zip (Nominalwert-, Vorsichtsprinzip), im freiwilligen Teil das Substanzerhaltungsprinzip (Realwertprinzip). Zusammenfassend können folgende wesentliche *Merkmale* des *Rechnungswesens* festgehalten werden:

— Gewinnung von quantifizierten Informationen bezüglich der Liquidität, Rentabilität, Wirtschaftlichkeit und Produktivität
— durch Erfassung und Auswertung des Leistungserstellungs- und Leistungsverwertungsprozesses mit Hilfe geeigneter Verfahren, Methoden und Systeme
— in vergangenheits- und zukunftsorientierter Form zur Kontrolle und Vorschau
— auf gesetzlicher und freiwilliger Grundlage
— zum Zwecke der Steuerung des Betriebsablaufs auf der Grundlage von Entscheidungen durch die Unternehmensführung sowie durch die Öffentlichkeit.

II. Stand und Entwicklung des Rechnungswesens

Für die Gestaltung des Rechnungswesens bieten sich grundsätzlich die Einteilung nach Aufgabengebieten (Entstehung der Ergebnisse) bzw. nach den Einsatzgebieten (Verwendung der Ergebnisse) an.

Bei der Gliederung nach den *Aufgabengebieten* unterscheidet man zwischen der

(1) *Finanzbuchhaltung*; sie erfaßt die Beziehungen des Unternehmens mit der Außenwelt und hält die Ergebnisse in der Abschlußbilanz, Gewinn- und Verlustrechnung sowie im Geschäftsbericht fest, grundsätzlich orientiert auf die Ermittlung der Liquidität und der Rentabilität;

(2) *Kosten- und Leistungsrechnung*; sie dient der Erfassung und Auswertung der durch den Transformationsprozeß entstandenen Wertverzehre und erstellten Leistungen unter dem Gesichtspunkt der Wirtschaftlichkeit;

(3) *Planungsrechnung*; sie vermittelt einen Einblick in die voraussichtliche Entwicklung des Unternehmens bezüglich der angestrebten Liquiditäts-, Rentabilitäts-, Wirtschaftlichkeits- und Produktivitätsziele;

(4) *Statistik*; sie berechnet Kennzahlen auf der Grundlage der Ergebnisse der übrigen Teilbereiche des Rechnungswesens als zusätzliche Informationen zur Unternehmenssteuerung.

Demgegenüber steht die Einteilung des Rechnungswesens nach den *Einsatzgebieten*, d. h. nach dem Abnehmerkreis (Interessentenkreis) der ermittelten Daten:

(1) *Externes Rechnungswesen*; für *außerbetriebliche* Interessenten (Gesellschafter, Gläubiger, Staat) erfolgt eine Rechenschaftslegung über *Vergangenes* durch die *rechtlich gesicherte* Ermittlung von Ergebnissen zum Zwecke der Kontrolle des Betriebsablaufs.

Man spricht hier auch vom *dokumentarischen* Rechnungswesen, da der überwiegende Teil der Informationen nach gesetzlichen Vorschriften in Form des Jahresabschlusses dokumentiert wird.

(2) *Internes Rechnungswesen*: für *innerbetriebliche* Interessenten erfolgt eine Darstellung des Betriebsablaufs in *vergangenheits-* und *zukunftsbezogener* Form auf *freiwilliger* Basis zum Zwecke der *Kontrolle* und *Vorschau*. Man spricht

hier auch vom *instrumentellen* Rechnungswesen, da der überwiegende Teil der Informationen nach den jeweiligen Erfordernissen der Führungskräfte ermittelt wird, um als Steuerungsgrundlage zu dienen.

Die Aufgaben des externen Rechnungswesens erfüllt die Finanzbuchhaltung. Sie wurde mit der Einführung der Rechtsform der Aktiengesellschaft gegen Ende des 19. Jahrhunderts gesetzlich vorgeschrieben. Damals sollte vor allem die Gründung von Scheinfirmen dadurch verhindert werden, daß den Aktionären am Ende eines Geschäftsjahres Rechenschaft über die Verwendung des eingezahlten Kapitals abgelegt werden mußte.

Das interne Rechnungswesen hat sich dagegen erst mit Beginn des 20. Jahrhunderts entscheidend entwickelt. Der Übergang von der handwerklichen zur industriellen Fertigung, meist verbunden mit einem starken betrieblichen Wachstum vom Klein- über den Mittel- zum Großbetrieb sowie die damit zusammenhängende verstärkte Massenproduktion führten außerbetrieblich zu verschärften Konkurrenzsituationen. Innerbetrieblich wurden dadurch neue Formen der Führung und Leitung erforderlich. So entstand für die moderne Unternehmensführung ein zunehmender Bedarf

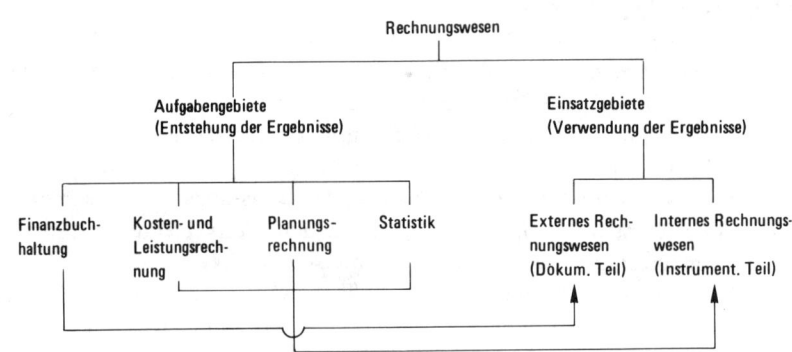

Abb 2: Einteilung des Rechnungswesens

an Vorschau- und Kontrollinformationen. Dabei war es zunächst die Kostenrechnung, die, anfänglich in die Finanzbuchhaltung integriert, mit der steigenden Bedeutung der Kostenkontrolle bald zu einem selbständigen Teilbereich im Rechnungswesen ausgebaut wurde. Erst nach dem zweiten Weltkrieg entstand in steigendem Maße das Erfordernis nach Orientierungshilfen in Form der Planungsrechnung sowie das Bedürfnis nach einer Verbesserung der Informations- und Kommunikationsströme durch den Auf- und Ausbau der Statistik einschließlich eines Berichtswesens.

In einer Wettbewerbswirtschaft haben auf Dauer diejenigen Unternehmen bessere Erfolgschancen, die bei vergleichbarer Ausgangslage schneller über aussagefähige und vor allem zukunftsbezogene Informationen verfügen. Das interne Rechnungswesen entwickelt sich daher immer mehr in Richtung des Controllings.

III. Betriebliche Einordnung des Rechnungswesens

Unternehmen werden allgemein in ihrem Aufbau durch die Funktionsbereiche und in ihrem Ablauf durch die Produktionsfaktoren bestimmt. Das betriebliche *Funktionensystem* besteht aus den Primärfunktionsbereichen Beschaffung, Produktion und Absatz. Daneben besteht als Sekundärfunktionsbereich die Verwaltung, die als Dienstleistungssektor optimale Voraussetzungen für die Gestaltung der Primärfunktionen zu schaffen hat. Das betriebliche *Faktorensystem* umfaßt die Elementarfaktoren ausführende Arbeit, Werkstoffe und Betriebsmittel sowie als dispositiven Faktor die Unternehmensführung. Ihre Aufgabe ist es, die Kombination der Elementarfaktoren zum Zwecke der Leistungserstellung und Leistungsverwertung zu planen, zu organisieren und zu kontrollieren.

Betriebe verwirklichen damit ihren Betriebszweck durch die Kombination der Produktionsfaktoren innerhalb der Funktionsbereiche. Das Rechnungswesen ist dabei der Verwaltung zugeordnet und dient dem dispositiven Faktor zur Bewältigung seiner Aufgaben. Daraus ergibt sich, daß das Rechnungswesen *faktoral* als *Führungsinstrument* zu verstehen ist, das *funktional* eine Dienstleistungsaufgabe erfüllt.

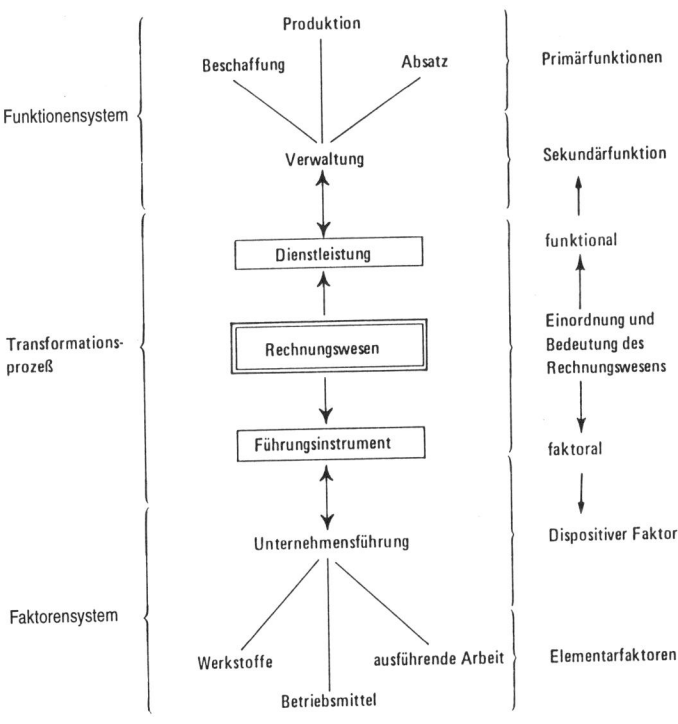

Abb. 3: Einordnung des Rechnungswesens im Betriebsprozeß

Erstes Kapitel:
Grundlagen der Kosten- und Leistungsrechnung

Lernziel

Das erste Kapitel verfolgt das Ziel, dem Leser ein grundlegendes Verständnis darüber zu verschaffen, was unter dem Begriff Kosten- und Leistungsrechnung zu verstehen ist. Dazu werden eine kurzgefaßte Darstellung der Aufgaben- und Einsatzgebiete, des Aufbaus und des Ablaufs sowie der wesentlichen Prinzipien, Verordnungen und Richtlinien der Kosten- und Leistungsrechnung dargestellt.

I. Wesen der Kosten- und Leistungsrechnung

Die Kosten- und Leistungsrechnung ist ein Teilgebiet des internen Rechnungswesens und besitzt damit eindeutig instrumentellen Charakter. Ihre grundlegende *Zielsetzung* ist die *Steuerung* der *Wirtschaftlichkeit* des Betriebsablaufs. Die Wirtschaftlichkeit wird durch einen Vergleich zwischen einem geplanten, d.h. Sollkostenwert zu einem tatsächlich eingetretenen, d.h. Istkostenwert festgestellt. Klar abzugrenzen hierzu ist die Zielsetzung der Finanzbuchhaltung, die der Ermittlung der Rentabilität als einer Beziehung zwischen erzieltem Erfolg und eingesetztem Eigenkapital bzw. erreichtem Umsatz dient.

Im Mittelpunkt der Kosten- und Leistungsrechnung stehen die durch den Leistungserstellungs- und -verwertungsprozeß verursachten Werteverzehre (Kosten) bzw. hervorgebrachten Ergebnisse (Leistungen). Ausgangspunkt und Grundlage ist dabei der Kombinationsprozeß, in dessen Verlauf die beschafften Produktionsfaktoren nach technischen Gesichtspunkten so be- und verarbeitet werden, daß ein bestimmtes Ergebnis, ein Produkt oder eine Dienstleistung erzielt wird. Ökonomisch stellt die Be- und Verarbeitung der Produktionsfaktoren einen Wertverzehr dar, der letztlich zu neuen Leistungen führt.

Aufgabe der Kosten- und Leistungsrechnung ist es nun, einen primär technisch bestimmten Prozeß mit Hilfe geeigneter Methoden und Systeme in ökonomische Größen (Werte) als entscheidungsrelevante Erkenntnisse (Informationen) umzuwandeln. Dies geschieht dadurch, daß die verbrauchten Mengen (Stück, kg, Stunden) der Produktionsfaktoren sowie die erstellten Ergebnisse (Stück) festgehalten und mit entsprechenden Preisen multipliziert werden.

Zum Teil liegen die Verzehre jedoch bereits in Werten vor (z.B. Zinsen, Abschreibungen). Nach der Erfassung der Kosten und Leistungen können diese nach vielfältigen Gesichtspunkten zugerechnet und ausgewertet werden. Um zu vermeiden, daß die Kosten- und Leistungsrechnung zu einem Selbstzweck im Sinne eines „Zahlenfriedhofs" wird, müssen die Kosten- und Leistungsaussagen so aufbereitet werden, daß sie den jeweiligen Informationsbedürfnissen der Führungskräfte im Unternehmen entsprechen. Dies muß vergangenheits- und zukunftsbezogen geschehen, damit die gewonnenen Erkenntnisse erfolgreich für die Steuerung des Betriebsprozesses nutzbar gemacht werden können.

Die *Kosten-* und *Leistungsrechnung* stellt somit eine Gesamtheit von Methoden und Systemen zur Erfassung, Zurechnung und Auswertung der im Rahmen des Kombinationsprozesses entstehenden Kosten und Leistungen dar, um geeignete Vorschau- und Kontrollinformation für Zwecke der Steuerung der Wirtschaftlichkeit durch die Unternehmensführung bereitzustellen.

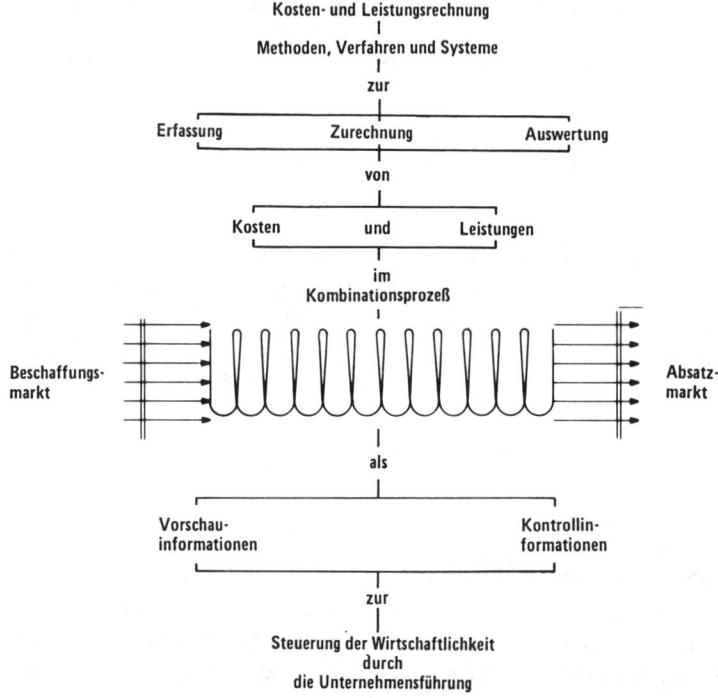

Abb. 4: Wesen der Kosten- und Leistungsrechnung

II. Aufbau der Kosten- und Leistungsrechnung

Für den Kostenrechner stellt sich der Betriebsablauf als ein Prozeß dar, in dem ständig Produktionsfaktoren in Form von Arbeitsleistungen, Werkstoffen und

Betriebsmitteln verzehrt werden. Sinnbildlich blickt er von einer erhöhten Position auf den Leistungserstellungs und -verwertungsprozeß herab und erkennt in allen Vorgängen das Entstehen von Kosten:

(1) auf einer automatischen Drehmaschine wird ein Gewinde geschnitten → Materialkosten;

(2) ein Kran befördert ein Werkstück → Energiekosten;

(3) ein Schlosser montiert an einer Werkbank → Lohnkosten;

(4) ein Buchhalter überweist Zinsen für einen Kredit → Kapitalkosten;

(5) ein Verkäufer verhandelt mit einem Kunden → Gehaltskosten.

Unabhängig davon, daß bei allen diesen Vorgängen gleichzeitig mehrere Kostenarten entstehen können, handelt es sich stets um den Einsatz knapper Faktoren zur Erzielung bestimmter Leistungen, deren Wert über den Kosten der verbrauchten Einsatzmittel liegen soll. Ist dies der Fall, so spricht man von einem wirtschaftlichen Betriebsprozeß. In der Marktwirtschaft können sich auf Dauer nur Unternehmen behaupten, die Leistungen erzielen, deren Wert die Kosten übersteigen.

Die Kosten- und Leistungsrechnung ist damit wesentlich auf die Feststellung sowie die Gewinnung von Informationen zur Erreichung bzw. Erhaltung der Wirtschaftlichkeit ausgerichtet. Darin liegt ihre besondere Bedeutung für die Unternehmung.

Zur Erfüllung ihrer Aufgabe stellt die Kostenrechnung folgende, immer wiederkehrende Fragen:

(1) *welche* Kostenarten sind entstanden?

(2) *wo* sind die Kostenarten entstanden?

(3) *wofür* sind die Kostenarten entstanden?

Zur Beantwortung dieser Fragestellungen haben sich in der Kostenrechnung drei Teilbereiche herausgebildet:

(1) die Kostenartenrechnung, (2) die Kostenstellenrechnung, (3) die Kostenträgerrechnung.

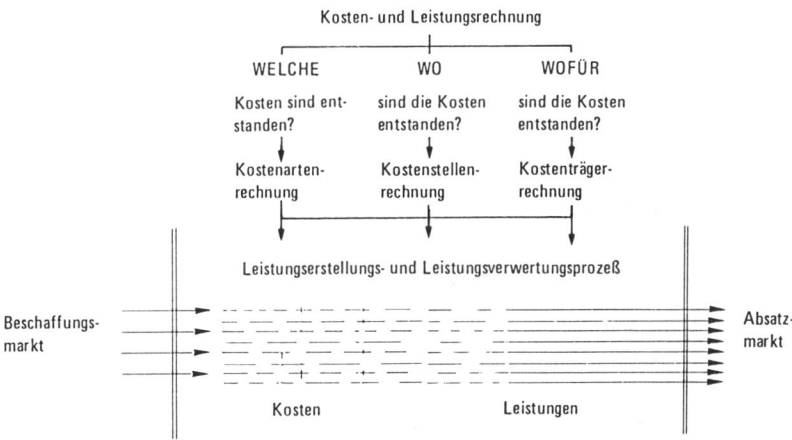

Abb. 5: Aufbau und Aufgabenstellung der Kosten- und Leistungsrechnung

A. Kostenartenrechnung

Im Mittelpunkt der Kostenartenrechnung steht die *Erfassung* aller im Verlaufe des Betriebsprozesses entstehenden Wertverzehre. Dies geschieht auf der Grundlage von Kostenbelegen, die im Unternehmen erstellt werden wie z.B. Reisekostenbelege bzw. von außen kommen wie z.B. Reparaturrechnungen. Durch entsprechende Bearbeitung und Zusammenfassung der Belege können die Summen der einzelnen Kostenarten sowie der gesamten Kosten einer Periode festgestellt werden.

B. Kostenstellenrechnung

In der Kostenstellenrechnung geht es darum, eine *Zurechnung* der Kosten auf den Ort vorzunehmen, an dem sie entstanden sind. Als Kostenstellen gelten dabei in der Regel betriebliche Abteilungen. Die jeweiligen Leiter übernehmen auch die Verantwortung für die in ihrem Zuständigkeitsbereich anfallenden Kosten. Die Kostenstellenrechnung dient damit vor allem der Beeinflussung der Kosten.

C. Kostenträgerrechnung

Letztlich entstehen alle Kosten, weil ein Unternehmen bestimmte Leistungen erbringt. Für den Kostenrechner sind die Sachgüter oder Dienstleistungen Kostenträger, welche die von ihnen verursachten Kosten zu tragen haben. Der Kostenträgerrechnung fällt daher die Aufgabe zu, eine *Beurteilung* der einzelnen *Leistungen* sowie des gesamten *Produktionsergebnisses* für einen bestimmten Zeitraum zu ermöglichen. Dazu wird die Kostenträgerrechnung in eine Stückrechnung und in eine Zeitrechnung aufgeteilt.

1. Kostenträgerstückrechnung

Die Kostenträgerstückrechnung (Kalkulation, Selbstkostenrechnung) ermittelt jeweils für *eine* Leistungseinheit die von ihr verursachten Selbstkosten. Im Vergleich mit dem auf dem Markt entstandenen Verkaufspreis kann dann festgestellt werden, ob der für eine Leistung angefallene Werteverzehr größer, gleich oder kleiner als der erzielte Erlös ist.

2. Kostenträgerzeitrechnung

Da ein Unternehmen in der Regel verschiedene Produkte mit unterschiedlich hohen Stückzahlen herstellt und verkauft, muß jeweils für eine bestimmte Zeitspanne (z.B. für ein Jahr) eine Beurteilung darüber erfolgen, ob der gesamte Betriebsprozeß während dieser Zeit wirtschaftlich war. Die Kostenträgerzeitrechnung (Betriebsergebnisrechnung) stellt daher die gesamten Kosten eines Zeitraumes dem Wert der erzielten Leistungen (verkaufte und nicht verkaufte) gegenüber. Die Differenz kann zu einem positiven (Gewinn), ausgeglichenen oder negativen (Verlust) Ergebnis führen.

Dabei ist es möglich, daß der Marktpreis bei einem oder mehreren Produkten die angefallenen Kosten nicht deckt. Dennoch kann, bedingt durch hohe Überdeckungen bei anderen Produkten, das Betriebsergebnis positiv sein. Während also in der Kostenträgerstückrechnung die einzelne Leistung beurteilt wird, geht es bei der Kostenträgerzeitrechnung um die *gesamte* Leistungserstellung. Unternehmen mit negativen Betriebsergebnissen verzehren mehr, als sie an Leistungen erbringen. Dieses „von der Substanz leben" kann in der Marktwirtschaft kein Dauerzustand sein. Unwirtschaftliche Unternehmen werden durch den Wettbewerbsprozeß vom Markt verdrängt, um zu verhindern, daß die knappen Vorräte an Produktionsfaktoren „verwirtschaftet" werden.

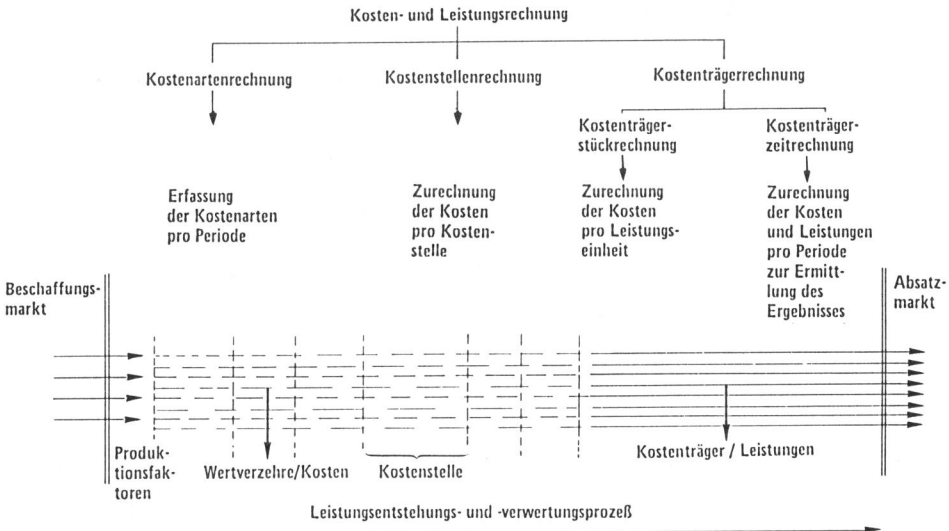

Abb. 6: Aufgabenstellung der Teilbereiche der Kosten- und Leistungsrechnung

III. Abwicklung der Kosten- und Leistungsrechnung

Die Kostenarten-, Kostenstellen- und Kostenträgerrechnung bilden bei der Abwicklung der Kostenrechnung eine zwingende Abfolge. Formal kann eine kontenmäßige bzw. statistische Darstellung gewählt werden, wobei heute eindeutig die letztere Form dominiert.

Am Anfang jeder Kostenrechnung steht die *Kostenartenrechnung.* Sie erfaßt und gliedert die einzelnen Wertverzehre nach Kostenarten wie z.B. Löhne, Mieten, Abschreibungen usw. und weist sie, getrennt nach den auf Kostenträger direkt zurechenbaren Einzelkosten bzw. nicht direkt zurechenbaren Gemeinkosten, aus. Außerdem muß beachtet werden, daß alle Wertverzehre, die keine Kosten darstellen, als neutraler Aufwand über die Finanzbuchhaltung abgegrenzt werden, um das Kostenbild des Unternehmens nicht zu verfälschen. Das Ergebnis der Kostenartenrechnung wird in einer Kostenartenübersicht dargestellt.

In die *Kostenstellenrechnung* werden in jedem Falle die durch die verantwortlichen Kostenstellenleiter weitgehend beeinflußbaren Gemeinkosten übernommen. Die Abwicklung erfolgt in drei Abrechnungsschritten. Zunächst erfolgt die *Verteilung* der Gemeinkosten auf die Kostenstellen, in denen sie entstanden sind. Danach wird die *Umlage* der Kosten aller Kostenstellen, die als Vorkostenstellen keinen direkten Bezug zu Kostenträgern haben, auf Endkostenstellen durchgeführt. Anschließend lassen sich für die Endkostenstellen *Verrechnungssätze* bilden, mit deren Hilfe die Gemeinkosten auf die Kostenträger kalkuliert werden. Als Grundlage für die Durchführung der Kostenstellenrechnung dient der Betriebsabrechnungsbogen, der alle Kostenstellen eines Betriebes aufnimmt.

Die *Kostenträgerstückrechnung* (Kalkulation) *rechnet* die Kosten je Leistungseinheit *zu*. Dazu übernimmt sie die Einzelkosten aus der Kostenartenrechnung und die Gemeinkosten in Form von Verrechnungssätzen aus der Kostenstellenrechnung, um die Selbstkosten je Einheit zu ermitteln. Die Stückrechnung erfolgt mit Hilfe eines Kalkulationsschemas.

Die *Kostenträgerzeitrechnung* (Betriebsergebnisrechnung) entnimmt die Summe der Kosten einer Periode aus der Kostenartenrechnung und *stellt* sie den in dieser Periode erzielten Leistungen *gegenüber*, um das Betriebsergebnis zu ermitteln. Letztere sind der Finanzbuchhaltung in Form der Erlöse für verkaufte Leistungen bzw. als Bestandsveränderungen an unfertigen und fertigen Produkten zu entnehmen. Die Kostenträgerzeitrechnung wird in Staffel- oder in Kontenform dargestellt.

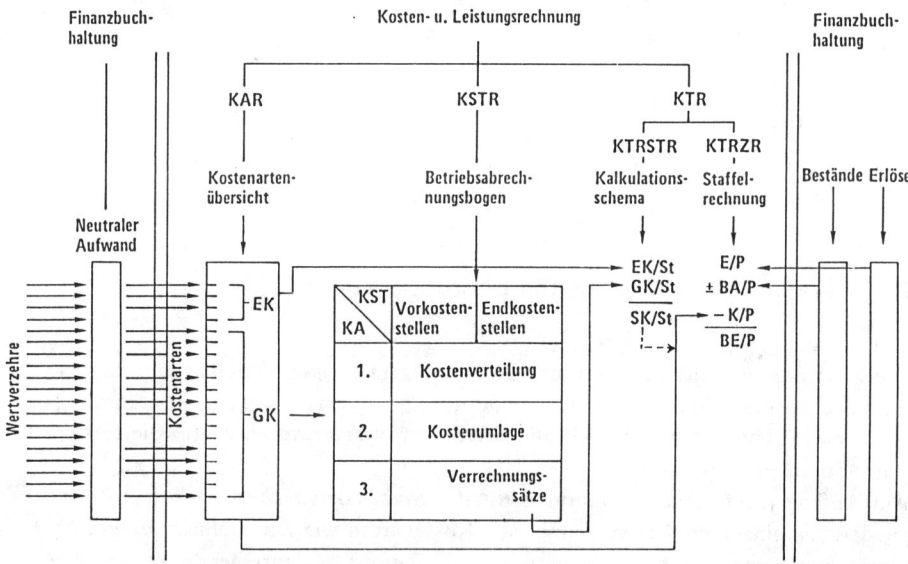

Abb. 7: Abwicklung der Kosten- und Leistungsrechnung

IV. Prinzipien der Kosten- und Leistungsrechnung

Um eine Kostenrechnung erfolgreich durchführen zu können, müssen einige wesentliche Prinzipien beachtet werden. Dabei ist zwischen den allgemeinen *Gestaltungsgrundsätzen* und den speziellen *Verrechnungsprinzipien* zu unterscheiden.

A. Gestaltungsgrundsätze der Kosten- und Leistungsrechnung

Die Gestaltungsgrundsätze zielen auf die allgemeine Durchführung der Kosten- und Leistungsrechnung in formaler und inhaltlicher Hinsicht ab. Dabei steht die Kostenerfassung im Vordergrund. Im einzelnen sind zu nennen:

(1) Vollständigkeit und Einmaligkeit der Kostenerfassung: nicht erfaßte bzw. mehrfach erfaßte Kosten führen zu Ungenauigkeiten und damit zu einer Beeinträchtigung der Aussagefähigkeit der gesamten Kostenrechnung.

(2) Stetigkeit und *Einheitlichkeit* von Systemen und Verfahren; häufiger Wechsel der Erfassungs- und Darstellungsformen der Kostenrechnung mindert die Kontrollfähigkeit, da sich System- und Verfahrensänderungen direkt auf die ausgewiesenen Werte auswirken können.

(3) Richtigkeit und *Genauigkeit*; Kosten müssen rechnerisch richtig erfaßt und verarbeitet werden. Diese absolute Bedingung wird ergänzt durch die Forderung nach ausreichender Genauigkeit bei der Kostenermittlung und -verrechnung.

(4) Wirtschaftlichkeit; alle ökonomischen Prozesse sind unter dem Gesichtspunkt der Wirtschaftlichkeit abzuwickeln; dies gilt daher auch und gerade für die Kosten- und Leistungsrechnung als dem wichtigsten Kontrollinstrument für die Wirtschaftlichkeit.

B. Verrechnungsprinzipien der Kosten- und Leistungsrechnung

Bei den Verrechnungsprinzipien geht es um die spezielle Frage, wie Kosten auf bestimmte Bezugsgrößen wie z. B. Kostenstellen oder Kostenträger zugeordnet werden können. Die wichtigsten Prinzipien sind:

(1) Das *Verursachungsprinzip* (Kausalitätsprinzip); es ist die *dominierende* Grundregel der Kostenzurechnung und beruht auf der Vorstellung, daß jeder Faktorverbrauch durch die Leistungserstellung verursacht wird; danach sind Kosten jeweils nur solchen Bezugsgrößen zuzurechnen, zu denen eine Kausalitätsbeziehung im Sinne von Ursache und Wirkung besteht wie z. B. die Zurechnung von variablen Kosten auf ein Produkt; werden fixe Kosten auf ein Produkt verrechnet, entspricht dies einer Abwandlung des Verursachungsprinzips im Sinne einer Durchschnittsverrechnung.

(2) Das *Tragfähigkeitsprinzip* (Belastbarkeits-, Deckungsprinzip); es kann ergänzend zum Verursachungsprinzip angewendet werden, wenn eine Verrechnung
von Kosten auf eine Bezugsgröße erfolgen soll, ohne daß eine Kausalitätsbeziehung vorliegt; die Bezugsgröße kann entsprechend ihrem Wert so viele
Kosten tragen, wie sie abdecken kann. Dies ist z. B. der Fall bei der Gegenüberstellung von Deckungsbeiträgen und fixen Kosten.

(3) Das *Identitätsprinzip*; es wird insbesondere von *P. Riebel* vertreten; nach seiner
Meinung ist der Einsatz des vorhandenen Produktionsapparates die Ursache
dafür, daß zugleich bestimmte Produktionsfaktoren verzehrt werden bzw. Leistungen entstehen. Die Auslastung der Produktionsbereitschaft ist auf unternehmerische Entscheidungen zurückzuführen. Abweichend vom Verursachungsprinzip sollen Kosten nur dann bestimmten Leistungen zugerechnet werden,
wenn sich beide auf dieselbe, identische Disposition zurückführen lassen
(*P. Riebel*, I, S. 32, 272). So können z. B. die Energiekosten für eine Spezialmaschine, auf der nur ein bestimmtes Produkt gefertigt werden kann, diesem
Produkt als Einzelkosten zugerechnet werden.

V. Verordnungen und Richtlinien zur Kosten- und Leistungsrechnung

Bei einer historischen Betrachtung der Aufstellung von Verordnungen und Richtlinien zur Regelung der Kostenrechnung lassen sich drei Zeitabschnitte unterscheiden. Die *erste Phase* beginnt mit dem ersten Weltkrieg und endet 1936. In dieser
Periode wurde erstmals von *E. Schmalenbach* ein Kontenrahmen (1927) entwickelt,
der neben der Buchhaltung auch die Kostenrechnung besonders berücksichtigt. Auf
dieser Grundlage entstanden bis 1930 durch Fachausschüsse des Reichskuratoriums
für Wirtschaftlichkeit (RKW) branchenbezogene Kurzbeschreibungen der Perioden-
und Stückrechnungen, Kalkulationsverfahren und Kontenverzeichnisse. Diesem
Abschnitt der Empfehlungen folgte nach 1936 als *zweite Phase* die Zeit staatlicher
Verordnungen und Eingriffe. So wurde 1937 der Pflichtkontenrahmen eingeführt.
Er faßt die Finanzbuchhaltung sowie die Kostenrechnung im Einkreissystem
zusammen. Ergänzend dazu erschienen im Jahre 1939 die Allgemeinen Grundsätze
der Kostenrechnung, die durch die Allgemeinen Regeln zur industriellen Kostenrechnung im Jahre 1942 präzisiert wurden. Damit sollten ein einheitlicher Aufbau
sowie eine zweckmäßige Ausgestaltung und Anwendung der Betriebsbuchhaltung
gewährleistet werden. Indirekten Einfluß auf die Gestaltung der Kostenrechnung
haben außerdem die 1938 herausgegebenen Leitsätze für die Preisermittlung aufgrund der Selbstkosten bei Leistungen für öffentliche Auftraggeber (LSÖ) gewonnen.

Die *dritte Phase* begann nach 1945 mit der Aufhebung aller direkten rechtsverbind-
lichen Vorschriften für die Kostenrechnung. Getragen von den Verbänden entstand
zunächst als Empfehlung im Jahre 1949 der Gemeinschaftskontenrahmen in starker

Anlehnung an den Pflichtkontenrahmen. 1950 erfolgte eine Ergänzung durch den Betriebswirtschaftlichen Ausschuß des Bundesverbandes der Deutschen Industrie in Form der Grundsätze und Gemeinschaftsrichtlinien für die Kosten- und Leistungsrechnung. Sie enthalten eine Gliederung der Kostenarten und Kostenstellen und unterscheiden zwischen Kostenträgerzeit- und Kostenträgereinheitsrechnung.

Eine wesentliche Modifizierung für die Kostenrechnung wurde mit dem im Jahre 1971 durch den Betriebswirtschaftlichen Ausschuß des Bundesverbandes der Deutschen Industrie publizierten Industrie-Kontenrahmen erreicht. Er bestätigt die in der Praxis bereits weitgehend vorweggenommene strikte Trennung zwischen den beiden Hauptbereichen des Rechnungswesens. Geschäftsbuchhaltung sowie die Kosten- und Leistungsrechnung bilden zwei in sich geschlossene, absolut getrennte Rechnungskreise. Dabei kann die Betriebsbuchhaltung rein statistisch durchgeführt werden.

Nach dieser, heute allgemein anerkannten Konzeption stellt die Kosten- und Leistungsrechnung ein völlig selbständiges Teilgebiet des Rechnungswesens dar, das in statistischer Form abgewickelt wird. Für ihre Gestaltung nach Form, Inhalt und Umfang gibt es vielfältige Empfehlungen, jedoch keinerlei verbindliche Vorschriften. Eine Ausnahme bilden lediglich die Verordnungen über die Preisbildung bei öffentlichen Aufträgen (VPÖA) vom 21.11.1953, ergänzt durch die Leitsätze für die Preisermittlung aufgrund von Selbstkosten (LSP) sowie die Bewertungsvorschriften der §§ 252 ff. HGB, die bei der Abwicklung von Aufträgen mit öffentlichen Stellen bzw. bei der Ermittlung der Wertansätze für Halb- und Fertigfabrikate sowie für aktivierungspflichtige Eigenleistungen verbindlich anzuwenden sind.

Übungsfragen

1. Welche grundsätzlichen Aufgaben kann die Kosten- und Leistungsrechnung in einem Unternehmen erfüllen?
2. Wie muß die Kosten- und Leistungsrechnung aufgebaut werden, damit sie als Führungsinstrument eingesetzt werden kann?
3. Worin sehen Sie den Unterschied zwischen den Gestaltungsgrundsätzen und den Verrechnungsprinzipien der Kosten- und Leistungsrechnung?
4. Aus welchem Grund sieht nach Ihrer Meinung der 1971 erstmals veröffentliche Kontenrahmen der Industrie eine völlige Trennung zwischen Geschäftsbuchhaltung und Kostenrechnung in zwei getrennte Rechnungskreise vor?

Literatur zum ersten Kapitel

BDI (Hrg.): Grundsätze für das Rechnungswesen, 1952.
Kresse, R. / Döring, K.: So bucht man nach dem neuen Industrie-Kontenrahmen, 1972.
Andres, K. / Egle, K. / Kohl, H. / Reuter, A.: IKR (Industrie-Kontenrahmen), Theorie und Praxis des industriellen Rechnungswesens, 1973.
Angermann, A.: Industrie-Kontenrahmen (IKR), 2. überarbeitete und erweiterte Aufl., 1975.
Ebert, G.: Das Rechnungswesen der Unternehmung, in: Steuer und Studium, Heft 10, 1982, S. 300 ff.

Zweites Kapitel:
Teilgebiete der Kosten- und Leistungsrechnung

I. Kostenartenrechnung

Lernziel

Das zweite Kapitel vermittelt einen umfassenden Einblick in die Teilgebiete der Kosten- und Leistungsrechnung. Im Zusammenhang mit der Kostenartenrechnung sollen Sie erkennen, daß eine systematische und lückenlose Kostenermittlung sowie eine detaillierte Kostenaufbereitung die Grundlage jeder Kosten- und Leistungsrechnung darstellen.

Die Kostenartenrechnung bildet den Ausgangspunkt und die Grundlage der gesamten Kostenrechnung. Ihre Bedeutung liegt *längerfristig* darin, einen Überblick bezüglich des Verhältnisses der Kosten untereinander zu geben. Die so abgebildete *Kostenstruktur* wird wesentlich bestimmt durch die Faktoren Rechtsform, Größe und Branche, der ein Unternehmen angehört, sowie vor allem durch sein spezielles Produktionsprogramm. Durch entsprechende Relationen lassen sich der Stand sowie die Veränderungen bezüglich einer Material-, Personal-, Kapital- bzw. Energieintensität, die Höhe der Wertschöpfung, Fortschritte bei der Rationalisierung usw. feststellen. *Kurzfristig* erfüllt die Kostenartenrechnung die Aufgabe, Informationen über die Entwicklung einzelner Kostenteile zu gewinnen. Solche Veränderungen des *Kostenniveaus* werden außerbetrieblich durch Preis- und Tarifschwankungen bzw. innerbetrieblich durch Dispositionen auf den verschiedenen Führungsebenen herbeigeführt.

Die eigenständige *Zielsetzung* der Kostenartenrechnung liegt damit in der Vermittlung eines Überblicks über die Kostenstruktur und das Kostenniveau eines Unternehmens. Zweck ist die entsprechende Beeinflussung der gesamten Kosten sowie einzelner Kostenarten. Darüber hinaus leistet die Kostenartenrechnung zusätzliche *Hilfsdienste* für die Kostenstellenrechnung und die Kostenträgerrechnung. Diese liegen vor allem in einer zweckentsprechenden *Aufbereitung* der Kosten, damit die nachfolgenden Teilgebiete der Kosten- und Leistungsrechnung optimal abgewickelt werden können.

Die Kostenartenrechnung erfüllt ihre Aufgabe zeitraumbezogen, indem sie die Kosten z.B. für einen Monat, für ein Quartal oder für ein Jahr erfaßt. Sie ist eine *Zeit-* oder *Periodenrechnung*.

Zusammenfassend kann festgestellt werden, daß die Kostenartenrechnung die Kosten pro Periode ermittelt und aufbereitet zum Zwecke der Kontrolle und Steuerung der Kostenstruktur und des Kostenniveaus sowie als Grundlage für die Abwicklung der Kostenstellen- und Kostenträgerrechnung:

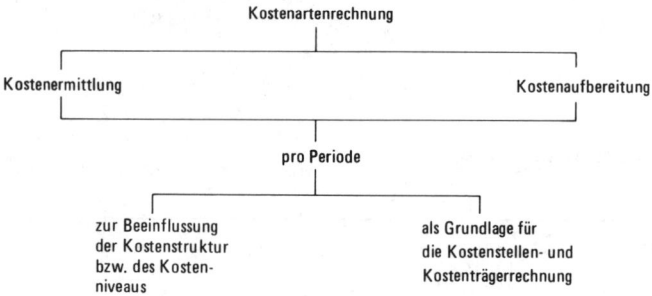

A. Kostenermittlung

Die erste Teilaufgabe innerhalb der Kostenartenrechnung ist die Kostenermittlung. Um diese durchführen zu können, muß zunächst abgeklärt werden, was unter dem Begriff Kosten zu verstehen ist. Allgemein werden *Kosten* definiert als der normale, bewertete Verzehr an Gütern und Dienstleistungen, der bei der Erstellung und Verwertung der betrieblichen Leistungen anfällt.

Daraus ergibt sich, daß

(1) einmalige (Spende) bzw. zufällige (Blitzschlag) Verzehre *keine* Kosten darstellen;

(2) die Kostenrechnung keine Mengen-(Stück, kg, m), sondern eine *Wertrechnung* (Menge x Preis) ist;

(3) ein Verbrauch in Form einer *Be- oder Verarbeitung* (Material) eingetreten sein und

(4) der Wertverzehr in unmittelbarem Zusammenhang mit den *betrieblichen* Leistungen (Produkte) stehen muß.

Die Kostenermittlung vollzieht sich in den drei Schritten:

(1) Kostenerfassung,

(2) Kostengliederung,

(3) Kostenabgrenzung.

1. Kostenerfassung

Die ursprünglichste Aufgabe der Kostenrechnung ist die Erfassung der Kosten. Ihre richtige und vollständige Durchführung ist die Voraussetzung dafür, daß in allen Teilbereichen der Kostenrechnung aussagefähige Ergebnisse erreicht werden. Eine ungenaue bzw. lückenhafte Kostenfeststellung führt zu einer Verzerrung kosten-rechnerischer Informationen mit der Gefahr von Fehlentscheidungen durch die Unternehmensführung.

Die Kostenerfassung wird in der Praxis aus organisatorischen und wirtschaftlichen Gründen dezentral abgewickelt. So trägt jede Stelle mit der Kompetenz zur Aus-stellung eines Kostenbeleges zur Ermittlung der Kosten bei. Die Kostenerfassung bildet damit die Übergangsstelle von den verschiedenen Betriebsbereichen zur Kostenrechnung.

Kosten können, unabhängig vom Ort der Erfassung, in differenzierter bzw. undif-ferenzierter Form ermittelt werden.

a) Differenzierte Kostenerfassung

Bei der differenzierten Kostenerfassung werden die verbrauchten *Mengen* und die entsprechenden *Preise* der Mengen *getrennt* ermittelt. Durch Multiplikation ent-stehen dann bewertete Verzehre bzw. Kosten.

aa) Die *Mengenerfassung* erfolgt in elementarer Form durch Zählen, Messen, Wiegen oder Schätzen. Als Methoden haben sich dazu die Skontration, die Befund-rechnung sowie die Rückrechnung besonders bewährt.

(1) Die *Skontration* ist eine unmittelbare, laufende und direkte Verbrauchsfest-stellung durch Fortschreibung oder Einzelaufschreibung im Rahmen einer buchmäßigen Bestandsrechnung. Sie wird insbesondere bei größeren, leicht erfaßbaren Materialien (z.B. Blechtafeln) angewendet:

        Anfangsbestand
   + Zugang
   ./. Abgang (Skontration = Einzelerfassung)
   = Endbestand

(2) Die *Befundrechnung* ist eine nachträgliche, indirekte Verbrauchsfeststellung mit Hilfe von Bestandsaufnahmen (Befund). Sie wird insbesondere zur Fest-stellung der Verbräuche von Massengütern (Schrauben) eingesetzt:

        Anfangsbestand
   + Zugang
   ./. Endbestand (Befund = Inventur)
   = Verbrauch.

(3) Die *Rückrechnung* ist eine nachträgliche, direkte Verbrauchsfeststellung. Als retrograde Rechnung geht sie von den erstellten Leistungen aus und schließt von dem geplanten Stoffverbrauch pro Einheit auf den gesamten Material-abgang. Sie ist insbesondere bei Produktionsprozessen anwendbar, die ohne wesentliche Mehr- oder Minderverbräuche ablaufen, wie z.B. in der chemischen Industrie.

        Anfangsbestand
   + Zugang
   ./. Verbrauch (Rückrechnung über Sollverbrauch)
   = Endbestand.

bb) Bei der *Preiserfassung* geht es darum, den jeweils zweckentsprechenden Wertansatz für die festgestellten Verbrauchsmengen zu finden. Ausgehend von der jeweiligen Zielsetzung der Kostenrechnung können je nach Kostenart verschiedene Preise angesetzt werden. Dadurch entsteht ein Bewertungsproblem, das der Kostenrechner durch längerfristig gültige Festlegungen möglichst eindeutig lösen muß, wenn die Aussagefähigkeit der Kostenrechnung nicht belastet werden soll.

Bei den Wertansätzen wird grundsätzlich zwischen Marktpreisen und Verrechnungspreisen unterschieden. *Marktpreise* ergeben sich aufgrund zwischenbetrieblicher Beziehungen und können daher auch als externe Preise bezeichnet werden. Zu ihnen zählen die Anschaffungspreise, die beim Kauf eines Wirtschaftsgutes gezahlt wurden, die Tagespreise, die zum Bewertungszeitpunkt auf dem Markt gefordert werden bzw. die Wiederbeschaffungspreise, die zum Zeitpunkt des Ausscheidens eines Wirtschaftsgutes zu zahlen sind.

Die *Verrechnungspreise* werden, ohne daß ein Bezug zu Marktpreisen bestehen muß, autonom durch das Unternehmen festgelegt. Es handelt sich also um interne Preise in Form von Festpreisen (ein Tagespreis für eine bestimmte Stahlsorte kann drei Jahre lang unverändert verrechnet werden), Durchschnittspreisen (aus wechselnden Einstandspreisen für Kupfer kann für eine bestimmte Periode ein Durchschnitt gebildet werden), Lenkungspreisen (der Wert eines Halbfabrikates wird bewußt niedrig angesetzt, um bei möglichem Fremdbezug innerhalb eines Konzerns eine bessere Auslastung zu erreichen) sowie Grenzpreisen (Wertansatz der jeweils letzten erzeugten Einheit) (vgl. Abb. 8).

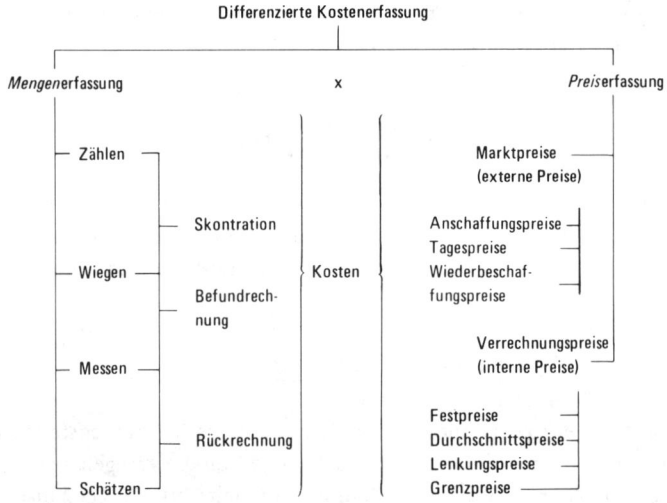

Abb 8: Differenzierte Kostenerfassung

b) Undifferenzierte Kostenerfassung

Bestimmte Kostenarten, wie z.B. Gehälter, Abschreibungen, Zinsen werden direkt in Form von Werten berechnet. Da hierbei keine Trennung zwischen Menge und Preis erfolgt, liegt eine undifferenzierte Kostenerfassung vor.

c) Prinzipien der Kostenerfassung

Bei der Feststellung der Kosten ist darauf zu achten, daß die Erfassung unmittelbar, vollständig und wirtschaftlich durchgeführt wird.

aa) Nach dem Prinzip der *unmittelbaren* Erfassung sollen Kosten grundsätzlich zum Zeitpunkt und am Ort ihrer Entstehung festgestellt werden. Nur bei weitgehender Erfüllung dieser Voraussetzung kann das Rechnungswesen aktuelle Aussagen über die tatsächliche Situation im Unternehmen machen.

bb) Eine *vollständige* Erfassung ist Grundlage dafür, daß die Ergebnisse der Kostenrechnung einen hohen Aussagewert bekommen. Eine unvollständige Erfassung bewirkt ungenaue Informationen und kann zu Fehlentscheidungen führen.

cc) Mit der Anwendung des Prinzips der *wirtschaftlichen* Erfassung soll eine sinnvolle Korrektur einer einseitigen Verwirklichung der unmittelbaren und/oder vollständigen Erfassung erreicht werden. Im Rechnungswesen können, nicht zuletzt bedingt durch das Bewertungsproblem, letztlich keine absoluten, sondern stets nur relative Genauigkeiten erreicht werden. Dies gilt z.B. bei der Berechnung der Abschreibungen, die eine Annahme über die Nutzungsdauer voraussetzt. Aus ökonomischen und technischen Gründen erscheint es auch nicht angebracht, den Verbrauch von Schrauben einzeln festzuhalten. Hier genügt eine Schätzung, da eine absolute Genauigkeit die Aussagefähigkeit der Kostenrechnung nicht wesentlich verbessern würde. Mit der gleichen Begründung werden viele Kostenarten auch bereits vor (z.B. Materialverbrauch bei Abholung aus dem Lager) oder nach ihrer Entstehung (z.B. Gehälter durch die Personalabteilung) erfaßt.

2. Kostengliederung

a) Wesentliche Gliederungsgesichtspunkte

Die Höhe der gesamten Kosten eines Unternehmens von z.B. 600 Millionen DM für das Geschäftsjahr 2000 hat insbesondere Bedeutung für die Ermittlung des Betriebsergebnisses. Als Gesamtwert ist es einer Kontrolle jedoch wenig zugänglich, da diesem für die jeweiligen Führungsebenen die Operationalität fehlt. So kann beispielsweise der Leiter der Montageabteilung nicht für eine eventuelle Steigerung der Kosten auf 610 Millionen allein verantwortlich gemacht werden. Die Wertverzehre eines Unternehmens müssen vielmehr nach vielfältigen Gesichtspunkten gegliedert werden, wenn eine entsprechende Kostenbeeinflussung und -kontrolle durchgeführt werden soll. Die wichtigsten Einteilungskriterien sind die Art der verbrauchten Produktionsfaktoren, die Abgrenzung zum Aufwand, die Herkunft der Kostengüter, die betrieblichen Funktionen, die Art der Verrechnung, die Bezugsgröße der Kosten sowie das Verhalten bei Beschäftigungsänderungen.

aa) Art der verbrauchten Produktionsfaktoren

Die Gliederung der Kosten nach der Art der verbrauchten Produktionsfaktoren bzw. Kostengüter führt zu den nachfolgenden Kostenkategorien, die nach K. Mellerowicz (I, S. 42 ff.) als die fünf natürlichen Kostenarten des Betriebes bezeichnet werden.

(1) *Arbeitskosten;* sie umfassen die mit der menschlichen Arbeitsleistung innerhalb eines Unternehmens in Verbindung stehenden Kosten, wie z. B. Löhne oder Gehälter.

(2) *Materialkosten;* hierzu zählen alle durch die Leistungserstellung und -verwertung anfallenden Stoffkosten sowie die Nebenkosten, die durch die Beschaffung und Lagerung entstehen, wie z. B. Kosten für den Verbrauch von Blechtafeln oder Rollgeld.

(3) *Kapitalkosten;* sie entstehen durch die Bereitstellung und Nutzung der Kapitalgüter (z. B. Maschinen) in Form von Zinsen und Abschreibungen.

(4) *Fremdleistungskosten;* sie umfassen eine Vielzahl unterschiedlicher Kostenelemente mit der gemeinsamen Eigenschaft, daß sie aus technischen oder wirtschaftlichen Gründen durch fremde Betriebe für die eigene Leistungserstellung erbracht und gegen Entgelt beschafft werden wie z. B. Kosten für eine Beratung oder Transportkosten.

(5) *Kosten der Gesellschaft;* sie ergeben sich aus dem Tatbestand, daß der Betrieb Teil einer sozialen Gemeinschaft ist, die für ihn überwiegend indirekte Leistungen (z. B. Straßen, Handelsverträge) erbringt; die daraus resultierenden öffentlichen Abgaben wie z. B. Steuern bedeuten für den Betrieb Kosten (z. B. KfZ-Steuer, Grundsteuer usw.), soweit sie nicht erfolgsabhängig sind.

bb) Abgrenzung zum Aufwand

Gliedert man die Kosten nach der Abgrenzung zum Aufwand, so kann zwischen aufwandsgleichen und aufwandsungleichen (kalkulatorischen) Kosten unterschieden werden.

(1) *Aufwandsgleiche Kosten* sind diejenigen Wertverzehre, welche in der Kostenrechnung mit dem gleichen Wert wie in der Finanzbuchhaltung angesetzt werden. Der größere Teil der Kosten, wie z. B. Gehälter, erfüllt diesen Tatbestand und kann daher aus der Aufwandsrechnung übernommen werden.

(2) *Aufwandsungleiche Kosten* stellen Wertverzehre dar, die für die besonderen Zwecke der Kostenrechnung ermittelt werden, wie z. B. kalkulatorische Abschreibungen. In der Finanzbuchhaltung erscheinen sie mit einem anderen Wertansatz bzw. überhaupt nicht, d. h. sie werden erfolgsneutral behandelt. Man bezeichnet sie auch als Zusatzkosten bzw. kalkulatorische Kosten.

cc) Herkunft der Kostengüter

Bei der Gliederung nach der Herkunft der Kostengüter unterscheidet man zwischen primären (ursprünglichen, einfachen, reinen) Kosten und sekundären (abgeleiteten, zusammengesetzten, gemischten) Kosten.

(1) *Primäre Kosten* entstehen durch den Verzehr von Gütern und Dienstleistungen, die der Betrieb von außerhalb bezieht, wie z.B. Arbeitsleistungen, Materialien, Rechte usw. Diese werden im Rahmen der Kostenverteilung den Kostenstellen *erstmals* zugerechnet.

(2) *Sekundäre Kosten* setzen sich aus mehreren primären (und eventuell auch sekundären) Kosten zusammen. Sie entstehen bei der Verrechnung innerbetrieblicher Leistungen, die von bestimmten Kostenstellen, wie z.B. Kantine, Fuhrpark oder Kraftzentrale für andere Kostenstellen erbracht werden.

dd) *Betriebliche Funktionen*

Die Kosten können des weiteren nach den Teilbereichen des Unternehmens aufgeteilt werden, in denen sie entstehen. Danach unterscheidet man:

(1) *Beschaffungskosten* (alle mit dem Einkauf und der Lagerung entstehenden Kosten);

(2) *Fertigungskosten* (alle mit der Produktionsabwicklung anfallenden Wertverzehre);

(3) *Vertriebskosten* (alle mit dem Verkauf, Werbung und Versand zusammenhängenden Kosten);

(4) *Verwaltungskosten* (alle im Personal-, Rechnungs-, Finanz-, Rechtswesen sowie in der allgemeinen Verwaltung und in der Geschäftsleitung anfallenden Kosten).

Eine weitere Unterteilung der Funktionsbereiche, z. B. innerhalb der Fertigung in Bearbeitung und Montage oder innerhalb des Vertriebs in Verkauf und Marketing, ist möglich.

ee) *Art der Verrechnung*

Die Einteilung nach der Art der Verrechnung erfolgt nach dem Kriterium, ob Kosten einem Kostenträger direkt oder nur indirekt zurechenbar sind.

(1) *Einzelkosten* (direkte Kosten) können der Bezugsgröße unmittelbar zugerechnet werden. Voraussetzung dafür ist, daß die Wertverzehre für eine Zurechnungseinheit direkt nachweisbar sind wie z.B. das Fertigungsmaterial oder der Fertigungslohn für ein bestimmtes Produkt.

(2) *Gemeinkosten* (indirekte Kosten) sind den Bezugsgrößen nur mit Hilfe von Schlüsseln zurechenbar, da sie nicht unmittelbar im Zusammenhang mit einem bestimmten Kostenträger entstehen. Dies ist z. B. bei Zinsen für Fremdkapital der Fall. Die Gemeinkosten werden zusätzlich auch auf Kostenstellen zugerechnet. Dabei lassen sie sich in *Stelleneinzelkosten* und *Stellengemeinkosten* unterteilen, je nachdem, ob sie wie z. B. die Gehälter direkt nach Belegen bzw. wie die Heizkosten indirekt mit Schlüsseln zugerechnet werden.

(3) *Sondereinzelkosten* sind direkt zurechenbare Kosten, deren Besonderheit in der Unregelmäßigkeit ihrer Entstehung und/oder in der Art ihrer Verrechnung liegt. So können z. B. im Fertigungsbereich Kosten für Modelle, Spezialwerkzeuge oder Lizenzen, im Vertriebsbereich Frachten, Verpackungskosten, Werbekosten als Sondereinzelkosten anfallen, wenn sie unmittelbar für ein Produkt entstehen. Dennoch kann dann aus Gründen der Wirtschaftlichkeit auf eine direkte Zurechnung verzichtet und eine Verrechnung als Gemeinkosten durchgeführt werden.

ff) Bezugsgröße der Kosten

Bei der Einteilung der Kosten nach ihrer Bezugsgröße wird zwischen Gesamtkosten und Stückkosten unterschieden.

(1) Gesamtkosten sind alle Kosten innerhalb einer bestimmten Periode wie z. B. die Unternehmenskosten eines Jahres, die Kostenstellenkosten eines Quartals oder die Gehälter eines Monats.

(2) Stückkosten sind auf *eine* Leistungseinheit eines Produktes bezogen wie z. B. die Selbstkosten eines Staubsaugers.

gg) Verhalten bei Beschäftigungsänderungen

Kosten zeigen bei Änderungen der Beschäftigung (Auslastung) innerhalb einer gegebenen Kapazität unterschiedliche Verhaltensweisen. Besitzt etwa ein Unternehmen ein monatliches Leistungsvolumen von maximal 5000 Fernsehgeräten und steigt die Produktion wegen verbesserter Absatzmöglichkeiten von bisher 4000 auf 4500 Stück, so werden sich bestimmte Kosten verändern (z.B. die Materialkosten) andere jedoch gleich bleiben (z.B. die Meistergehälter). Entsprechend ihrer Reaktion auf Veränderungen des Beschäftigungsgrades teilt man daher die Kosten in variable bzw. fixe Kosten ein. Als Maßgröße für die Veränderung der Kosten dient der *Reagibilitätsgrad* (K. Mellerowicz). Er mißt das Verhältnis von prozentualer Kostenänderung zu prozentualer Beschäftigungsänderung:

$$\text{Reagibilitätsgrad (R)} = \frac{\text{prozentuale Kostenänderung}}{\text{prozentuale Beschäftigungsänderung}}$$

Grundsätzlich ist zu beachten, daß der Reagibilitätsgrad einer Kostenart bzw. der Gesamtkosten unterschiedliche Werte annehmen kann, je nachdem bei welcher Auslastung seine Berechnung erfolgt.

(1) Variable Kosten

Variable Kosten (Prozeßkosten) reagieren auf die Veränderung des Beschäftigungsgrades, sie sind in ihrer Höhe beschäftigungsabhängig. Der Reagibilitätsgrad ist ungleich Null ($R \neq 0$). Die Verhaltensänderung der variablen Kosten auf Auslastungsverschiebungen kann vierfacher Art sein:

- *proportional;* die Kosten verändern sich im gleichen Verhältnis wie die Beschäftigung; eine 10 % Beschäftigungsänderung bewirkt eine 10 % Änderung der Kosten. Dies gilt z. B. für das Fertigungsmaterial. Der Reagibilitätsgrad ist 1,

  da $R = \frac{10}{10} = 1$.

K = Kosten
Bg = Beschäftigung
Kp = proportionale Kosten

- *progressiv*; die Kosten verändern sich in größerem Verhältnis als die Beschäftigung; eine 10 % Beschäftigungsänderung führt zu einer Kostensteigerung um 12,5 %. Dies tritt z. B. bei Lohnkosten für Überstunden ein. Der Reagibilitätsgrad ist größer 1, da

$$R = \frac{12,5}{10} = 1,25.$$

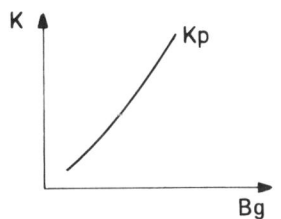

Kp = progressive Kosten

- *degressiv*; die Kosten verändern sich in geringerem Verhältnis als die Beschäftigung; eine 10 % Beschäftigungsänderung führt zu einer Kostensteigerung von 7 %. Diese Reaktion ist z. B. bei Schmierstoffen möglich. Der Reagibilitätsgrad liegt unter 1 aber über Null,

da $R = \frac{7}{10} = 0,7.$

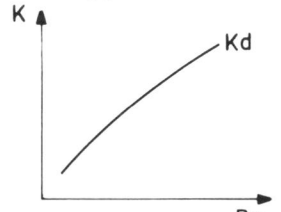

Kd = degressive Kosten

- *regressiv*; die Kosten verändern sich in umgekehrtem Verhältnis wie die Beschäftigung; eine 10 % Beschäftigungserhöhung führt zu einem Rückgang um 10 %. Dies kann z. B. bei Hilfslöhnen der Fall sein, wenn ein bisher mit Hilfsarbeiten eingesetzter Facharbeiter wieder mit qualifizierten Fertigungsarbeiten beschäftigt wird.

Der Reagibilitätsgrad ist kleiner Null, also negativ, da $R = \frac{-10}{+10} = -1.$

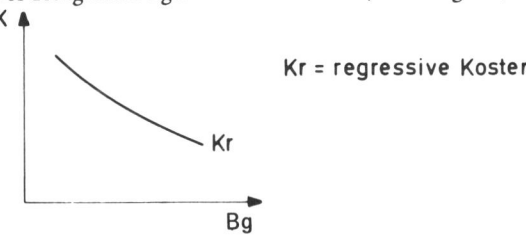

Kr = regressive Kosten

(2) *Fixe Kosten*

Fixe (feste, konstante) Kosten (Strukturkosten) zeigen keine Reaktion auf Veränderungen des Beschäftigungsgrades. Sie sind in ihrer Höhe beschäftigungsunabhängig, sie werden zeitabhängig wie z.B. Gehälter pro Monat, Abschreibungen pro Jahr usw. berechnet.

Ihr Reagibilitätsgrad ist gleich Null, da $R = \frac{0}{10} = 0.$

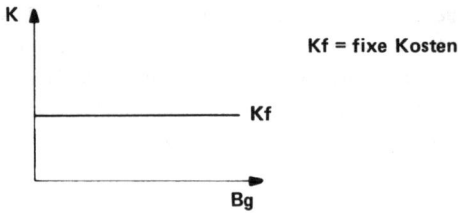

Kf = fixe Kosten

Wird die vorgegebene Kapazitätsgrenze überschritten, sollen also in Zukunft z.B. maximal 5200 Fernsehgeräte produzierbar sein, so steigen die fixen Kosten insgesamt an. Dabei zeigt sich jedoch in der Praxis, daß innerhalb einer Kapazitätsgrenze von 5000 Stück ein Teil der Aggregate bereits eine höhere Leistungsfähigkeit besitzen. Dies ist auf die mangelnde Teilbarkeit von Maschinen wie Arbeitskräften zurückzuführen. Bei einer Veränderung der Kapazität werden daher in der Regel nur Teilbereiche ausgeweitet bzw. abgebaut, so daß sich nur einzelne fixe Kosten bei Überschreiten bestimmter Beschäftigungsintervalle sprunghaft ändern, um dann wieder für eine bestimmte Reihe von Intervallen fest zu bleiben. Zu dieser Sonderform der fixen Kosten, die als Sprungfixkosten bezeichnet werden, zählen z.B. die Meistergehälter, wenn bei Einlegen einer zweiten Schicht ein weiterer Meister eingestellt werden muß. Graphisch lassen sich die Sprungfixkosten wie folgt darstellen:

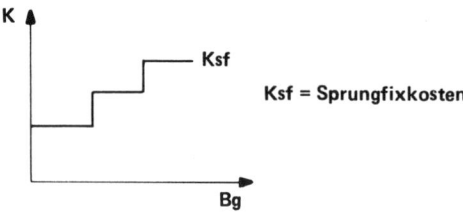

Ksf = Sprungfixkosten

Die Einteilung der Kosten in fix und variabel ist nicht absolut sondern relativ zu sehen. Ob Kosten beschäftigungsabhängig sind oder nicht, hängt allgemein vom Betrachtungszeitraum und speziell von bestimmten Unternehmensgegebenheiten ab. So sind, bezogen auf die gesamte Lebensdauer des Unternehmens, alle Kosten variabel; je kürzer der Betrachtungszeitraum gewählt wird, um so mehr Kosten nehmen fixen Charakter an. Dies gilt z. B. für den Verzehr einer Maschine, der bezogen auf die gesamte Nutzungsdauer variablen, für die Abrechnungsperiode von einem Jahr jedoch fixen Charakter hat. Daneben bestimmen die unterschiedlichen Kündigungsfristen in Arbeits-, Miet- oder Versicherungsverträgen die jeweilige Bindung des Unternehmens an Kostenfaktoren und machen die Wertverzehre in dieser Zeit zu fixen Kosten. Letztlich ist auch der Grad der Technisierung eines Betriebes maßgebend für die Relation zwischen fixen und variablen Kosten. Zunehmende Automatisierung in Fertigung und Verwaltung läßt den relativen Anteil der beschäftigungsunabhängigen Kosten ständig steigen.

b) Anwendung der Kostengliederungen

Die oben dargestellten Gliederungsmöglichkeiten der Kosten sind für eine fundierte Kostenrechnung unverzichtbar. Ihre Anwendung erfolgt innerhalb der Kostenartenrechnung. Bedeutung haben sie jedoch jeweils innerhalb bestimmter Teilbereiche der Kostenrechnung. So dient:

(1) die Gliederung nach verbrauchten Produktionsfaktoren sowie nach der Abgrenzung zum Aufwand der differenzierten Erfassung der Wertverzehre in der Kostenartenrechnung;

(2) die Gliederung nach der Herkunft der Kostengüter sowie nach betrieblichen Funktionen der genauen Verteilung der Kosten in der Kostenstellenrechnung;

(3) die Gliederung nach der Verrechnung sowie nach der Bezugsgröße der verursachungsgemäßen Zurechnung in der Kostenträgerrechnung.

Im Gegensatz dazu kommt der Einteilung nach dem Verhalten bei Beschäftigungsänderungen grundlegende Bedeutung für eine Verbesserung der Kostenkontrolle in allen Teilbereichen der Kostenrechnung zu (vgl. S. 40).

Die beiden Gliederungsgesichtspunkte: Art der verbrauchten Produktionsfaktoren sowie Abgrenzung zum Aufwand haben im Gemeinschaftskontenrahmen (GKR) ihren Niederschlag gefunden. So enthält die Klasse 4 die Kostengruppen Stoffkosten, Personalkosten, Instandhaltung, verschiedene Leistungen, Steuern, Gebühren, Beiträge, Mieten, Verkehrs-, Büro-, Werbekosten als aufwandsgleiche Kosten sowie die kalkulatorischen Kosten Abschreibungen, Zinsen, Wagnisse und Unternehmerlohn.

Der neue Kontenrahmen der Industrie (IKR) erfaßt die Aufwendungen und damit die aufwandsgleichen Kosten in den Klassen 6 und 7, die kalkulatorischen Kosten erscheinen nur in der Klasse 9, in die auch die aufwandsgleichen Kosten zu übertragen sind.

c) Kostenartenplan

Um eine Kostenartenrechnung ordnungsgemäß durchführen zu können, muß jeder Betrieb einen eigenen Kostenartenplan erstellen. Als generelle Orientierungsmöglichkeit dient der jeweils empfohlene Kontenrahmen. Die spezielle Differenzierung der gesamten Kosten eines Unternehmens in einzelne Kostenarten hängt von der Branche und Größe des Unternehmens, seiner Sortimentszusammensetzung, dem Umfang der angestrebten Kostenkontrolle sowie der jeweiligen Informationsbedürfnisse der Unternehmensführung bei grundsätzlicher Beachtung der Wirtschaftlichkeit ab.

Branche, Betriebsgröße und Sortimentszusammensetzung bestimmen im wesentlichen die *Arten* der getrennt zu erfassenden Kosten. So wird z.B. das große Industrieunternehmen eine Vielzahl verschiedener Lohnkostenarten, eine Bank dagegen mehrere verschiedene Zinskostenarten ausweisen. Kontroll- und Informationsbedürfnisse führen dazu, die gesamten Kosten in eine möglichst große *Anzahl* einzelner Kostenarten aufzuspalten. Dem Trend einer überzogenen Differenzierung wirkt die Erhaltung der Wirtschaftlichkeit entgegen.

Gliederungs-gesichtspunkte	Kostenarten im weiteren Sinne	Zuordnung zu Teilbereichen der Kostenrechnung
(1) Verbrauchte Produktionsfaktoren	Arbeitskosten Materialkosten Fremdleistungskosten Kosten der Gesellschaft Kapitalkosten	Kostenartenrechnung
(2) Abrenzung zum Aufwand	Aufwandsgleiche Kosten Aufwandsungleiche (Kalkulatorische) Kosten	Kostenartenrechnung
(3) Herkunft der Kostengüter	Primäre Kosten Sekundäre Kosten	Kostenstellenrechnung
(4) Betriebliche Funktionen	Beschaffungskosten Fertigungskosten Vertriebskosten Verwaltungskosten	Kostenstellenrechnung
(5) Art der Verrechnung	Einzelkosten Gemeinkosten Sondereinzelkosten	Kostenträgerrechnung
(6) Bezugsgröße	Gesamtkosten Stückkosten	Kostenträgerrechnung
(7) Beschäftigungs-änderungen	Variable Kosten — proportional — progressiv — degressiv — regressiv Fixe Kosten	alle Teilbereiche der Kostenrechnung

Bei der Anwendung der unterschiedlichen Gliederungsgesichtspunkte muß letztlich stets darauf geachtet werden, daß die auszuweisenden Kostenarten eindeutig voneinander abgrenzbar bleiben. Zweifel über den Inhalt einer Kostenart sollen nicht bestehen und gegenseitige Überschneidungen müssen ausgeschlossen sein.

Der Kostenartenplan eines Unternehmens beruht damit auf einer individuellen Lösung der Optimierung der spezifischen Gliederungsgesichtspunkte. Da sich auf Dauer einzelne Kriterien verändern können, muß auch der Kostenartenplan von Zeit zu Zeit eine Anpassung erfahren.

d) Wichtige Kostenarten

Kostenarten entstehen bei der Einteilung der Wertverzehre nach jeweils einem Kostengliederungsgesichtspunkt. Neben dieser weiten Auslegung versteht man im engeren Sinne unter Kostenarten nur diejenigen betriebsbedingten Wertverzehre, die sich aus der Einteilung der Kosten nach der Art der verbrauchten Produktionsfaktoren ergeben. Innerhalb der Grobgliederung in die fünf Kostengruppen Arbeits-, Material-, Kapital-, Fremdleistungskosten sowie den Kosten der menschlichen Gesellschaft wird dazu eine weitere Differenzierung vorgenommen, die zu den eigentlichen Kostenarten führt.

aa) *Arbeitskosten*

Der Einsatz und Verzehr menschlicher Arbeitsleistungen im Betriebsprozeß bedingt die Personal- oder Arbeitskosten. Dazu gehören im einzelnen die Löhne, Gehälter, Sozialkosten sowie die sonstigen Personalkosten.

(1) *Löhne* fallen vor allem im Fertigungsbereich an und werden je nach Entlohnungsform als Zeitlohn, Akkordlohn bzw. Prämienlohn ausbezahlt. Eine Trennung in Einzel- (Fertigungs) und Gemeinkostenlohn (Hilfslohn) ist besonders für die Kostenträgerstückrechnung von Bedeutung. Dabei stehen Akkord- und Prämienlöhne meist in unmittelbarem Zusammenhang mit der Erzeugung einer Leistung und können daher als Einzelkosten nachgewiesen werden, während der Zeitlohn in der Regel Gemeinkosten darstellt. Typische Beispiele für Gemeinkostenlöhne sind Reparatur-, Reinigungs- oder Transportlöhne.

(2) *Gehälter* fallen in allen Bereichen des Unternehmens an. Sie werden auf der Basis der Anwesenheit als Monats- oder Jahresgehalt mit den Angestellten vereinbart. Da Gehälter zeit- und nicht leistungsbezogen sind, stellen sie Gemeinkosten dar. Zu den Löhnen bzw. Gehältern gehören auch die Feiertags- und Urlaubslöhne, Nachtschicht- und Prämienzulagen.

(3) *Sozialkosten* entstehen aufgrund *gesetzlicher* und *freiwilliger Leistungen* des Unternehmens zu Gunsten der Mitarbeiter. Zu den Zwangsabgaben gehören die Arbeitgeberanteile für Renten-, Kranken-, Arbeitslosen- und Unfallversicherung in Höhe der vom Gesetzgeber festgelegten Sätze sowie tarifvertraglich abgesicherte Zahlungen für die Vermögensbildung. Daneben fallen viele freiwillige Leistungen in Form von Pensionszusagen, Beihilfen bei Unfall, Tod, Geburt, Heirat, Jubiläum usw. sowie für die Einrichtung und den Betrieb von Kantinen und Sportanlagen an.

(4) *Sonstige Personalkosten* entstehen im wesentlichen für die Beschaffung von Arbeitskräften. Es sind dies z.B. Kosten für Personalanzeigen, Vorstellungen, Umzüge, Trennungsentschädigungen usw.

Die *Erfassung der Personalkosten* erfolgt teilweise in undifferenzierter Form, d. h. unmittelbar in Werten wie z. B. bei den Gehältern. Die Fertigungslöhne werden dagegen zunächst über Lohnkarten mengenmäßig in Stück- bzw. Zeiteinheiten ermittelt und anschließend mit Lohnsätzen bewertet.

bb) *Materialkosten*

Der Einsatz und Verzehr von Werkstoffen im Rahmen der Leistungserstellung und -verwertung führt zu Materialkosten. Folgende Stoffarten lassen sich unterscheiden: Rohstoffe, Hilfs- und Betriebsstoffe, auswärtige Bearbeitung, bezogene Fertigteile und Handelswaren.

(1) *Rohstoffe* sind Materialien, die als wesentliche Bestandteile in die Erzeugnisse eingehen. In der Regel durchlaufen sie dabei einen Be- oder Verarbeitungs-prozeß, wie z.B. die Blechtafel, die zu einer Kühlerhaube verformt, oder die Papierrolle, die zur Herstellung von Zeitungen bedruckt wird.

(2) *Hilfsstoffe* gehen ebenfalls unmittelbar in die Produkte ein, erfüllen jedoch lediglich eine ergänzende Funktion (Hilfsfunktion). Hierzu zählen vor allem Nägel, Schrauben, Leim, Schleif- und Poliermittel usw.

(3) *Betriebsstoffe* sind, im Gegensatz zu den Roh- und Hilfsstoffen, keine unmittel-baren Bestandteile der Produkte. Sie dienen vielmehr der Aufrechterhaltung und Durchführung des Betriebsprozesses. Im Fertigungsbereich sind es vor allem Energie-, Treib-, Brenn- und Schmierstoffe sowie Kleinwerkzeuge, im Verwaltungs- und Vertriebsbereich das Büro- und Werbematerial.

(4) *Auswärtige Bearbeitung* bedeutet die zeitweise Verlegung bestimmter Ferti-gungsprozesse in andere Unternehmen („verlängerte Werkbank"). Dies kann aus Kapazitäts- und/oder Wirtschaftlichkeitsgründen vorteilhaft sein.

(5) Unter *bezogenen Fertigteilen* versteht man funktionsfähige Aggregate, die von außerhalb beschafft werden, um die eigenen Produkte zu vervollständigen. Dabei handelt es sich meist um Armaturen, Motoren, Getriebe usw.

(6) *Handelswaren* sind von anderen Unternehmen bezogene, eigenständige und meist branchenfremde Produkte, die keiner Be- und Verarbeitung bzw. eines Einbaus bedürfen. Sie stellen eine Ergänzung des Produktionsprogramms dar und führen zu einer von den Kunden gewünschten Erweiterung des Verkaufs-sortiments, wie z.B. das Lederetui für den elektrischen Rasierapparat.

Die *Erfassung der Materialkosten* erfolgt in differenzierter Form. Der Mengenver-brauch wird durch Materialentnahmescheine bzw. anhand von Stücklisten erfaßt. Dabei kann von geplanten bzw. tatsächlich verbrauchten Mengen ausgegangen werden. Abfälle und Ausschuß lassen sich den Materialkosten zuschlagen. Verkäuf-licher Abfall kann andererseits den Einsatzwert des Materials mindern. Die Be-wertung erfolgt je nach der Zielsetzung in der Kostenrechnung mit Markt- oder Verrechnungspreisen.

cc) *Kapitalkosten*

Zu den Kapitalkosten zählen alle Kostenarten, die dem Betrieb durch den Einsatz von Kapitalgütern wie Gebäude, Maschinen und Geld entstehen. Es sind dies Ab-schreibungen, Zinsen und Wagnisse.

(1) *Abschreibungen* erfassen den Wertverzehr am Anlagevermögen, d. h. den Kapi-talgütern, die dem Unternehmen länger als ein Jahr zur Verfügung stehen und der Abnutzung unterliegen. Dazu zählen z. B. Gebäude und Maschinen, nicht

jedoch Grundstücke, da diese keine Abnutzung erfahren. Gründe für die Wertminderung von Anlagegütern sind:

- verbrauchsbedingte Ursachen; die Höhe des gesamten Nutzungsvorrats wird durch Gebrauch, natürlichen Verschleiß oder Substanzverringerung (Bergbau) vermindert;
- wirtschaftliche Ursachen; der Wert des Nutzungsvorrats wird durch technischen Fortschritt, Nachfrageverschiebungen, fallende Beschaffungs- oder Absatzpreise verringert;
- zeitliche Ursachen; die Verfügbarkeit des Nutzungsvorrats wird durch die Beendigung von Miet- oder Pachtverhältnissen, den Ablauf von Schutzrechten oder Konzessionen beendet bzw. beeinträchtigt.

Durch den Ansatz von Abschreibungen wird — unabhängig von der Ursache — der jeweilige Anteil der Minderung am Gesamtnutzenvorrat eines Anlagegutes auf die Rechnungsperiode verteilt, in der die Nutzung erfolgt und der Wertverzehr eingetreten ist (Verteilungsfunktion). Sie binden entsprechende Mittel an das Unternehmen, um zum gegebenen Zeitpunkt eine Ersatzmöglichkeit sicherzustellen (Finanzierungsfunktion). Die Mehrwertsteuer bleibt jeweils außer Ansatz.

(2) Zinsen stellen den Preis für zur Verfügung gestelltes Kapital dar.

(3) Wagnisse erfassen Wertminderungen am Anlage- und Umlaufvermögen, die durch außergewöhnliche, unvorhersehbare Umstände eintreten. Es handelt sich dabei um Risiken, die nicht durch eine Fremdversicherung abgedeckt sind. Der Ansatz von Wagnissen stellt eine Art Selbstversicherung dar. Die wichtigsten Arten sind:

- Anlagewagnisse (z.B. falsche Bedienung einer Maschine);
- Beständewagnisse (z.B. Schwund, Verderb, Veralten);
- Fertigungswagnisse (z. B. Gewährleistungsansprüche der Kunden wegen fehlerhafter Produktion);
- Vertriebswagnisse (z. B. uneinbringliche Forderungen).

Im Gegensatz zu diesen speziellen, betriebsbedingten Einzelwagnissen steht das allgemeine Unternehmerwagnis. Es trifft das Unternehmen als Ganzes durch Konjunkturschwankungen, Strukturkrisen bestimmter Branchen oder technischen Fortschritt. Es ist daher nicht kalkulierbar und wird über die Chance auf Gewinn abgedeckt.

dd) Fremdleistungskosten

Alle Verzehre durch Inanspruchnahme von Dienstleistungen fremder Betriebe werden unter dem Sammelbegriff Fremdleistungskosten zusammengefaßt. Die wichtigsten hierdurch entstehenden Kostenarten sind:

- Transportkosten,
- Postkosten,
- Mieten und Pachten,
- Energiekosten (Wasser, Strom, Gas — werden jedoch in der Regel als Betriebsstoffe im Rahmen der Materialkosten verrechnet),
- Reparaturen, Instandhaltungen,
- Werbekosten,
- Reisekosten,

- Rechts- und Beratungskosten,
- Patent- und Lizenzgebühren,
- Versicherungskosten.

Die *Erfassung* der Werte dieser Kosten erfolgt in undifferenzierter Form anhand der vorliegenden Rechnungsstellung durch die Fremdbetriebe. Zu beachten ist allerdings, daß einige der genannten Fremdleistungen, insbesondere Strom, Reparaturen, Instandhaltungen und Werbung teilweise oder ganz auch durch das Unternehmen selbst in Form innerbetrieblicher Leistungen erbracht werden können. Sie fallen dann als sekundäre Kosten an und müssen gesondert erfaßt und zugerechnet werden. Bei der Kostenanalyse sind sie jedoch mit den entsprechenden primären Fremdleistungsanteilen als Einheit zu sehen.

ee) Kosten der Gesellschaft

Die Kosten der Gesellschaft umfassen alle öffentlichen Abgaben, soweit sie Kostencharakter haben. Ihre Besonderheit liegt darin, daß sie nicht in jedem Falle mit einer konkreten, unmittelbaren Gegenleistung für das Unternehmen verbunden sind. Im einzelnen handelt es sich um:
- Kostensteuern wie Vermögens-, Grund-, Gewerbe-, Grunderwerbs- oder KfZ-Steuern; Gewinnsteuern wie z. B. die Körperschaftsteuer sind keine Kosten, da sie auf den Gewinn berechnet und aus ihm bezahlt werden, der Gewinn jedoch keine unerläßliche Voraussetzung für den Leistungsprozeß darstellt,
- Zölle,
- Gebühren für Auskünfte, Beurkundungen durch öffentliche Stellen,
- Beiträge für Kammern, Verbände.

Auch diese Kostenarten werden undifferenziert auf der Grundlage von Bescheiden und Abrechnungen erfaßt.

3. Kostenabgrenzung

Aus der Definition als normale, betriebsbedingte Verbräuche ergibt sich, daß nur diejenigen Werteverzehre Kosten sind, die im direkten Zusammenhang mit der betrieblichen Leistungserstellung und -verwertung entstehen. Darüber hinaus gibt es in einem Unternehmen weitere Werteverzehre, die unabhängig vom Leistungsprozeß anfallen. Ein typisches Beispiel hierfür ist die Spende, die ein Unternehmen aus Anlaß seines 100-jährigen Bestehens an eine karitative Einrichtung leistet. Selbstverständlich stellt die Zahlung einen Aufwand dar, der das Ergebnis des Unternehmens belastet. Genauso deutlich ist jedoch auch, daß dieser Werteverzehr nichts mit dem Betriebszweck zu tun hat, so daß keine Kosten entstehen. Eine Erfassung und Verrechnung solcher Aufwendungen als Kosten würde die grundlegende Aufgabe der Kontrolle der Wirtschaftlichkeit des Betriebsprozesses durch die Kostenrechnung wesentlich beeinträchtigen. Kostenarten-, Kostenstellen- und Kostenträgerrechnung würden mit Verzehren belastet, die nicht durch eine Veränderung im produktiven Ablauf des Leistungserstellungs- und -verwertungsprozesses begründet sind, da durch die Spende weder eine Verbesserung noch eine Verschlechterung der Wirtschaftlichkeit eingetreten ist.

Daraus ergibt sich, daß eine klare Abgrenzung der Kosten von den übrigen Wertverzehren eines Unternehmens für die Kostenrechnung von großer Bedeutung ist.

a) Abgrenzung der Begriffe Kosten und Aufwand

Begriffe stellen Handwerkszeug dar, dessen „Güte" auch im Rechnungswesen die angestrebten Ergebnisse beeinflußt. Sie definieren alle relevanten Größen und Tatbestände, die für eine Erfassung, Verrechnung und Auswertung in Betracht kommen. Damit ist die genaue Festlegung und sachgemäße Handhabung der Begriffe die Voraussetzung für eindeutige Aussagen innerhalb wie zwischen den Teilbereichen des Rechnungswesens.

Für die Kostenrechnung steht die Abgrenzung der Kosten vom Aufwand im Mittelpunkt. In der Finanzbuchhaltung werden die Wertverzehre als Aufwand erfaßt, um zusammen mit dem Ertrag das Unternehmensergebnis im Rahmen der Gewinn- und Verlustrechnung festzustellen. Die Kostenrechnung ermittelt ihre Wertverzehre als Kosten und stellt ihnen als korrespondierende Größe die Leistungen gegenüber.

Der *Aufwand* wird definiert als der erfolgswirksame, bewertete Verzehr an Gütern und Diensten, der bei der Erstellung und Verwertung der gesamten Leistungen eines Unternehmens pro Periode anfällt.

Aufwand und Kosten (Definition vgl. S. 30) sind insoweit *identisch*, als es sich jeweils um den bewerteten Verbrauch (Verzehr) an Gütern und Dienstleistungen handelt, der bei der Erstellung und Verwertung von Leistungen anfällt. Der wesentliche *Unterschied* zwischen beiden Begriffen liegt darin, daß als Kosten nur Wertverzehre erfaßt werden, die für die Erstellung und Verwertung der *betrieblichen* Leistungen anfallen, während im Aufwand auch Wertverzehre enthalten sind, die nicht im unmittelbaren Zusammenhang mit dem Betriebszweck stehen. Außerdem fallen Kosten nur dann an, wenn ein normaler Verbrauch vorliegt. Dagegen handelt es sich stets um Aufwand, wenn ein effektiver (tatsächlicher oder aufgrund außerbetrieblicher Bestimmungen ansetzbarer) Verbrauch eintritt.

Eine Gegenüberstellung von Aufwand und Kosten zeigt, daß drei Abgrenzungsmöglichkeiten vorliegen:

(1) Aufwand, dem im gleichen Umfang Kosten gegenüberstehen (Zweckaufwand/ Grundkosten),

(2) Aufwand, dem keine Kosten gegenüberstehen (Neutraler Aufwand),

(3) Kosten, denen kein Aufwand gegenübersteht (Zusatzkosten).

In Anlehnung an Schmalenbach läßt sich dies schematisch wie folgt darstellen:

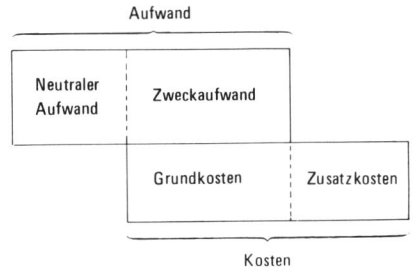

aa) Zweckaufwand/Grundkosten

Diejenigen Teile des Aufwands bzw. der Kosten, die deckungsgleich sind, werden aus der Sicht des Aufwandes als *Zweckaufwand*, aus der Sicht der Kosten als *Grundkosten* bezeichnet. Zwischen dem kostengleichen Aufwand und den aufwandsgleichen Kosten besteht eine volle inhaltliche Übereinstimmung. Es handelt sich um Verzehre, die für die *betriebliche* Leistungserstellung und -verwertung anfallen und deren Wert in der Kostenrechnung dem normalen, in der Finanzbuchhatung dem effektiven Verbrauch entspricht. Typische Beispiele hierfür sind Gehälter, Hilfslöhne, Versicherungsprämien. Sie können mit gleichen Werten sowohl in der Finanzbuchhaltung wie in der Kostenrechnung angesetzt und verrechnet werden, so daß kein Abgrenzungsproblem entsteht.

bb) Neutraler Aufwand

Der neutrale Aufwand umfaßt alle Werteverzehre, die gegenüber den Kosten abzugrenzen sind. Es stehen ihm keine Kosten gegenüber. Die Neutralisierung ist erforderlich, da die Verbräuche nicht mit dem normalen Betriebsprozeß in einer Periode im Zusammenhang stehen. Es wird zwischen dem betriebsfremden, dem periodenfremden und dem außerordentlichen Aufwand unterschieden.

Betriebsfremde Aufwendungen stehen in keinerlei Beziehung zur betrieblichen Tätigkeit. Als Beispiele können Spenden für karitative Zwecke, Reparaturen an nicht betriebsnotwendigen Gebäuden oder Kursverluste bei spekulativ angelegten Wertpapieren angeführt werden.

Periodenfremde Aufwendungen sind zwar in der Regel betriebsbedingt, betreffen jedoch nicht die laufende Abrechnungsperiode. So kann z.B. eine Nachzahlung für Gewerbesteuer für die bereits abgeschlossene Periode nicht mehr als Kosten aufgenommen und verrechnet werden, da sich unter anderem das Betriebsergebnis nachträglich verändern würde. Mit den betriebsbedingten Wertverzehren der laufenden Periode besteht jedoch kein Zusammenhang.

Außerordentliche Aufwendungen beruhen auf betriebsbedingten Verbräuchen der laufenden Periode. Sie können jedoch nicht als Kosten erfaßt werden, da sie nach der Art ihrer Entstehung, ihrer Bewertung bzw. ihrer Berechnung ungewöhnlich sind. Beispiele hierfür sind unregelmäßig anfallende Schäden durch Katastrophen, Sonderabschreibungen zur Konjunkturbelebung, Verkäufe von Maschinen unter dem Buchwert, Forderungsausfälle usw. Es handelt sich also um keine normalen (gewöhnlichen) Werteverzehre und somit auch nicht um Kosten. Zufallsschwankungen, die das Kostenbild verzerren und die Kontrollfunktion beeinträchtigen könnten, werden damit aus der Kostenrechnung herausgehalten. Häufig wird der periodenfremde Aufwand auch dem außerordentlichen Aufwand zugerechnet, da beide zwar betriebsbedingt sind, aber keinen normalen Werteverzehr darstellen.

Der neutrale Aufwand fließt an der Kostenrechnung vorbei und geht in das neutrale (außerordentliche) Ergebnis ein. Der Zweckaufwand wird dagegen auch in der Kostenrechnung erfaßt und dient der Ermittlung des betriebsbedingten Ergebnisses (Ergebnis der gewöhnlichen Geschäftstätigkeit). Neutraler Aufwand und Zweckaufwand ergeben zusammen den Gesamtaufwand und bilden mit den entsprechenden Erträgen das Unternehmensergebnis.

Aus der Sicht der Kostenrechnung läßt sich der Aufwand damit wie folgt einteilen:

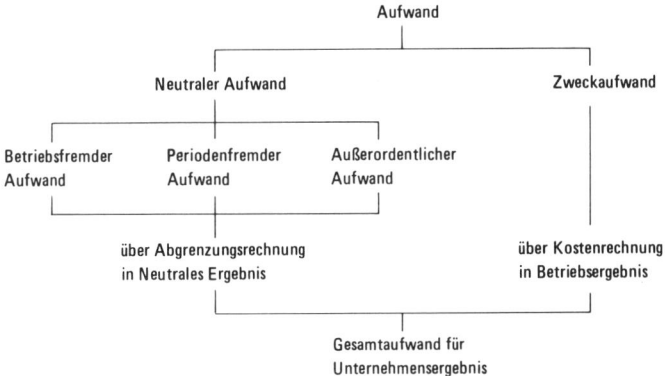

cc) Kalkulatorische Kosten

Die Gegenposition zum neutralen Aufwand nehmen die kalkulatorischen Kosten ein. Sie betreffen ausschließlich betriebsbedingte Werteverzehre, denen kein Aufwand bzw. Aufwand in anderer Höhe gegenübersteht. Die kalkulatorisch berechneten Verbräuche dienen der Substanzerhaltung, werden in der Kostenrechnung wie Grundkosten behandelt und gehen damit auch in die Betriebsergebnisrechnung ein. In der Gewinn- und Verlustrechnung der Finanzbuchhaltung wirken jedoch nur die effektiven Aufwendungen auf das Ergebnis ein, so daß die kalkulatorischen Kosten ergebnisneutral sind[1]. Vergleichsweise zum neutralen Aufwand können sie aus der Sicht der Aufwandsrechnung als „neutrale Kosten" bezeichnet werden. Der Ausdruck kalkulatorische Kosten ist darauf zurückzuführen, daß sie in der Kostenrechnung zusätzlich zu den Grundkosten, aber originär „kalkuliert", d. h. ermittelt und verrechnet werden.

Es lassen sich zwei Formen von kalkulatorischen Kosten unterscheiden, die Zusatzkosten und die Anderskosten.

Zusatzkosten sind normale Werteverzehre, denen kein Aufwand gegenübersteht. Sie können daher auch niemals zu Ausgaben werden. Zusatzkosten treten im wesentlichen als Zinsen auf das Eigenkapital, als Unternehmenlohn für Gesellschafter in Personalunternehmen und als Abschreibungen auf, die über die Anschaffungs- oder Herstellkosten hinaus gehen. Sie werden als Kosten erfaßt, um auch bei unterschiedlichen Finanzierungsstrukturen und/oder Rechtsformen zwischenbetriebliche Kostenvergleiche zu ermöglichen bzw. bei ungenauen Schätzungen der Abschreibungsdauer innerbetriebliche Wirtschaftlichkeitskontrollen nicht zu beeinträchtigen.

Anderskosten sind ebenfalls normale Werteverzehre, denen jedoch, im Gegensatz zu den Zusatzkosten, ein Aufwand gegenübersteht. Dennoch sind sie keine Grund-

---

1 Bei Verrechnung von kalkulatorischen Kosten kommt es damit zu unterschiedlich hohen Betriebsergebnissen in der Kostenrechnung bzw. in der Finanzbuchhaltung.

kosten, da sie mit einem *anderen* Wert als der vergleichbare Aufwand angesetzt werden. Dafür gibt es im wesentlichen zwei Gründe. Einmal unterliegt die Finanzbuchhaltung *außerbetrieblichen* Einflüssen. Zur Steuerung der Konjunkturlage können von staatlicher Seite Änderungen der Abschreibungssätze bzw. Abschreibungsverfahren vorgenommen werden. Zudem sind kurzfristig stärkere Schwankungen der Zinsen auf dem Kapitalmarkt möglich. Andererseits gibt es *innerbetrieblich* atypische Situationen, wie z.B. Katastrophen, Diebstähle, Gewährleistungen, die nicht dem normalen Betriebsablauf entsprechen. Daher werden Abschreibungen, Zinsen auf Fremdkapital und Wagnisse in der Kostenrechnung mit anderen (normalisierten) Werten als in der Aufwandsrechnung der Finanzbuchhaltung eingesetzt, um die Kontrolle der Entwicklung der Wirtschaftlichkeit nicht zu gefährden.

Die gesamten Kosten lassen sich damit in Grundkosten und kalkulatorische Kosten einteilen. Sie bestimmen zusammen mit den Leistungen das Betriebsergebnis.

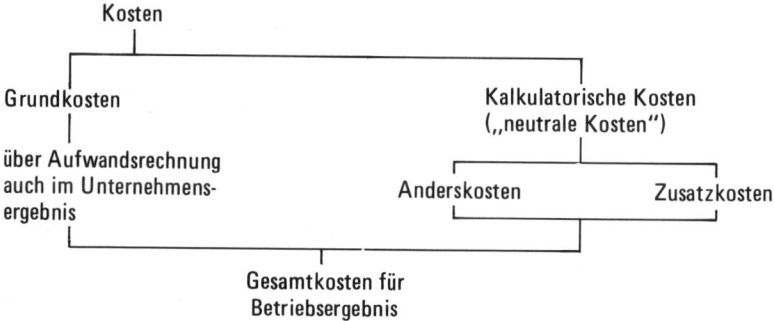

In der Kostenrechnung werden in der Regel die Abschreibungen, die Zinsen, die Wagnisse, die Miete sowie der Unternehmerlohn als kalkulatorische Wertverzehre ermittelt und verrechnet.

(1) Kalkulatorische Abschreibungen

Die kalkulatorischen Abschreibungen unterscheiden sich von den in der Finanzbuchhaltung angesetzten bilanziellen (effektiven) Abschreibungen in folgenden Punkten:

- kalkulatorische Abschreibungen erfassen den *planmäßigen, betriebsbedingten* Werteverzehr, soweit er durch den Kombinationsprozeß verursacht wird; bilanzielle Abschreibungen enthalten planmäßige und außerplanmäßige Werteverzehre, die den handels- und steuerbilanzpolitischen Vorschriften entsprechen;

- Abschreibungen können als Zeit- oder Leistungsabschreibungen berechnet werden. Bei den *Zeitabschreibungen* (= fixe Kosten) muß die Nutzungsdauer des Wirtschaftsgutes geschätzt werden. Der gesamte Nutzungsvorrat wird dann mit gleichen (lineare Abschreibung), mit fallenden (degressive Abschreibung) oder mit steigenden Raten (progressive Abschreibung) verteilt. Die *Leistungsabschreibungen* (= variable Kosten) beruhen dagegen auf einer Schätzung des gesamten Nutzungsvorrats eines Wirtschaftsgutes und verteilen diesen entsprechend der tatsächlichen Inanspruchnahme auf die einzelnen Perioden.

Für die Berechnung der kalkulatorischen Abschreibungen stellen die Leistungs- bzw. die Zeitabschreibung in linearer Form die geeigneten Verfahren zur Erfassung der normalen Abnutzung dar. Die Leistungsabschreibung wird angewendet, wenn der Gesamtnutzungsvorrat möglichst genau geschätzt werden kann und die laufende Nutzungsentnahme meßbar ist. So läßt sich z.B. der Wert der kalkulatorischen Abschreibung für einen PKW wie folgt errechnen:

$$a = \frac{AW - RW}{GL} \cdot PL \qquad\qquad [1]$$

a = kalkulatorische Abschreibung
AW = Ausgangswert
RW = Restwert nach Beendigung der Nutzung
GL = Gesamtleistung
PL = Periodenleistung

Rechenbeispiel:
AW =   14.000,−
RW =   2.000,−
GL =   100.000 km
PL =   20.000 km
a   = $\frac{14.000 - 2.000}{100.000} \cdot 20.000 = 2.400,-$

Die Leistungs- oder Nutzungsabschreibung vermittelt insbesondere bei wechselnder Inanspruchnahme (unterschiedlicher Auslastung) ein genaues Bild vom Werteverzehr des Wirtschaftsgutes. Die so errechneten Abschreibungsbeträge stellen variable Kosten dar, da ihre Höhe von der Auslastung (Beschäftigung) abhängt.
Die wesentliche Voraussetzung für die Leistungsabschreibung ist die Quantifizierbarkeit des Gesamtnutzungsvorrats (Gesamtleistung) sowie der laufenden Nutzungsentnahme. Bei vielen Anlagegütern ist dies nur unter verhältnismäßig hohem Aufwand oder überhaupt nicht möglich. Man denke z.B. an die Messung der Gesamtleistung einer Bohrmaschine oder eines Gebäudes, wobei letzteres kaum einer schwankenden Auslastung unterliegt. Daher wird der überwiegende Teil der kalkulatorischen Abschreibungen zeitbezogen mit Hilfe der linearen Abschreibungsmethode berechnet. Grundlage dazu ist die Schätzung der gesamten Nutzungsdauer des Wirtschaftsgutes. Der Ausgangswert wird dann mit gleichen (konstanten) Abschreibungsbeträgen auf die einzelnen Perioden verteilt. Die lineare Abschreibung läßt sich wie folgt errechnen:

$$a = \frac{AW - RW}{n} \qquad\qquad [2]$$

n = geschätzte Nutzungsdauer in Jahren

Rechenbeispiel:

AW = 14.000,–

RW = 2.000,–

n = 4 Jahre

$$a = \frac{14.000 - 2.000}{4} = 3.000,-$$

■ Für die Berechnung von Abschreibungen ist der Ausgangswert von wesentlicher Bedeutung. In der Finanzbuchhaltung werden die bilanziellen Abschreibungen auf der Basis der Anschaffungs- oder Herstellkosten ermittelt, um entsprechend den handels- und steuerrechtlichen Vorschriften die nominelle Kapitalerhaltung zu gewährleisten.

Im Gegensatz dazu verfolgt die Kostenrechnung die *substanzielle Kapitalerhaltung.* Um diese zu erreichen, muß ein Anlagegut zum Zeitpunkt seines Ausscheidens aus dem Betriebsprozeß real wieder ersetzt werden können. Sofern für ein Anlagegut zwischen dem Anschaffungs- und Wiederbeschaffungszeitpunkt keine Preisveränderungen eingetreten sind, erfüllt der Ansatz von Anschaffungs- oder Herstellkosten als Abschreibungsausgangsbetrag gleichermaßen das Ziel der nominellen und substanziellen Kapitalerhaltung. Steigen jedoch die Preise, kann die Substanz nur erhalten werden, wenn über die Abschreibungen der *Wiederbeschaffungspreis* des Anlagegutes hereingeholt wird. Ausgangspunkt für die Berechnung der kalkulatorischen Abschreibungen muß daher der Wiederbeschaffungswert eines Anlagegutes sein.

Wiederbeschaffungspreise sind Zukunftswerte, die im voraus nur ungenau bestimmt werden können. Die Praxis behilft sich daher mit dem Ansatz der jeweils gültigen *Tagespreise.* Dazu veröffentlichen die Wirtschaftsverbände Tabellen mit Preisindizes für bestimmte Gruppen von Betriebsmitteln, deren ursprüngliche Anschaffungs- oder Herstellkosten von Jahr zu Jahr auf die aktuellen Tageswerte hochgerechnet werden. Sie entsprechen den am Tag der Abschreibung gültigen Wiederbeschaffungswerten und werden wie folgt berechnet:

$$WW = AnW \cdot \frac{PAb}{PAn} \qquad\qquad [3]$$

WW = Wiederbeschaffungswert

AnW = Anschaffungswert

PAb = Preisindex Abschreibungsjahr

PAn = Preisindex Anschaffungsjahr

Rechenbeispiel:

AnW = 10.000,–

PAb = 168

PAn = 120

$$WW = 10.000 \cdot \frac{168}{120} = 14.000,-$$

In Ausnahmefällen, wenn kein einigermaßen gesicherter Tages- oder Wiederbeschaffungswert zu ermitteln ist, werden auch die kalkulatorischen Abschreibungen vom Anschaffungs- oder Herstellkostenwert berechnet.

- Bei Zeitabschreibungen wird durch die *Nutzungsdauer* eines Anlagegutes die Anzahl der Perioden (Jahre) bestimmt, auf die der gesamte Werteverzehr zu verteilen ist. Damit liegt zugleich auch die Höhe des pro Periode anfallenden Abschreibungsbetrages fest. Die Schätzung der Nutzungsdauer ist umso problematischer, je länger ein Wirtschaftsgut voraussichtlich dem Unternehmen zur Verfügung steht. In der Finanzbuchhaltung geschieht dies unter Berücksichtigung des Vorsichts- bzw. Gläubigerschutzprinzips. Als Empfehlung werden von der Finanzverwaltung unverbindliche Tabellen mit Richtlinien für die Abschreibungsdauer von wichtigen Anlagegütern veröffentlicht. Dies führt meist dazu, daß die bilanzielle Abschreibungsdauer kürzer ist als die tatsächliche Nutzungsdauer. In der Kostenrechnung muß jedoch von letzterer ausgegangen werden, da die effektive Nutzungsabgabe der Güter unter dem Gesichtspunkt der Wirtschaftlichkeitskontrolle zu erfassen ist. Daher erstreckt sich die kalkulatorische Abschreibung in der Regel über einen längeren Zeitraum als die bilanzielle Abschreibung.

- Fehlschätzungen der Nutzungsdauer und/oder der Wiederbeschaffungspreise führen zu *Über-* oder *Unterabschreibungen*. In der Finanzbuchhaltung darf nach dem Grundsatz der Einmaligkeit der Gesamtwert der Abschreibungen den Ausgangswert (Anschaffungs- oder Herstellkostenwert) weder über- noch unterschreiten. Werterhöhende Reparaturen sind dabei durch Aktivierung dem Ausgangswert zuzurechnen. Die Abschreibungsdauer ist aufgrund der handelsrechtlichen Vorschriften meist kürzer als die Nutzungsdauer. Nach Ablauf der Abschreibungsdauer ist das Gut voll abgeschrieben. Fällt das Wirtschaftsgut dagegen vorzeitig aus, muß eine Sonderabschreibung durchgeführt werden. Eine Über- oder Unterabschreibung kommt damit in der Finanzbuchhaltung grundsätzlich nicht vor.

In der Kostenrechnung müssen dagegen Fehlschätzungen zu einer Korrektur der Ausgangswerte führen, da die tatsächliche Situation zu erfassen ist. Ein Anlagegut ist kalkulatorisch so lange abzuschreiben, wie es im Betriebsprozeß eingesetzt wird und Faktorleistungen abgibt. Der Gesamtwert der kalkulatorischen Abschreibungsraten eines Wirtschaftsgutes kann dadurch auch den Wiederbeschaffungspreis übersteigen. Dies führt zu Überabschreibungen, die als Zusatzkosten normalen Werteverzehr darstellen, der jedoch nicht mit Ausgaben verbunden ist und dem auch kein Aufwand gegenübersteht. Eine Nichterfassung dieser Kosten würde die Kontrolle der Wirtschaftlichkeit und damit die Aussagefähigkeit der Kostenrechnung beeinträchtigen.

Die Neuberechnung der Abschreibungsquoten wird vorgenommen, sobald die Fehleinschätzung der Nutzungsdauer erkannt wird. Folgendes *Beispiel* soll dies verdeutlichen:

Erste Schätzung: n = 4 Jahre

AW   = 24.000,—
PAn   = 120, PAb = 128
RW   = 2.000,—

$$a = \frac{25.600 - 2.000}{4} = 5.900,- \quad \text{(kalkulatorische Abschreibung im 1. Jahr der Nutzung)}$$

Zweite Schätzung nach dem 3. Nutzungsjahr: n = 5 Jahre

AW   =   24.000,–
PAn   =   120, PAb = 135
RW   =   2.000,–

$$a = \frac{27.000 - 2.000}{5} = 5.000,- \quad \text{(kalkulatorische Abschreibung im 4. Jahr der Nutzung)}$$

Ungenaue Ansätze des Wiederbeschaffungswertes führen ebenfalls zu entsprechenden Korrekturen der Abschreibungsquoten, wodurch auch in diesem Falle mit Über- oder Unterabschreibungen gerechnet werden muß. Kalkulatorische Abschreibungen sind damit Zusatzkosten, soweit der gesamte Abschreibungswert über die Anschaffungs- oder Herstellkosten hinausgeht; sie sind Anderskosten, soweit vom Wiederbeschaffungswert abgeschrieben und/oder mit von der Finanzbuchhaltung abweichenden Abschreibungsmethoden gerechnet wird.

(2) Kalkulatorische Zinsen

Kalkulatorische Zinsen werden auf das im Betrieb eingesetzte Kapital, das überwiegend in Form von Vermögensgegenständen vorliegt, berechnet. Sie sind für „die Überlassung der Chancen, die die Verfügungsmacht über Wirtschaftsgüter in jedem Augenblick ihrer Ausübung bietet" (*S. Menrad*, Sp. 2003) zu zahlen. Als Begründung dient der Nutzenentgang, den ein Kapitaleigner bei anderweitiger Anlage erzielen würde. Für den Betrieb ist der Einsatz von Kapital zur Bereitstellung von Vermögensgütern ein Wertverzehr.[1]

In der Finanzbuchhaltung werden nur effektive, d.h. tatsächlich zu bezahlende Zinsen als Aufwand verrechnet. Sie unterscheiden sich von den kalkulatorischen Zinsen bezüglich ihrer Berechnungsbasis und der Höhe des angesetzten Zinssatzes. Die effektiven Zinsen fallen nur für das gegen Entgelt zur Verfügung gestellte Fremdkapital an. Die Höhe des Zinssatzes ist Vereinbarungssache. Grundlage für die kalkulatorischen Zinsen ist dagegen das betriebsnotwendige Kapital, das mit einem internen Zinssatz belastet und nach folgender Formel berechnet wird:

$$Zk = \frac{BnK \cdot Zi}{100} \qquad\qquad [4]$$

Zk   =   Kalkulatorische Zinsen
BnK   =   Betriebsnotwendiges Kapital
Zi   =   interner Zinssatz

Aus der Sicht der Kostenrechnung ist die Art der Finanzierung des Vermögens unerheblich, da sowohl der Einsatz von Fremd- wie von Eigenkapital mit einem Wertverzehr in Form von Zinskosten verbunden ist. Daher werden kalkulato-

---

1 Abschreibungen erfassen den unmittelbaren Wertverzehr des Wirtschaftsgutes, der durch die Nutzung entsteht; Zinsen stellen den Wertverzehr dar, der durch die Bereitstellung des Kapitals zum Erwerb des Wirtschaftsgutes eintritt.

rische Zinsen auf das gesamte, für den Betriebsprozeß erforderliche Kapital berechnet. Würde nur das Fremdkapital mit kalkulatorischen Zinsen belastet, so wären wegen unterschiedlicher Finanzierungsstrukturen zwischenbetriebliche Kostenvergleiche nicht möglich. Außerdem würde der innerbetriebliche Wirtschaftlichkeitsvergleich mit jeder Änderung der Zusammensetzung von Fremd- zu Eigenkapital beeinträchtigt.

Das *betriebsnotwendige Kapital* wird nach folgendem Schema ermittelt:

Betriebsnotwendiges Anlagevermögen
+ Betriebsnotwendiges Umlaufvermögen

= Betriebsnotwendiges Vermögen
./. Abzugskapital

= Betriebsnotwendiges Kapital.

Vom gesamten *Anlagevermögen* des Unternehmens werden diejenigen Teile ausgesondert, die für den Betriebsprozeß nicht erforderlich sind. Dazu zählen z.B. stillgelegte Anlagen, nicht oder betriebsfremd genutzte Grundstücke, spekulativ angelegte Wertpapiere usw. Das um die betriebsfremden Teile bereinigte betriebsnotwendige Anlagevermögen kann jedoch, soweit es der Abnutzung unterliegt, nicht mit den nach handels- und steuerrechtlichen Vorschriften eingestellten Bilanzwerten angesetzt werden. Als Wertansätze kommen vielmehr kalkulatorische Restwerte bzw. Durchschnittswerte in Betracht.

Die *Restwertverzinsung* basiert auf den kalkulatorischen Restwerten der abnutzbaren Anlagegüter. Sie werden auf der Grundlage von Anschaffungs-, Herstell- bzw. Wiederbeschaffungskosten abzüglich der kalkulatorischen Abschreibungen jeweils zum Ende der Abrechnungsperiode berechnet. Da die Restwerte mit fortschreitender Nutzungsdauer immer kleiner werden, sind auch die darauf beruhenden kalkulatorischen Zinsen rückläufig. Diese Methode berücksichtigt die zu einem bestimmten Zeitpunkt investierten, also über Abschreibungen noch nicht liquidierten Beträge.

Die *Durchschnittsverzinsung* geht, ähnlich wie bei der Ermittlung der Werte des betriebsnotwendigen Umlaufvermögens, vom durchschnittlich investierten, abnutzbaren Anlagevermögen aus. Dies ist jeweils der halbe Ausgangswert in Form von Anschaffungs- oder Herstellkosten. Aus Vereinfachungsgründen wird in der Praxis jedoch oft der halbe Zinssatz auf den gesamten Ausgangswert berechnet. Die Durchschnittsmethode führt bei linearer Abschreibung zu einer gleichmäßigen Belastung der Abrechnungsperiode. Sie ist daher der Restwertmethode vorzuziehen, da sie zu einem normalisierten Ansatz der Zinskosten führt.

Die für den Betriebsablauf erforderlichen Bestände an *Umlaufvermögen* unterliegen im Laufe eines Jahres erfahrungsgemäß aus Beschaffungs- und/oder Verarbeitungsgründen mehr oder weniger großen Schwankungen. Ausgangspunkt sind daher nicht die effektiv investierten sondern die durchschnittlich gebundenen Beträge als kalkulatorische Mittelwerte.

Das betriebsnotwendige Anlagevermögen und das betriebsnotwendige Umlaufvermögen bilden zusammen das betriebsnotwendige Vermögen. Dieses ist um
das *Abzugskapital* zu vermindern. Es handelt sich um solche Kapitalbeträge,
die dem Unternehmen zinslos zur Verfügung stehen. Dazu zählen vor allem
Anzahlungen von Kunden, zinsfreie Darlehen und Subventionen. Lieferanten-
kredite sind nur dann abzugsfähig, wenn *keine* Skontierungsmöglichkeit
besteht, da im anderen Falle der Verzicht auf den Skonto einer Verzinsung
entspricht.

Der Ansatz von Abzugskapital ist in der Literatur nicht unbestritten, da auch
unentgeltlich zur Verfügung gestelltes Kapital durch seine Bereitstellung zu
einem Werteverzehr führt (*S. Menrad*, Sp. 2005).

Ist das betriebsnotwendige *Kapital* als Differenz zwischen dem betriebsnotwendigen Vermögen und dem Abzugskapital ermittelt, so stellt sich die Frage,
welcher Prozentsatz zur Berechnung der kalkulatorischen Zinsen angesetzt
werden soll. Um aus der Kostenrechnung kurzfristige, außerbetrieblich bedingte
Schwankungen fernzuhalten, empfiehlt sich ein für längere Zeit gültiger, durch-
schnittlicher Erfahrungswert. Als Anhaltspunkt können die Zinssätze für langfristige, risikofreie Kredite oder der Diskontsatz der Deutschen Bundesbank
dienen.

Kalkulatorische Zinsen sind, bedingt durch ihren Zeitbezug, fixe Kosten.
Soweit sie auf das Eigenkapital berechnet werden, handelt es sich um Zusatzkosten. Der Rest stellt Anderskosten dar, bedingt durch den fiktiven Zinssatz
auf kalkulatorische Ausgangswerte.

Rechenbeispiel:

Ausgangsdaten:

Grundstücke	:	500.000,– (Anschaffungswerte)
Gebäude, Maschinen, Betriebs- und Geschäftsausstattung	:	1.400.000,– (Anschaffungswerte)
Roh-, Hilfs- und Betriebsstoffe	:	100.000,– (Durchschnittswert)
Bankbestände	:	30.000,– (Durchschnittswert)
Kassenbestände	:	10.000,– (Durchschnittswert)
Forderungen	:	40.000,– (Durchschnittswert)
Anzahlungen von Kunden	:	60.000,–
Zinslose Darlehen	:	20.000,–
Kalkulatorischer Zinssatz	:	8 %

Betriebsnotwendiges Anlagevermögen (Durchschnittsverzinsung):

Grundstücke	500.000,–	
Gebäude, Maschinen Betriebs- und Geschäftsausstattung	1.400.000,– : 2 = 700.000,–	1.200.000,–

Betriebsnotwendiges Umlaufvermögen:

Roh-, Hilfs- u. Betriebs-stoffe	:	100.000,–	
Bankbestände	:	30.000,–	
Kassenbestände	:	10.000,–	
Forderungen	:	40.000,–	180.000,–

Betriebsnotwendiges Vermögen   1.380.000,–

Abzugskapital

Anzahlungen von Kunden	60.000,–	
Zinslose Darlehen	20.000,–	80.000,–

Betriebsnotwendiges Kapital   1.300.000,–

Kalkulatorische Zinsen: $\dfrac{1.300.000 \cdot 8}{100} = 104.000,-$

(3) Kalkulatorische Wagnisse

Von den vielfältigen Risiken, die unternehmerisches Handeln in der Marktwirtschaft mit sich bringt, sind zunächst die nicht versicherbaren abzugrenzen. Es handelt sich dabei im wesentlichen um das Unternehmerrisiko, das allein durch die Chance auf Gewinn abgedeckt wird. Die verbleibenden Risiken sind grundsätzlich eigen- bzw. fremdversicherbar, soweit keine gesetzlichen Vorschriften wie z. B. bei der KfZ-Haftpflicht eine Fremdversicherung erzwingen. Bei fremdversicherten Risiken wird eine Prämie an ein Versicherungsunternehmen fällig, die als kostengleicher Aufwand in der Finanzbuchhaltung wie in der Kostenrechnung erfaßt wird. Weiterer Aufwand bzw. Kosten entstehen dem Unternehmen nicht, soweit im Schadensfalle die Versicherung für die Regulierung eintritt.

Im Gegensatz dazu müssen nicht fremdversicherte Risiken vom Betrieb getragen werden. Sie treten in Form von kalkulatorischen Anlage-, Bestände-, Fertigungs- und Vertriebswagnissen auf und haben die Eigenheit, daß sie zwar mit einiger Sicherheit, jedoch unregelmäßig anfallen. Soweit diese Wertverzehre durch den Betriebsprozeß bedingt sind, müssen sie als Aufwand und Kosten erfaßt werden. In der Finanzbuchhaltung geschieht dies zum Zeitpunkt des eintretenden Ereignisses mit dem effektiven Schadenswert. Die Kostenrechnung, die von Zufallseinflüssen freizuhalten ist, muß dagegen die verschiedenen Wagnisarten regelmäßig mit durchschnittlichen Erfahrungswerten als Kosten verrechnen. Diese Art der Selbstversicherung soll langfristig die tatsächlich eingetretenen Verzehre abdecken.

Die Erfassung kalkulatorischer Wagnisse erfolgt aufgrund statistischer Beobachtungen und wahrscheinlichkeitstheoretischer Annahmen. Dazu werden Durchschnittsgrößen gebildet, die auf den tatsächlichen Verlusten von mindestens drei Perioden beruhen sollen:

$$Wk = \frac{We_1 + We_2 + We_3}{3} \qquad [5]$$

Wk	= durchschnittlicher kalkulatorischer Wagniswert
$We_{1/2/3}$	= effektive Wagnisse der Perioden 1, 2 und 3.

In der Praxis werden für die einzelnen Wagnisarten *Prozentsätze* gebildet, die sich aus der Relation zwischen den tatsächlich eingetretenen, durchschnittlichen Wagnisverlusten zu einer Bezugsgröße ergeben. Diese Zurechnungsbasis muß mit dem jeweiligen Wagnis in direkter Beziehung stehen, wie z.B. der durchschnittliche Gesamtwert der Forderungen zu den Vertriebswagnissen oder der Lagerbestand bei Beständewagnissen:

$$WZ = \frac{Wk}{BG} \cdot 100 = x \, \% \hspace{4cm} [6]$$

WZ = Wagniszuschlagssatz in %
BG = Bezugsgröße

Der absolute Wert für die Wagniskosten der laufenden Periode ergibt sich dann aus der Formel:

$$WkP = \frac{BG \cdot \%}{100} \hspace{4cm} [7]$$

WkP = Wagniskosten der laufenden Periode

Die Ermittlung eines Prozentsatzes ist dann sinnvoll, wenn über einen längeren Zeitraum eine gewisse Konstanz der Verluste in Relation zur Bezugsgröße zu erwarten ist. Kommt es dagegen zu größeren Schwankungen, müssen die Wagniskosten der laufenden Periode ständig neu berechnet werden, um keine zu großen Differenzen zwischen tatsächlichen und kalkulatorischen Werten entstehen zu lassen. Dies kann z.B. bei Beständewagnissen aufgrund von Diebstählen oder Verderb der Fall sein. Für solche Wagnisse wird dann mit Hilfe der Formel [6] ein neuer, absoluter Betrag errechnet.

Rechenbeispiel:

Effektive Forderungsausfälle der letzten drei Jahre:

	18.000,–
	10.000,–
	5.000,–
Durchschnittlicher Forderungsbestand :	550.000,–
Forderungsbestand am Ende des laufenden Jahres :	600.000,–

$$Wk = \frac{18.000 + 10.000 + 5.000}{3} = 11.000,- \hspace{2cm} [5]$$

$$WZ = \frac{11.000}{550.000} \cdot 100 = 2 \, \% \hspace{2.5cm} [6]$$

$$WkP = \frac{600.000 \cdot 2}{100} = 12.000,- \hspace{2.5cm} [7]$$

Kalkulatorische Wagnisse haben überwiegend variablen Charakter. Sie sind Zusatzkosten, soweit in der laufenden Periode keine effektiven Wagnisverluste als Aufwand in der Finanzbuchhaltung anfallen; sie werden zu Anderskosten, wenn die tatsächlich angefallenen mit den verrechneten Wagnissen nicht übereinstimmen.

(4) Kalkulatorische Miete

Der Ansatz kalkulatorischer Mieten zeigt in seiner Begründung eine gewisse Ähnlichkeit mit den kalkulatorischen Zinsen. Effektiv zu zahlende Mieten fallen ausschließlich für fremd gemietete Räume an. Werden nur diese als Kosten erfaßt, so ergibt sich eine Beeinträchtigung im Kostenvergleich zwischen Unternehmen, die in unterschiedlichem Maße eigene bzw. fremde Gebäude nutzen. Daraus läßt sich eine Rechtfertigung für den zusätzlichen Ansatz einer kalkulatorischen Miete bezüglich der eigengenutzten Räume ableiten. Dabei ist jedoch zu beachten, daß für die eigenen Gebäude bereits über kalkulatorische Abschreibungen und kalkulatorische Zinsen sowie Instandhaltungskosten Wertverzehre in die Kostenrechnung eingehen können, also Werte, die den Mietsatz bestimmen. Um eine Doppelbelastung zu vermeiden, dürfen diese nicht angesetzt, bzw. müssen nachträglich durch die Buchung per Klasse 2 (Abgrenzungskonten) an Klasse 4 (Kostenartenkonten) neutralisiert werden. Dieses umständliche Verfahren läßt sich in der Praxis dadurch vermeiden, daß man auf den Ansatz einer kalkulatorischen Miete verzichtet und nur die effektiv gezahlten Mieten als Kosten behandelt. Da Mieten in der Regel über längere Zeit konstant bleiben, entstehen auch keine Zufallsschwankungen, die einen kalkulatorischen Ansatz erforderlich machen.

Eine Besonderheit stellen jedoch Privaträume dar, die ein Einzelunternehmer bzw. Personalgesellschafter zur betrieblichen Nutzung zur Verfügung stellt. Da diese Unternehmer keine Miete an sich selbst zahlen können, ist der Ansatz einer kalkulatorischen Miete gerechtfertigt und aus Gründen der Ermittlung von Herstell- bzw. Selbstkosten sowie des zwischenbetrieblichen Kostenvergleichs erforderlich. Die Höhe sollte dem Quadratmetersatz vergleichbarer Fremdmieten entsprechen. Diese Wertverzehre sind reine Zusatzkosten, da ihnen weder eine Ausgabe noch ein Aufwand gegenübersteht. Ansonsten handelt es sich bei der kalkulatorischen Miete um Anderskosten, die durch ihren Zeitbezug den fixen Kosten zuzurechnen sind.

(5) Kalkulatorischer Unternehmerlohn

Der kalkulatorische Unternehmerlohn resultiert aus den unterschiedlichen Rechtsformen, in denen eine Unternehmung betrieben werden kann. Bei Kapitalgesellschaften (AG, GmbH) wird die Geschäftsführung durch Angestellte wahrgenommen, unabhängig davon, ob diese gleichzeitig Anteilseigner sind. In Einzelfirmen und Personengesellschaften (OHG, KG) besteht dagegen für die Unternehmer eine gesetzlich vorgeschriebene Verpflichtung zur Geschäftsführung, soweit sie nicht stille Teilhaber bzw. Kommanditisten sind. Als Eigentümer können die Gesellschafter jedoch keine Angestellten des Unternehmens sein. Sie beziehen damit auch kein Gehalt, das als kostengleicher Aufwand wie bei Kapitalgesellschaften in die Kostenrechnung eingeht. Um einen Einfluß der Rechtsform auf die Selbstkosten sowie den zwischenbetrieblichen Kostenvergleich auszuschalten, wird in Personengesellschaften und Einzelunternehmen ein kalkulatorischer Unternehmerlohn angesetzt, dessen Höhe der Vergütung eines angestellten Geschäftsführers in einem vergleichbaren Unternehmen entspricht. Kalkulatorischer Unternehmerlohn stellt damit fixe Zusatzkosten dar, da ihm weder eine Ausgabe noch ein Aufwand gegenübersteht.

(6) Sonstige kalkulatorische Kosten

Die bisher dargestellten kalkulatorischen Kostenarten werden in der Literatur ausführlich behandelt und in der Praxis regelmäßig angesetzt. Die ständig zunehmende Wirtschaftsdynamik führt zu immer neuen außerbetrieblichen Einflüssen ökonomischer und sozialpolitischer Art. Dazu zählen z.B. Bestrafungen bei Vergehen gegen Kartell- oder Umweltschutzgesetze, starke Schwankungen auf den Beschaffungsmärkten, Kosten für externe Ausbildung, schwankende Entwicklungskosten, die Einführung des Bildungsurlaubs, Zahlung von Urlaubsgeld, zusätzlicher Monatsgehälter usw. Insbesondere große Unternehmen gehen daher mehr und mehr dazu über, weitere Kostenarten zu normalisieren, um Zufallseinflüsse auf die betriebsbedingten Wertverzehre zu vermeiden. Die Tendenz der inhaltlichen Abgrenzung zwischen der Kostenrechnung und der Finanzbuchhaltung nimmt damit weiter zu.

b) Sachliche Abgrenzung

Die sachliche Abgrenzung der Wertverzehre beruht auf der eindeutigen Bestimmung der Begriffe Aufwand und Kosten. Dabei sind wesensmäßige und wertmäßige Unterschiede möglich. So können betriebsfremde Aufwendungen wie z.B. die Unterhaltung eines Wochenendhauses für den Unternehmer wesensbedingt niemals Kosten sein. Daneben gibt es bei den Abschreibungen, Wagnissen oder Zinsen wertbedingte Differenzen, die durch den Ansatz unterschiedlicher Berechnungsmethoden, Ausgangswerte, Verteilungszeiten, Zinssätze usw. verursacht werden.

Die technische Durchführung der sachlichen Abgrenzung hängt wesentlich von der Art des Zusammenwirkens zwischen Finanzbuchhaltung und Kostenrechnung ab. Wird auch die Kostenrechnung in der Form der doppelten Buchführung abgewickelt, so ergibt sich folgender Buchungsablauf, dargestellt nach dem Gemeinschaftskontenrahmen:

(1) Abgrenzung bei *Wesensverschiedenheit* (z.B. Spende)
    Erfassung: (a) per Klasse 2   (Betriebsfremder Aufwand)
               an Klasse 1   (Finanzkonto)
    Abschluß: (b) per Klasse 9   (Neutrales Ergebnis)
               an Klasse 2   (Betriebsfremder Aufwand)
           (c) per Klasse 9   (Gesamtergebnis)
               an Klasse 9   (Neutrales Ergebnis)
(2) Abgrenzung bei *Wertverschiedenheit*
    Erfassung: (d) per Klasse 2   (Bilanzielle Abschreibung)
               an Klasse 0   (Anlagekonto)

	(e)	per Klasse 4	(Kalkulatorische Abschreibung)
		an Klasse 2	(Verrechnete kalkulatorische Abschreibung)
Abschluß:	(f)	per Klasse 9	(Neutrales Ergebnis)
		an Klasse 2	(Bilanzielle Abschreibung)
	(g)	per Klasse 2	(Verrechnete kalkulatorische Abschreibung)
		an Klasse 9	(Neutrales Ergebnis)
	(h)	per Klasse 9	(Betriebsergebnis)
		an Klasse 4	(Kalkulatorische Abschreibung)
	(i)	per Klasse 9	(Neutrales Ergebnis)
		an Klasse 9	(Gesamergebnis)
	(k)	per Klasse 9	(Gesamtergebnis)
		an Klasse 9	(Betriebsergebnis)

Rechenbeispiel:

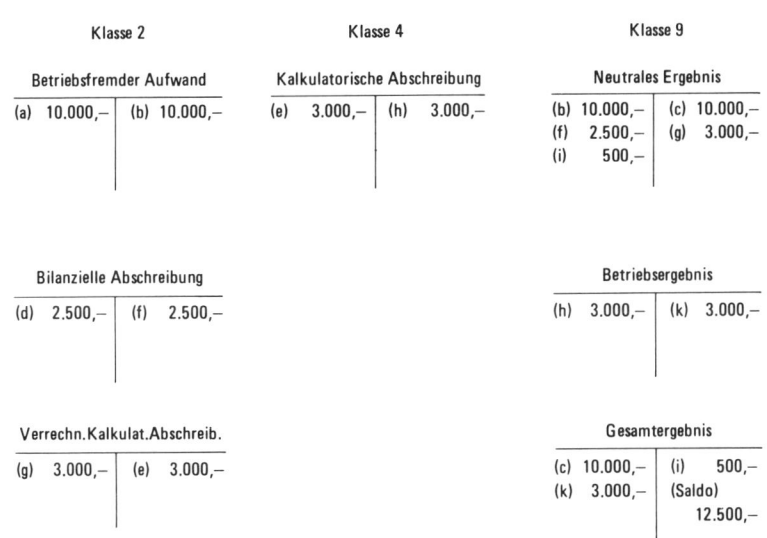

Das Rechenbeispiel zeigt, daß in der Finanzbuchhaltung die effektiven Aufwendungen (10.000,– Spende; 2.500,– bilanzielle Abschreibungen) von der Klasse 2 über das neutrale Ergebnis in das Gesamtergebnis eingehen. Parallel dazu erfaßt die Kostenrechnung nur die normalen Wertverzehre (3.000,– kalkulatorische Abschreibungen), die sich im Betriebsergebnis niederschlagen, durch die gleichzeitige Buchung über die Klasse 2 (3.000,— verrechnete kalkulatorische Abschreibungen) jedoch in der Klasse 9 (Neutrales Ergebnis) neutralisiert werden, so daß im Gesamtergebnis nur der tatsächliche Aufwand (12.500,—) erfolgswirksam wird.

Dennoch ist es möglich, daß die kalkulatorischen Kosten eine indirekte Erfolgswirksamkeit erzielen. Soweit sie in der Vorkalkulation einem Produkt zugerechnet werden, kann ein Einfluß auf die Preisbildung erfolgen, der sich in höheren Erlösen niederschlägt.

Bei statistischer Abwicklung der Kostenrechnung nach dem neuen Industriekontenrahmen ist eine Kennzeichnung der Konten mit kostengleichem Aufwand (Zweckaufwand) in der Finanzbuchhaltung sowie eine entsprechende Aufbereitung und Auswertung der Belege mit kalkulatorischen Kosten erforderlich, um eine exakte Erfassung und Trennung der jeweiligen Wertverzehre zu erreichen.

c) Zeitliche Abgrenzung

Bei der zeitlichen Abgrenzung geht es aus der Sicht der Kostenrechnung darum, betriebsbedingte Verbräuche der Periode zuzuordnen, in der sie tatsächlich entstanden sind. Im Gegensatz dazu werden in der Finanzbuchhaltung bestimmte Aufwendungen zu dem Zeitpunkt erfaßt, in dem sie zu Ausgaben führen. Dies gilt besonders für Aufwendungen mit vertraglich oder gesetzlich festgelegten Zahlungsterminen wie bei Mieten, Pachten, Versicherungen, Urlaubs-, Feiertagslöhnen, gesetzlichen und freiwilligen Sozialbeiträgen. Daraus ergibt sich das zeitliche Zuordnungsproblem, das als zwischenperiodische bzw. kurzperiodische Abgrenzung auftritt.

Die *zwischenperiodische* Abgrenzung vollzieht sich zwischen zwei Abrechnungsjahren. Ist z.B. die Versicherungsprämie jeweils halbjährlich zum 30.9. bzw. 31.3. fällig und endet das Geschäftsjahr zum 31.12., so wird bei Vorauszahlung der halbe Wert (für 1.1. — 31.3.) als sonstige Forderung, bei nachträglicher Zahlung der halbe Wert (für 1.10. — 31.12.) über sonstige Verbindlichkeiten gebucht. Die jeweils andere Hälfte ist effektiver Aufwand.

Die zeitliche Abgrenzung wird in der Finanzbuchhaltung zum Zweck einer periodengerechten Erfolgsrechnung durchgeführt. Die Kostenrechnung schließt sich dieser Abgrenzung voll an und erfaßt die halbe Prämie im alten Jahr bzw. die zweite Hälfte im neuen Jahr als Kosten.

Im Gegensatz dazu ist die *kurzperiodische* Abgrenzung ausschließlich ein Problem der Kostenrechnung, das dann entsteht, wenn neben einer jährlichen auch eine halbjährliche, Quartals- und Monatsbetrachtung angestellt wird. Kostengleiche Aufwandsarten wie Urlaubslöhne oder Weihnachtsgratifikationen werden in der Finanzbuchhaltung zum Zeitpunkt der Auszahlung erfaßt. Da diese jeweils nur zu einem Stichtag im Jahr vorgenommen wird, würde eine entsprechende Übernahme in der Kostenrechnung zu starken Kostenschwankungen zwischen den Teilperioden führen, die nicht durch den Betriebsprozeß bedingt sind. Um die Kontrollfähigkeit der Kostenrechnung zu erhalten, muß eine verursachungsgemäße Verteilung auf die jeweiligen Abrechnungsperioden erfolgen. Dies kann mit gleichmäßigen Raten (1/2, 1/4, 1/12) oder über Prozentwerte geschehen:

Zuschlagssatz für Urlaubs- u. Feiertagslohn: $\dfrac{\text{Urlaubs- u. Feiertagslohn}}{\text{Gesamtlohn}} \cdot 100 = \%$

Die angesetzten Löhne können Erfahrungswerte aus der vergangenen Periode oder geschätzte Werte für die laufende Periode sein.

Soweit die tatsächlich anfallenden Beträge erst zum Auszahlungszeitpunkt bekannt sind, müssen für die Zwischenzeit Schätzungen vorgenommen werden. Dadurch ergeben sich am Jahresende Abweichungen zwischen den tatsächlichen und den verrechneten Kosten. Die Über-/Unterdeckung wird in der Klasse 2 über ein Abgrenzungskonto erfaßt und am Jahresende in das neutrale Ergebnis überführt.

4. Belegerstellung

Die Kostenermittlung endet formal mit der ordnungsgemäßen Erstellung der Kostenbelege. Sie dokumentieren in der Regel Teilbeträge einzelner Kostenarten und sind die wesentliche Arbeitsunterlage für die weitere Abwicklung der Kostenartenrechnung.

B. Kostenaufbereitung

Die Vielzahl der vorliegenden Kostenbelege bedarf einer entsprechenden Auswertung, damit die Kostenartenrechnung eine definitive Aussage- und Kontrollfähigkeit erlangt. Wesentliche Teilaufgaben sind dabei die Kontierung, die Sortierung und die Darstellung der Kosten.

1. Kontierung

Mit der Kontierung der Belege soll das Urmaterial der Kostenartenrechnung so gekennzeichnet werden, daß eine vielfältige und genaue Auswertung möglich wird. Die Kennzeichnung erfolgt mit unterschiedlichen *Nummernsystemen*. Die betrieblichen Werteverzehre können dabei grundsätzlich mit Konto-, Stellen- und Trägernummern den speziellen Kostenarten, Kostenstellen bzw. Kostenträgern zugeordnet werden. In welchem Umfang Kosten jeweils zuordenbar sind, hängt von ihrem Charakter ab. Einzelkosten wie z.B. Fertigungsmaterial fallen als Kostenart in einer Kostenstelle für einen bestimmten Kostenträger an; Gemeinkosten wie das Gehalt des Kostenrechners entstehen nur als Kostenart in der Kostenstelle; Wasserkosten sind nur als Kostenart unmittelbar nachweisbar.

Grundsätzlich ist darauf zu achten, daß eine möglichst weitgehende Kontierung der Kostenbelege erfolgt. Fehlerhafte oder unzureichende Numerierungen beeinträchtigen die Genauigkeit der gesamten Kostenrechnung.

2. Sortierung

Die Sortierung der Belege erfolgt nach den verschiedenen Kontierungsmerkmalen und hängt vom Umfang der jeweiligen Auswertung ab. Grundsätzlich kann eine kostenarten-, kostenstellen- bzw. kostenträgerbezogene Auswertung erfolgen. Darüber hinaus empfiehlt es sich, die nach Kostenarten sortierten Belege zusätzlich fortlaufend zu numerieren, um die Lückenlosigkeit stets nachweisen und den Verlust eines Beleges schnell feststellen zu können.

3. Darstellung

Mit der Darstellung der Kosten wird das Ergebnis der Kostenartenrechnung vorgelegt. Form und Inhalt hängen dabei von der Art der Verbindung zwischen Finanzbuchhaltung und Kostenrechnung sowie von den zur Anwendung kommenden Kostenrechnungssystemen ab.
In Klein- und Mittelbetrieben werden die Finanzbuchhaltung und die Kostenrechnung überwiegend im Rahmen des Einkreis- bzw. Zweikreissystems durchgeführt. Die Kostenartenrechnung wird dann sinnvollerweise in der Finanzbuchhaltung abgewickelt und *kontenmäßig* in der Klasse 4 dargestellt. Sind dagegen Finanzbuchhaltung und Kostenrechnung weitgehend bzw. völlig getrennt, wie dies im neuen Industriekontenrahmen vorgesehen ist, so erfolgt eine selbständige Kostenartenrechnung, deren Ergebnisse *tabellarisch* in Form einer Kostenartenübersicht aufgezeigt werden.
Kommen in der Kostenrechnung neben der Voll- auch Teilkostenrechnungsverfahren zur Anwendung, so empfiehlt es sich, in der Kostenartenübersicht neben dem Gesamtwert der einzelnen Kostenarten auch deren fixe und variable Anteile auszuweisen (vgl. Abb. 9).

Kostenartenübersicht 19. . . .				
Konto-Nr.	Kostenart	Gesamt	Fix	Variabel
−	Σ			

Abb. 9:
Kostenartenübersicht

C. Organisation der Kostenartenrechnung

Aus sachlichen und wirtschaftlichen Gründen ist der gesamte Aufgabenbereich der Kostenartenrechnung nicht einheitlich als Abteilung organisierbar. Die Kosten sollen unmittelbar am Ort ihrer Entstehung und zum frühest möglichen Zeitpunkt ermittelt werden. Die *Kostenerfassung* erfolgt daher in vielen unterschiedlichen Stellen. Dazu gehören vor allem die Lohn- und Gehaltsbuchhaltung, die Material- und die Anlagenbuchhaltung, die auch als Nebenbuchhaltungen bezeichnet werden, sowie alle übrigen Stellen in einem Unternehmen, die zur Ausstellung von Kostenbelegen berechtigt sind. In der Kostenrechnung werden damit fast ausschließlich nur die Belege für die kalkulatorischen Kosten sowie Zusatzbelege, die durch die Aufspaltung von Ursprungsbelegen mit mehreren Kostenarten entstehen, erstellt.

Die *Kostenaufbereitung* wird dagegen vollständig im Rechnungswesen abgewickelt, und zwar je nach dem Grad der Trennung zwischen beiden Teilbereichen entweder in der Finanzbuchhaltung oder in der Betriebsbuchhaltung.

Grundsätzlich kann festgestellt werden, daß unabhängig von der Organisationsform der Kostenartenrechnung die letzte Verantwortung für eine genaue Ermittlung und fundierte Aufbereitung der Kosten wegen deren großer Bedeutung für die gesamte Kostenrechnung dem jeweiligen Leiter des Rechnungswesens bzw. der Betriebsbuchhaltung zufällt (vgl. Abb. 10).

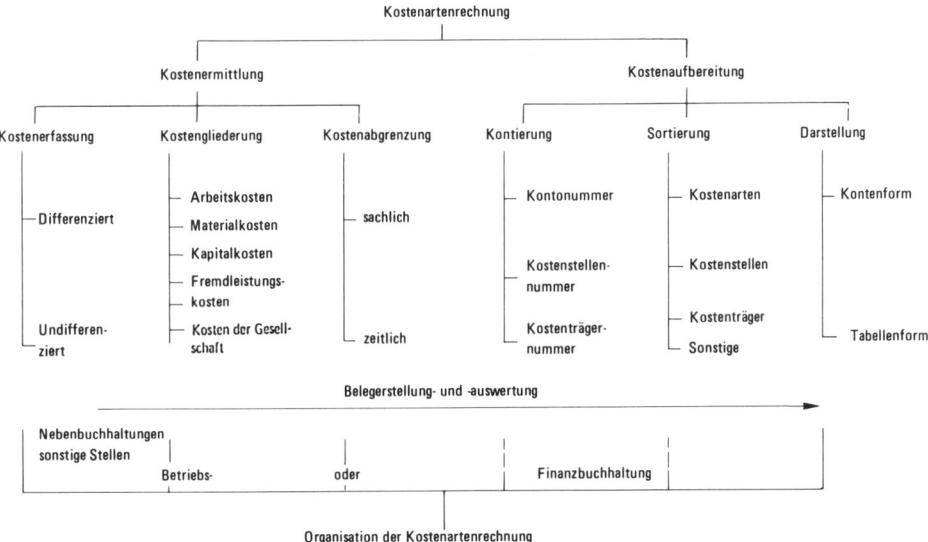

Abb. 10: Aufbau und Ablauf der Kostenartenrechnung

Übungsfragen

5. Weshalb ist nach Ihrer Meinung eine vollständige Kostenerfassung notwendig?
6. Nach welchen Gesichtspunkten können Kosten gegliedert werden?
7. Nennen Sie die wichtigsten Kostenarten eines Industriebetriebes.
8. Können Sie der Ansicht zustimmen, daß zwecks Vereinfachung der Abläufe im Rechnungswesen auf eine klare Abgrenzung zwischen Aufwand und Kosten verzichtet werden kann?
9. Welche Bedeutung haben kalkulatorische Kosten?

II. Kostenstellenrechnung

Lernziel

Die Kostenstellenrechnung beschäftigt sich mit den Kosten am Ort ihrer Entstehung. Ziel der nachfolgenden Darstellung ist es, dem Leser die Durchführung der Kostenstellenrechnung in den drei Teilschritten Kostenverteilung, Kostenumlage und Kostenverrechnung im Rahmen des Betriebsabrechnungsbogens aufzuzeigen.

Die Kostenstellenrechnung ist das zweite große Teilgebiet der Kostenrechnung. Ihre *Ziele* sind die Beeinflussung der Kosten auf den Kostenstellen sowie die Umwandlung der Gemeinkosten in die Kalkulationsreife.

Die *Abwicklung* der Kostenstellenrechnung umfaßt die drei Abrechnungsschritte der Kostenverteilung, der Kostenumlage und der Kostenabrechnung. Zunächst müssen die in der Kostenartenrechnung erfaßten Wertverzehre auf die jeweiligen Kostenstellen verteilt werden, in denen sie angefallen sind. Dabei handelt es sich um den Verzehr von Gütern und Diensten, die von außerhalb des Unternehmens bezogen werden. Darüber hinaus werden jedoch auch im Unternehmen erstellte Leistungen, die innerbetrieblichen Leistungen verbraucht. Diese Wertverzehre werden von den leistenden auf die empfangenden Kostenstellen umgelegt. Für alle Kostenstellen, die in einem unmittelbaren Beziehungsverhältnis zu den Kostenträgern stehen, sind letztlich die Kosten abzurechnen. Dazu werden Verrechnungssätze für die Kalkulation der Gemeinkosten gebildet sowie die Über- bzw. Unterdeckungen zwischen tatsächlich angefallenen bzw. verrechneten Gemeinkosten je Kostenstelle ermittelt.

Die Kostenstellenrechnung stellt im engeren Sinne die *Betriebsabrechnung* dar, die in zeitraumbezogener Form erfolgt. Wesentliche Grundlagen für die Abwicklung bilden die Kostenstellen und der Betriebsabrechnungsbogen.

64

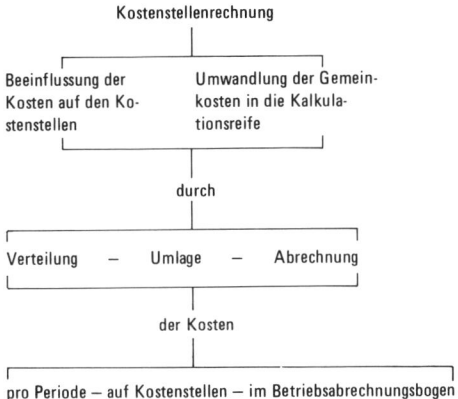

Kostenstellenrechnung

Beeinflussung der Kosten auf den Kostenstellen — Umwandlung der Gemeinkosten in die Kalkulationsreife

durch

Verteilung — Umlage — Abrechnung

der Kosten

pro Periode — auf Kostenstellen — im Betriebsabrechnungsbogen

A. Grundlagen der Kostenstellenrechnung

1. Kostenstellen

Voraussetzung für die Durchführung der Kostenstellenrechnung ist die Einteilung des gesamten Unternehmens in *Kostenstellen*. Sie umfassen betriebliche Teilbereiche, die als selbständige Abrechnungseinheiten bzw. Abrechnungsbezirke eindeutig voneinander abgegrenzt sein müssen. Ihrem Wesen nach sind Kostenstellen *Orte der Kostenentstehung*, ihrer Funktion nach sind sie *Orte der Kostenzurechnung*.

a) Kostenstellenbildung

Die Bildung von Kostenstellen ist aus kostenrechnerischen Gesichtspunkten erforderlich, um
(1) die Wirtschaftlichkeit dort planen und kontrollieren zu können, wo Kosten beeinflußbar entstehen und damit zu verantworten sind;
(2) den Wert innerbetrieblicher Leistungen einzelner Teilbereiche feststellen, überwachen und weiterverrechnen zu können;
(3) bei ungleicher Inanspruchnahme einzelner Betriebsbereiche durch die Produkte die Genauigkeit der Kostenzurechnung in der Kostenträgerstückrechnung zu erhöhen;
(4) unfertige Erzeugnisse zum Bilanzstichtag gemäß dem erreichten Produktionsfortschritt bewerten zu können.
Kostenstellen sind damit stets zugleich Planungs-, Kontroll- und Verantwortungsbezirke.
Die Bildung von Kostenstellen kann nach verschiedenen Gliederungsprinzipien wie dem Funktions-, dem Verantwortungs-, dem Raum- und dem Verrechnungsprinzip erfolgen. Die Anwendung des *Funktionsprinzips* führt zu Kostenstellen mit gleichartigen Verrichtungen, wie sie z.B. in einer Verkaufsabteilung gegeben sind. Beim *Verantwortungsprinzip* wird davon ausgegangen, daß eine Kostenstelle stets einen

65

Bezirk mit einem verantwortlichen Leiter darstellen muß. Dies ist bei Ressorts, Abteilungen und Gruppen der Fall. Nach dem *Raumprinzip* werden abgrenzbare Bezirke, wie z. B. Filialen oder Werkstätten als Kostenstellen eingerichtet. Das *Verrechnungsprinzip* wird eingesetzt, wenn aus Abrechnungsgründen besondere Objekte oder Kostenarten getrennt gefaßt werden sollen. Dies führt zu fiktiven Kostenstellen wie z. B. das Verwaltungsgebäude oder der Ausschuß in einem Fertigungsbereich.

In der Praxis werden alle genannten Gliederungsgesichtspunkte angewendet. Es dominieren jedoch die Einteilungen nach dem Funktions- und Verantwortungsprinzip. Die *Anzahl* der zu bildenden Kostenstellen eines Unternehmens hängt grundsätzlich von der Branche und der Betriebsgröße ab. Dabei sind stets zwei Aspekte zu berücksichtigen. Einmal ist eine möglichst umfassende Gliederung anzustreben, um über eindeutige Bezugseinheiten eine hohe Genauigkeit bei der Kostenzurechnung und damit bei der Kostenkontrolle zu erreichen. Je nach der Tiefe der Kostenstelleneinteilung lassen sich in einem hierarchischen Aufbau die Kostenstellenbereiche, die Kostenstellengruppen bzw. Kostenstellen unterscheiden, wobei mehrere Kostenstellen eine Gruppe und mehrere Gruppen einen Bereich ergeben. Zum anderen bedingt eine zu weitgehende Einteilung steigende Abrechnungskosten und kann die Übersichtlichkeit und die Aktualität der Abrechnung beeinträchtigen (vgl. Abb. 11).

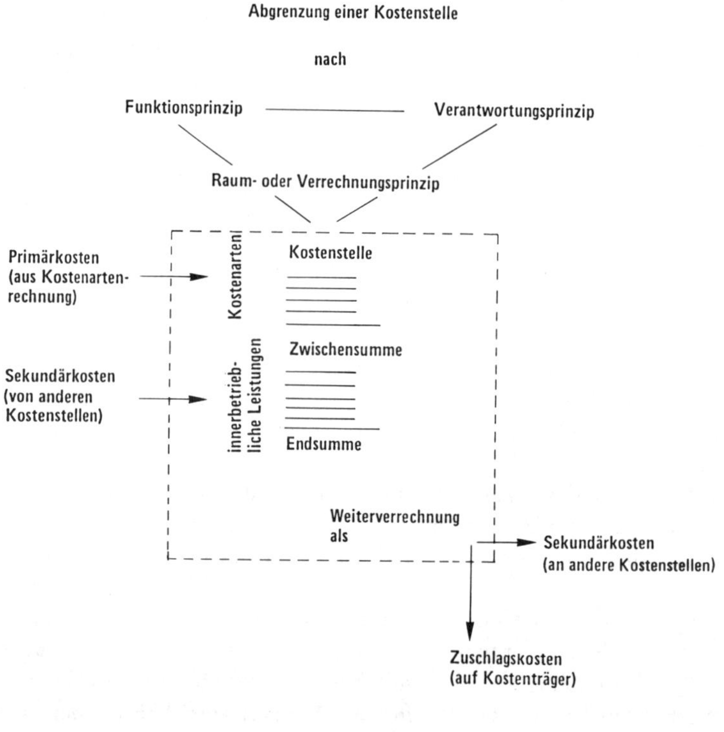

Abb 11: Abrenzung und Funktion einer Kostenstelle

Zur besseren Übersicht werden alle Kostenstellen mit einer *Kostenstellennummer* versehen und in einem *Kostenstellenverzeichnis* festgehalten. Bei Beachtung der oben dargestellten Gliederungskriterien ergibt sich für einen mittleren Industriebetrieb z. B. die nachfolgende Kostenstelleneinteilung (vgl. Abb. 12).

Kostenstellenbereiche	Kostenstellengruppen	Kostenstellen
1 Allgemeiner Bereich	11 Soziale Einrichtungen	111 Kantine 112 Sportanlagen 113 Fuhrpark 114 Grundstücke und Gebäude
2 Fertigungsbereich	21 Konstruktion und Entwicklung	211 Konstruktionsabteilung 212 Entwicklungsabteilung
	22 Arbeitsvorbereitung	221 Fertigungsplanung 222 Fertigungssteuerung
	23 Bearbeitung	231 Dreherei 232 Bohrerei 233 Stanzerei 234 Fräserei
	24 Montage	241 Montage I 242 Montage II
3 Materialbereich	31 Einkaufswesen	311 Einkauf 312 Materialannahme 313 Materialprüfung
	32 Lagerwesen	321 Lagerverwaltung 322 Innerbetriebl. Transp.
4 Verwaltungsbereich	41 Personalwesen	411 Lohnempfänger 412 Gehaltsempfänger
	42 Rechnungswesen	421 Finanzbuchhaltung 422 Betriebsbuchhaltung 423 Betriebswirtsch. Abteil.
	43 Finanzwesen	
	49 Geschäftsleitung	
5 Vertriebsbereich	51 Verkauf	511 Verkauf I 512 Verkauf II
	52 Werbung	
	53 Versand	

Abb. 12: Kostenstellenübersicht

b) Kostenstellenarten

Die Kostenstellen eines Unternehmens lassen sich nach der Art der von ihnen erstellten Leistungen bzw. nach der Art der Weiterverrechnung der auf ihnen angefallenen Kosten unterscheiden.

aa) Die Einteilung nach der *Art der erstellten Leistungen* führt zu den leistungsbezogenen Begriffen Hauptkostenstellen und Nebenkostenstellen. *Hauptkostenstellen* sind alle Abrechnungsbezirke, die überwiegend und unmittelbar mit den zum Verkauf bestimmten Leistungen (Hauptleistungen) beschäftigt sind. Dazu gehören im engeren Sinne die Produktionsstätten wie Bearbeitung und Montage, im weiteren Sinne aber auch die Materialwirtschaft, die Verwaltung und der Vertrieb.

Nebenkostenstellen erbringen bezüglich der zum Verkauf vorgesehenen Produkte nur mittelbare Leistungen (Nebenleistungen), die auch als innerbetriebliche Leistungen bezeichnet werden. In diesem Sinne wirken alle Kostenstellen im Allgemeinen Bereich wie z. B. die Stromversorgung sowie bestimmte Kostenstellen im Fertigungsbereich wie z. B. die Werkzeugmacherei.

Erbringt eine Nebenkostenstelle Leistungen, die allgemein für alle übrigen Kostenstellen verwendbar sind wie z. B. die Kantine oder der Fuhrpark, so handelt es sich um eine *Allgemeine Kostenstelle* bzw. *Allgemeine Hilfsstelle*. Ist eine Nebenkostenstelle, wie z. B. die Arbeitsvorbereitung, überwiegend nur für eine Endkostenstelle tätig, so spricht man von einer *Hilfskostenstelle* oder einer *Speziellen Hilfsstelle*.

Die Begriffe Neben- bzw. Hilfskostenstellen werden in der Literatur teilweise auch auf die Bereiche Materialwirtschaft, Verwaltung und Vertrieb ausgedehnt.

bb) Die Einteilung der Kostenstellen nach der *Art der Weiterverrechnung* der Kosten führt zu den abrechnungsbezogenen Begriffen Vor- und Endkostenstellen.

Die Kosten der *Vorkostenstellen* (unselbständige Kostenstellen) werden durch Umlage auf andere Vor- bzw. Endkostenstellen weiterverrechnet. Dies geschieht entsprechend der Inanspruchnahme, z.B. im Fuhrpark anhand der vorliegenden Fahrtenbücher. Nach Abschluß der gesamten Kostenumlage sind alle Vorkostenstellen kostenmäßig völlig entlastet. Sie können ihre Wertverzehre nur über Endkostenstellen an die Kostenträger weitergeben und sind daher aus verrechnungstechnischer Sicht unselbständige Kostenstellen.

Endkostenstellen (selbständige Kostenstellen) zeichnen sich dadurch aus, daß ihre Kosten unmittelbar auf die Kostenträger zugeschlagen werden. Dies ist z.B. bei den Fertigungstellen der Fall, deren Wertverzehr mit Hilfe von Verrechnungssätzen den betrieblichen Leistungen belastet werden.

Inwieweit Kostenstellen als Vor- oder Endkostenstellen behandelt werden, ist letztlich eine betriebsinterne Entscheidung, die wesentlich von der Struktur des Abrechnungssystems abhängt. In der Praxis erfolgt regelmäßig eine Gleichsetzung zwischen Haupt- und Endkostenstellen bzw. zwischen Neben- und Vorkostenstellen (vgl. Abb. 13).

Art der erstellen Leistungen \ Art der Weiterverrechnung		Abrechnungsbezogene Einteilung	
		Vorkostenstellen (unselbständige Kostenstellen)	Endkostenstellen (selbständige Kostenstellen)
Leistungsbezogene Einteilung	Nebenkostenstellen — Allgemeine (Hilfs-) Kostenstellen	z.B. Kantine Fuhrpark Energieerzeugung Grundstücksverwaltung	
	— (Spezielle) Hilfskostenstellen	z.B. Arbeitsvorbereitung Werkzeugmacherei Reparaturwerkstatt Materialstellen — — — → Verwaltungsstellen — — — → Vertriebsstellen — — — →	 Materialstellen Verwaltungsstellen Vertriebsstellen
	Hauptkostenstellen		z.B. Fertigungsstellen

Abb. 13: Arten von Kostenstellen

2. Betriebsabrechnungsbogen

Das wichtigste Hilfsmittel der Kostenstellenrechnung ist der Betriebsabrechnungsbogen (BAB). Er wurde vom Rationalisierungskuratorium der Deutschen Wirtschaft
(RKW) entwickelt und 1928 erstmals veröffentlicht. Der BAB dient der Kostenverteilung und kann in Formular- oder Buchform geführt werden. Als Tabelle enthält
er in der Horizontalen spaltenweise die Kostenstellen und in der Vertikalen zeilen-
weise die Kostenarten (vgl. Abb. 14). Über diesen allgemeinen Grundaufbau hinaus

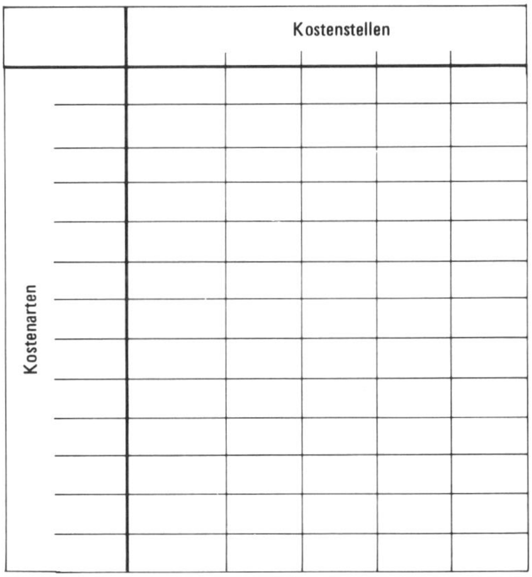

Abb 14: Grundaufbau
des Betriebsabrechnungsbogens

hat der Betriebsabrechnungsbogen in der Praxis eine vielfältige Ausgestaltung erfahren, die letztlich von den zur Anwendung kommenden Kostenrechnungssystemen bzw. der jeweils angewandten Abwicklungstechnik in manueller oder maschineller Form abhängt.

B. Durchführung der Kostenstellenrechnung

Die Kostenstellenrechnung kann kontenmäßig, statistisch bzw. in einer Kombination zwischen beiden Verfahren durchgeführt werden.

Die *kontenmäßige* Abwicklung der Betriebsabrechnung vollzieht sich in der Klasse 5 des Gemeinschaftskontenrahmens. Für jede Kostenstelle ist ein Konto einzurichten, auf dem durch die Buchung per Klasse 5 an Klasse 4 die anteiligen Gemeinkosten einzeln erfaßt werden. Voraussetzung dazu ist eine enge Verbindung zwischen Finanzbuchhaltung und Kostenrechnung, wie sie beim Einkreissystem vorliegt und dem Kleinbetrieb entspricht. Im Gegensatz dazu fallen bei der *statistischen* Abwicklung keine Buchungen an. Durch die Verwendung des Betriebsabrechnungsbogens wird es möglich, die Kostenstellenrechnung in tabellarischer Form darzustellen. Die Folge ist eine völlige Trennung von Finanzbuchhaltung und Kostenrechnung, wie dies im Großbetrieb üblich ist.

Die gleichzeitige *statistische* und *kontenmäßige* Abwicklung der Betriebsabrechnung setzt eine Verbindung zwischen Finanzbuchhaltung und Kostenrechnung auf der Grundlage des Zweikreissystems voraus. Dabei wird die Kostenstellenrechnung mit dem BAB abgewickelt. Die Ergebnisse lassen sich dann in wenigen Buchungssätzen für die jeweiligen Gemeinkostengruppen auf den entsprechenden Konten erfassen.

Die nachfolgende Abhandlung der Kostenstellenrechnung geht von der rein statistischen Abwicklung aus, wie sie heute in Mittel- und Großbetrieben im Rahmen einer modernen Kostenrechnung überwiegend praktiziert wird.

1. Kostenverteilung

Der erste Abrechnungsschritt bei der Durchführung der Betriebsabrechnung ist die Kostenverteilung. Dazu werden zunächst die jeweiligen Gesamtsummen der einzelnen Gemeinkostenarten in die erste Spalte des Betriebsabrechnungsbogens übernommen. Einzelkosten können definitionsgemäß den Kostenträgern direkt zugerechnet werden. Ein Durchschleusen durch den Betriebsabrechnungsbogen ist daher aus abrechnungstechnischen Gründen nicht erforderlich. Dennoch werden gelegentlich auch die Einzelkosten aus Informations- und Kontrollgründen bzw. zwecks Ermittlung bestimmter Zuschlagsätze in den Betriebsabrechnungsbogen aufgenommen. Die Übertragung der Kosten ist abgeschlossen, wenn die Summe der Kostenarten im Betriebsabrechnungsbogen mit der Summe der Kosten in der Kostenartenrechnung übereinstimmt. Diese Überprüfung wird als die *erste Abstimmung* bezeichnet.

Nach der Übernahme der Kosten in den Betriebsabrechnungsbogen ist die Kostenverteilung vorzunehmen. Nacheinander wird jede Kostenart anteilig nach dem Prinzip der Verursachung auf Kostenstellen zugerechnet, in denen die Teilbeträge entstanden sind. Anschließend werden die Teilwerte zu den Gesamtkosten je Kostenstelle zusammengefaßt. In einer *zweiten Abstimmung* wird dann festgestellt, ob die Summe der Kosten der einzelnen Stellen mit dem Gesamtwert der Kostenarten übereinstimmt. Wenn dies der Fall ist, liegt eine rechnerisch richtige Kostenverteilung vor.

Bei der Durchführung der Kostenverteilung zeigt sich, daß bestimmte Gemeinkosten direkt, andere jedoch nur indirekt auf die Kostenstellen zurechenbar sind.

a) Direkte Zurechnung

Direkt zurechenbar sind alle Kostenarten, deren Gesamtwert bzw. Teilwert unmittelbar für eine oder mehrere Kostenstellen erfaßt und nachgewiesen werden können. Zu diesen direkten Gemeinkosten oder *Kostenstelleneinzelkosten* gehören z.B. Gehälter, Abschreibungen und Fertigungshilfslöhne. Der Kostenrechner muß darauf achten, daß möglichst bereits bei der Belegerstellung die entsprechende Kontierung erfolgt. Nur wenn die Kostenstelle bekannt ist, kann eine direkte Zurechnung vorgenommen werden.

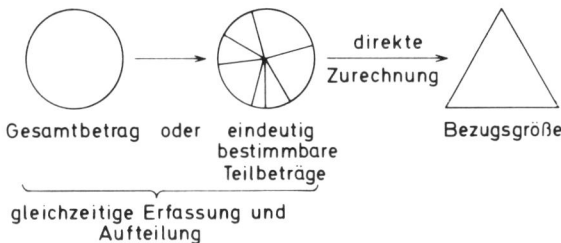

Direkte Zurechnung einer Kostenart:

Gesamtbetrag oder eindeutig bestimmbare Teilbeträge — direkte Zurechnung — Bezugsgröße

gleichzeitige Erfassung und Aufteilung

b) Indirekte Zurechnung

Indirekt müssen Kostenarten zugerechnet werden, deren Werte aus organisatorischen, technischen oder wirtschaftlichen Gründen gleichzeitig für mehrere Kostenstellen anfallen. Diese indirekten Gemeinkosten wie Mieten, Versicherungsprämien, freiwillige Sozialkosten sind als *Kostenstellengemeinkosten* den verursachenden Kostenstellen nicht direkt zurechenbar. Sollen diese Wertverzehre dennoch zugerechnet werden, so ist in der Betriebsbuchhaltung eine „künstliche" Aufteilung erforderlich. Als Hilfsmittel dafür kommen Verteilungsschlüssel zur Anwendung.

Kosten- oder *Verteilungsschlüssel* stellen Proportionalitätsmittler zwischen einer Leistung und den zu ihrer Erzeugung erforderlichen Kosten dar. Diese Gliederungszahlen sollen die Kosten möglichst im entsprechenden Verhältnis zur Leistung oder Inanspruchnahme, also verursachungsgerecht verteilen helfen. Daher muß für jede indi-

Indirekte Zurechnung einer Kostenart:

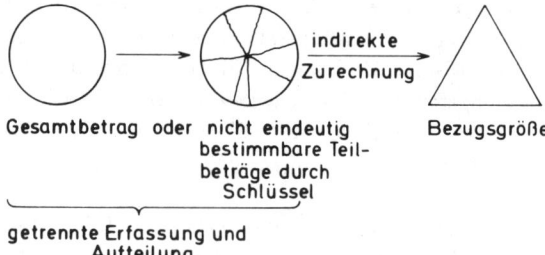

Gesamtbetrag oder nicht eindeutig   Bezugsgröße
bestimmbare Teil-
beträge durch
Schlüssel

getrennte Erfassung und
Aufteilung

rekt zu verrechnende Gemeinkostenart ein Schlüssel gesucht werden, der auf einem wesentlichen Beeinflussungsfaktor dieses Wertverzehrs beruht. So sind z.B. Heizkosten nach Quadratmetern, Kubikmetern oder der Anzahl der Heizrippen aufteilbar. Bei unterschiedlichen Raumhöhen und verschiedenen Heizkörpergrößen sind die Kubikmeter Raum der bessere Maßstab für die Verteilung. Eine Schlüsselung könne jedoch vermieden werden, wenn eine direkte Messung mit Armaturen in den jeweiligen Kostenstellen erfolgen würde. Dies unterbleibt jedoch in der Regel aus wirtschaftlichen Gründen.

Nach *H. Seischab* lassen sich die Schlüsselzahlen wie folgt aufteilen (vgl. Abb 15):

```
1. Bewegungs- oder Leistungsschlüssel
   1.1 Mengenschlüssel (cbm, t, l, m usw.)
       verbrauchte, umgeschlagene, ausgebrachte, umgesetzte Mengen nach Länge,
       Fläche, Gewicht, Zahl, Rauminhalt;
   1.2 Anzahl der Prozesse oder Vorgänge
   1.2 Zeitschlüssel (Jahr, Stunde, Monat, Minute)
       Arbeits-, Maschinen-, Platzstunden;
       Fertigungs-, Schicht-, Kalenderzeit;
   1.3 Wertschlüssel (DM)
       Kostenarten wie Lohn, Fertigungsmaterial;
       Kalkulationswerte wie Fertigungs-, Herstell- oder Selbstkosten;
       Umsatzzahlen

2. Bestands- oder Ausstattungsschlüssel
   2.1 Vermögensschlüssel
       Bestandsmengen in Form von Flächen- und Raumbeanspruchung
       bzw. -ausstattung
       Bestandswerte als Lagerwerte
       Bestandseigenschaften und -zustände von Räumen, Stoffen Kräften und
       Leistungen
   2.2 Kapitalschlüssel (z.B. betriebsnotwendiges Kapital)
   2.3 Arbeitskraftschlüssel
       Zahl der Arbeiter, Angestellten, Reisenden
```

Abb. 15: Kostenverteilungsschlüssel

Die indirekte Zurechnung von Wertverzehren belastet generell die Aussagefähigkeit der Kostenrechnung. Durch die Schlüsselung kann die verursachungsgerechte Zurechnung nicht absolut, sondern nur relativ genau erfüllt werden. Da auf eine geschlüsselte Verrechnung jedoch nicht generell verzichtet werden kann, muß zumindest eine sorgfältige Auswahl der Verteilungsschlüssel erfolgen. Außerdem sind einmal ausgewählte Schlüssel möglichst über eine längere Zeit beizubehalten, da ein zu häufiger Wechsel die Vergleichbarkeit der Kosten zwischen den Perioden beeinträchtigt.

Die im Rahmen der Kostenverteilung erstmals auf die Kostenstellen zugerechneten Wertverzehre werden auch als *Primärkosten* bezeichnet. Es handelt sich dabei um Verbräuche von Gütern und Dienstleistungen, die dem Unternehmen von außen zugeführt werden.

Unabhängig von der rechnerischen Richtigkeit der Verteilung der Primärkosten auf die Kostenstellen wird die Genauigkeit der Kostenverteilung damit durch zwei Faktoren bestimmt. Einmal müssen die direkten Gemeinkosten bereits bei ihrer Erfassung durch die Kostenstellennummer eindeutig zugeordnet werden. Zum anderen sind die indirekten Gemeinkosten mit geeigneten Verteilungsschlüsseln nach vollzogener Erfassung aufzuteilen (vgl. Abb. 16).

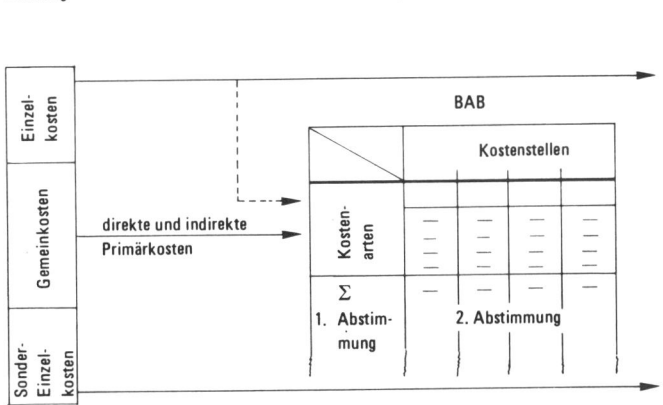

Abb. 16: Kostenverteilung

2. Kostenumlage

Die Zurechnung von Wertverzehren bestimmter Kostenstellen auf andere Kostenstellen wird als Kostenumlage bezeichnet. Sie ist aus Gründen der Kostenkontrolle sowie Kostenweiterverrechnung erforderlich und stellt den zweiten Abrechnungsschritt innerhalb der Kostenstellenrechnung dar.

a) Kostenkontrolle der innerbetrieblichen Leistungen

Leistungen, die nur mittelbar zur Erstellung der Endprodukte beitragen, werden als *innerbetriebliche Leistungen* bezeichnet. Sie entstehen vorwiegend in Allgemeinen Kostenstellen und Hilfs-, teilweise jedoch auch in Hauptkostenstellen. Es handelt sich dabei um marktfähige, jedoch eigenverbrauchte Leistungen des Betriebes, die von einer Kostenstelle für eine oder mehrere andere Kostenstellen erbracht werden. Innerbetriebliche Leistungen könnten auch von außen bezogen werden. Aus wirtschaftlichen, technischen oder sozialen Gründen bzw. aus Sicherheitsaspekten erfolgt jedoch eine Eigenerstellung. Sie sind daher zwischen die vom Beschäftigungsmarkt bezogenen Fremdleistungen (Produktionsfaktoren) und die an den Absatz-

73

markt abzugebenden Kundenleistungen (Produkte) einzuordnen. Solche Leistungen entstehen in der Kraftzentrale, im Fuhrpark, in der Kantine, in der Werkzeugmacherei usw.

Die *wichtigsten Arten* innerbetrieblicher Leistungen sind:

(1) selbsterstellte Anlagengüter (Gebäude, Maschinen, Werkzeuge),

(2) selbstverbrauchte Halb- und Fertigfabrikate,

(3) selbsterzeugte Energie,

(4) eigene Entwicklungsarbeiten,

(5) Reparaturen, Transportleistungen, soziale Leistungen in eigener Regie.

Die Tatsache, daß innerbetriebliche Leistungen grundsätzlich auch von außen beschafft werden können, macht es besonders erforderlich, sie einer laufenden Kostenkontrolle zu unterziehen. Voraussetzung für die Ermittlung der Kosten ist die Bildung einer Kostenstelle. Durch Division der gesamten Stellenkosten durch die Anzahl der erbrachten Leistungen läßt sich der Kostenwert je Leistungseinheit berechnen, der dann mit dem Preis bei Fremdbezug verglichen werden kann. Das Ergebnis ist bei der Entscheidung, die Eigenfertigung fortzuführen oder auf Fremdfertigung überzugehen, mit heranzuziehen.

b) Zusammenfassung der Kosten auf Endkostenstellen

Die Weiterverrechnung der Gemeinkosten auf die Kostenträger erfolgt über die Endkostenstellen. Die Kosten der Vorkostenstellen müssen ebenfalls von den Absatzleistungen getragen werden. Daher ist es erforderlich, die Kosten der Vorkostenstellen vor der Durchführung der Kalkulation auf die Endkostenstellen umzulegen, um eine vollständige Zurechnung der Gemeinkosten auf die Endleistungen sicherzustellen.

c) Verfahren der Kostenumlage

Die Kostenstellenumlage wird auch als innerbetriebliche Leistungsverrechnung bezeichnet. Sie führt zur Entlastung der leistenden und zur Belastung der empfangenden Kostenstellen. Die Umlagekosten, die den Kostenstellen in der zweiten Stufe der Kostenstellenrechnung zugerechnet werden, bezeichnet man auch als *Sekundärkosten*. Der Umfang der innerbetrieblichen Leistungen und damit die Höhe der sekundären Gemeinkosten steigt mit dem Anteil der Eigenleistungen am Endprodukt. Für die Durchführung der Kostenumlage stehen verschiedene Verfahren zur Verfügung, deren Anwendung zunächst davon abhängt, ob aktivierungspflichtige oder nicht aktivierungspflichtige innerbetriebliche Leistungen vorliegen.

aa) *Aktivierungspflichtige* Wirtschaftsgüter in Form von selbsterstellten Gebäuden, Maschinen oder Großwerkzeugen stehen dem Unternehmen länger als eine Periode zur Verfügung. Sie sind nach den allgemein gültigen Bewertungsvorschriften mit ihrem Herstellungswert zu bilanzieren. Dazu werden sogenannte Innenaufträge gebildet, um die Kosten je Anlagegut zu sammeln und die leistenden Kostenstellen zu entlasten. Die Ermittlung der Herstellkosten erfolgt mit Hilfe des Kostenträgerverfahrens wie bei Fremdaufträgen in Form einer Zuschlagskalkulation (vgl. 2. Kapitel, III, A. 2). In den Jahren der Nutzung wird eine entsprechende kalkulatorische Abschreibung berechnet und der Stelle als Primärkosten belastet, für die das Wirtschaftsgut eingesetzt ist.

bb) Die *nicht aktivierungspflichtigen* innerbetrieblichen Leistungen werden im Jahr ihrer Entstehung voll abgeschrieben und über die Endkostenstellen den Kostenträgern zugerechnet. Für die Abrechnung zwischen den Kostenstellen gibt es verschiedene Verfahren, die sich grundsätzlich danach einteilen lassen, ob eine einseitige oder gegenseitige Leistungsverrechnung erfolgt.

(1) Die *einseitige Leistungsverrechnung* beruht auf dem Lieferer-Abnehmerprinzip, d.h. die Kostenstellen sind so angeordnet, daß sie von vorhergehenden Kostenstellen Leistungen erhalten und dann an nachfolgende Kostenstellen ihre Leistungen abgeben (Vgl. *W. Buggert,* S. 94). Daher muß bei der Festlegung der Reihenfolge der Kostenstellen im Betriebsabrechnungsbogen darauf geachtet werden, daß Stellen, die vergleichsweise wenig oder keine Leistungen anderer Stellen in Anspruch nehmen und gleichzeitig ihre gesamten Leistungen an andere Stellen abgeben, ganz links eingeordnet werden. In der Regel handelt es sich hier um die Stellen des Allgemeinen Bereichs wie Kantine, Fuhrpark, Stromerzeugung. Die einseitige Verrechnung führt dazu, daß Vorkostenstellen untereinander stets nur von links mit Sekundärkosten belastet und nach rechts von sekundären Kosten entlastet werden kann. Entsprechend der Anzahl der Vorkostenstellen wandern die Gemeinkosten in mehreren Schritten auf die Endkostenstellen. Im BAB entsteht dadurch das Bild einer Stufung, so daß die einseitige Leistungsverrechnung auch als *Stufenleiter- oder Treppenverfahren* bezeichnet wird. Die Verrechnung der Kosten kann, je nach der Art der innerbetrieblichen Leistungen, auf mehrfache Art erfolgen.

Handelt es sich um einheitliche, eindeutig abgrenzbare Leistungen, wie dies bei den Nebenkostenstellen häufig der Fall ist (z. B. Stromerzeugung), so läßt sich am Ende einer Abrechnungsperiode ein Kostensatz je Leistungseinheit bestimmen. Dazu werden die gesamten Primär- sowie eventuelle Sekundärkosten der Stelle durch die Anzahl der erzeugten Leistungen dividiert. Die abnehmenden Stellen werden dann entsprechend der Menge der bezogenen Leistungseinheiten mit Sekundärkosten belastet. Liegen dagegen uneinheitliche, nicht immer eindeutig abgrenzbare Leistungen vor wie z. B. in der Arbeitsvorbereitung, müssen Umlageschlüssel auf der Basis von Stunden, Stückzahlen, Personen usw. gebildet werden. Nach Abschluß der Kostenumlage sind alle Kosten der leistenden Stelle weiterverrechnet. Diese Form der Abrechnung wird als *Kostenstellenumlageverfahren* bezeichnet und ist in der Praxis weitverbreitet.

Rechenbeispiel

Die Kosten der Vorkostenstellen (VKST) eines Unternehmens sollen nach dem Kostenstellenumlageverfahren auf die beiden Endkostenstellen (EKST) umgelegt werden. Folgende Werte liegen vor:

Leistende Kosten-stelle	Gesamtleistung	Bezogene Leistungen			
		VKST 2	VKST 3	EKST 1	EKST 2
VKST 1	100.000 Stk.	20.000 Stk.	30.000 Stk.	37.000 Stk.	13.000 Stk.
VKST 2	2.500.000 KWh	–	500.000 KWh	1.200.000 KWh	800.000 KWh
VKST 3	nicht eindeutig abgrenzbar/ Umlage-schlüssel	–	–	25 %	75 %

Lösung:

	Vorkostenstellen			Endkostenstellen	
	VKST 1	VKST 2	VKST 3	EKST 1	EKST 2
Summe Ge-meinkosten (Primärko-sten)	200.000,–	210.000,–	80.000,–	5.000.000,–	1.500.000,–
Einseitige Umlage VKST 1	./. 200.000,–	+ 40.000,–	+ 60.000,–	+ 74.000,–	+ 26.000,–
Summe Ge-meinkosten	–	250.000,–	140.000,–	5.074.000,–	1.526.000,–
Einseitige Umlage VKST 2	–	./. 250.000,–	+ 50.000,–	+ 120.000,–	+ 80.000,–
Summe Ge-meinkosten	–	–	190.000,–	5.194.000,–	1.606.000,–
Einseitige Umlage VKST 3	–	–	./. 190.000,–	+ 47.500,–	+ 142.500,–
Summe Ge-meinkosten	–	–	–	5.241.500,–	1.748.500,–

Aus wirtschaftlichen Gründen kann es sinnvoll sein, z. B. für eine kleine Reparatur lediglich die Material- und Lohnkosten weiter zu belasten, die als Einzelkosten direkt nachweisbar sind. Diese Form der Verrechnung wird als *Kostenartenverfahren* bezeichnet. Die leistende Stelle erfährt hierbei keine Entlastung von Gemeinkosten. Das Verfahren ist daher nur geeignet für die Verrechnung von Leistungen, die in Hauptkostenstellen erbracht werden. Dieser Nachteil wird beim *Kostenstellenausgleichsverfahren*, das Ähnlichkeit mit dem Kostenträgerverfahren besitzt, dadurch behoben, daß neben den Einzelkosten zusätzlich anteilige Gemeinkosten weitergegeben werden. Der meist am Jahresende durchgeführte Gemeinkostenausgleich erfolgt auf der Basis der Einzelkosten bzw. mit Zuschlagssätzen. Für hochwertige Leistungen erscheint dieses Verfahren besonders geeignet, um Kostenverzerrungen zu vermeiden. Es kann auch für die Umlage von Vorkostenstellen eingesetzt werden, da eine vollständige Kostenweiterverrechnung erfolgt.

Rechenbeispiel:

Während der abgelaufenen Periode führte die Endkostenstelle EKST 1 verschiedene Kleinreparaturen für die beiden Endkostenstellen EKST 2 und EKST 3 aus. Es soll eine Umlage nach dem Kostenartenverfahren sowie nach dem Kostenstellenausgleichsverfahren durchgeführt werden. Folgende Werte liegen vor:

— Einzelkosten für EKST 2: 8.000,—
— Einzelkosten für EKST 3: 12.000,—
— Normalzuschlagssatz
  für GK der EKST 1:   120 %

Lösung nach dem *Kostenartenverfahren:*

	EKST 1	EKST 2	EKST 3
Summe Gemeinkosten	2.250.000,—	5.000.000,—	3.750.000,—
einseitige Umlage EKST 1	./. 20.000,—	+ 8.000,—	+ 12.000,—
Summe Gemeinkosten	2.230.000,—	5.008.000,—	3.762.000,—

Lösung nach dem *Kostenstellenausgleichsverfahren:*

	EKST 1	EKST 2	EKST 3
Summe Gemeinkosten	2.250.000,—	5.000.000,—	3.750.000,—
einseitige Umlage EKST 1			
— Einzelkosten	./. 20.000,—	+ 8.000,—	+ 12.000,—
— anteilige Gemeinkosten	./. 24.000,—	+ 9.600,—	+ 14.400,—
Summe Gemeinkosten	2.206.000,—	5.017.600,—	3.776.400,—

(2) Bei der bisher dargestellten Leistungsverrechnung wird der häufig gegebene Tatbestand nicht berücksichtigt, daß Kostenstellen gegenseitig Leistungen erbringen. So geben z. B. die Mitarbeiter des Fuhrparks in der Kantine essen und die Kantine benutzt Fahrzeuge des Fuhrparks. Die genauen Kosten einer Mahlzeit können erst ermittelt werden, wenn die Kosten für die Inanspruchnahme von Fahrzeugen vorliegen; letztere lassen sich jedoch nur unter Berücksichtigung der Kantinenkosten für den Fuhrpark berechnen. Ein solcher Leistungsverbund kann auch mehr als zwei Kostenstellen umfassen. Eine besondere Anordnung ist nicht erforderlich.

Zur Durchführung der *gegenseitigen Leistungsverrechnung* gibt es ebenfalls mehrere Verfahren. Der einfachste Weg ist die Verwendung von *Normal-* und *Soll-Verrechnungspreisen.* Auf Grund der Werte aus dem vergangenen Jahr oder aber auf der Basis von Planzahlen lassen sich Preise für die jeweilige Leistungseinheit kalkulieren. Entsprechend der gegenseitig abgenommenen Anzahl von Leistungseinheiten, die eindeutig abgrenzbar sein müssen, erfolgt eine erste gegenseitige Kostenumlage. Die durch die angesetzten Preise bedingte Differenz zwischen den Umlagekosten und den Istkosten auf den jeweiligen Stellen muß dann durch eine zusätzliche einseitige Verrechnung verteilt werden.

Exakter, wenn auch aufwendiger ist die Ermittlung von Verrechnungspreisen mit Istkosten. Dazu ist die Anwendung von entsprechenden mathematischen Verfahren erforderlich.

Das *Gleichungsverfahren* (Simultanverfahren, mathematisches Verfahren) bestimmt „die Verrechnungssätze für die innerbetrieblichen Leistungen mit Hilfe eines Systems linearer Gleichungen, dessen Variablen die gesuchten Verrechnungssätze sind und dessen Gleichungsanzahl mit der Anzahl der Hilfskostenstellen übereinstimmt" (L. *Haberstock*, I, S. 95). Bei einer gegenseitigen Leistungsbeziehung zwischen zwei Kostenstellen ergeben sich folgende Kostendefinitionen:

$$K_1 = M_1 \cdot k_1$$
$$K_1 = PK_1 + SK_{2/1}$$
$$SK_{2/1} = m_{2/1} \cdot k_2$$
$$M_1 \cdot k_1 = PK_1 + (m_{2/1} \cdot k_2)$$

$$[1] \quad k_1 = \frac{PK_1 + (m_{2/1} \cdot k_2)}{M_1} \qquad \text{oder:} \quad k_1 = \frac{(M_2 \cdot PK_1) + (m_{2/1} \cdot PK_2)}{(M_1 \cdot M_2) - (m_{2/1} \cdot m_{1/2})}$$

$$K_2 = M_2 \cdot k_2$$
$$K_2 = PK_2 + SK_{1/2}$$
$$SK_{1/2} = m_{1/2} \cdot k_1$$
$$M_2 \cdot k_2 = PK_2 + (m_{1/2} \cdot k_1)$$

$$[2] \quad k_2 = \frac{PK_2 + (m_{1/2} \cdot k_1)}{M_2} \qquad \text{oder:} \quad k_2 = \frac{(M_1 \cdot PK_2) + (m_{1/2} \cdot PK_1)}{(M_1 \cdot M_2) - (m_{2/1} \cdot m_{1/2})}$$

K_1 = Gesamtkosten der Stelle 1 (nicht bekannt)
K_2 = Gesamtkosten der Stelle 2 (nicht bekannt)
M_1 = Leistungsmenge der Stelle 1 (bekannt)
M_2 = Leistungsmenge der Stelle 2 (bekannt)
k_1 = Istverrechnungspreis je Einheit der Stelle 1 (nicht bekannt)
k_2 = Istverrechnungspreis je Einheit der Stelle 2 (nicht bekannt)
PK_1 = Primärkosten der Stelle 1 (bekannt)
PK_2 = Primärkosten der Stelle 2 (bekannt)
SK_1 = Sekundärkosten der Stelle 1 (nicht bekannt)
SK_2 = Sekundärkosten der Stelle 2 (nicht bekannt)
$m_{1/2}$ = Menge der Leistungseinheiten von Stelle 1 an Stelle 2 (bekannt)
$m_{2/1}$ = Menge der Leistungseinheiten von Stelle 2 an Stelle 1 (bekannt)

Rechenbeispiel:

Für die beiden allgemeinen Kostenstellen VKST 1 und VKST 2 soll eine gegenseitige Leistungsverrechnung (GLV) nach dem *Verrechnungspreisverfahren* sowie nach dem *Gleichungsverfahren* durchgeführt werden. Folgende Angaben sind gegeben:

Angaben	VKST 1	VKST 2
Primärkosten der Kostenstellen (PK)	170.000,—	150.000,—
Gesamtleistung in Leistungseinheiten (LE)	90.000 LE_1	50.000 LE_2
Leistungen von VKST 1 an VKST 2	—	4.000 LE_1
Leistungen von VKST 2 an VKST 1	1.200 LE_2	—
Verrechnungspreise je Leistungseinheit	1,90/LE_1	3,20/LE_2

Lösung nach dem *Verrechnungspreisverfahren:*

	Allgemeine Kostenstellen VKST 1	VKST 2	Endkostenstellen
Primärkosten	170.000,–	150.000,–	
GLV: 4.000 LE$_1$ · 1,90/LE$_1$ 1.200 LE$_2$ · 3,20/LE$_2$	./. 7.600,– + 3.840,–	+ 7.600,– ./. 3.840,–	Einseitige Umlage entsprechend den bezogenen Leistungseinheiten:
Summe Gemeinkosten	166.240,–	153.760,–	
Einseitige Umlage KST 1 Einseitige Umlage KST 2	./. 163.400,– –	– ./. 156.160,–	86.000 LE$_1$ · 1,90/LE$_1$ 48.800 LE$_2$ · 3,20/LE$_2$
Unterdeckung (+)/ Überdeckung (–)	2.840,–	– 2.400,–	+ 440,–
Nachverrechnung	./. 2.840,–	+ 2.400,–	
Summe Gemeinkosten	–	–	

Lösung nach dem *Gleichungsverfahren:*

$$k_1 = \frac{(M_2 \cdot PK_1) + (m_{2/1} \cdot PK_2)}{(M_1 \cdot M_2) - (m_{1/2} \cdot m_{2/1})} = \frac{(50.000 \cdot 170.000) + (1.200 \cdot 150.000)}{(90.000 \cdot 50.000) - (4.000 \cdot 1.200)} = 1{,}93/LE_1$$

$$k_2 = \frac{(M_1 \cdot PK_2) + (m_{1/2} \cdot PK_1)}{(M_1 \cdot M_2) - (m_{1/2} \cdot m_{2/1})} = \frac{(90.000 \cdot 150.000) + (4.000 \cdot 170.000)}{(90.000 \cdot 50.000) - (4.000 \cdot 1.200)} = 3{,}15/LE_2$$

	Allgemeine Kostenstellen VKST 1	VKST 2	Endkostenstellen
Primärkosten	170.000,–	150.000,–	
GLV: 4.000 LE$_1$ · 1,93/LE$_1$ 1.200 LE$_2$ · 3,15/LE$_2$	./. 7.720,– + 3.780,–	+ 7.720,– ./. 3.780,–	Einseitige Umlage entsprechend den bezogenen Leistungseinheiten:
Summe Gemeinkosten	166.060,–	153.940,–	
Einseitige Umlage KST 1	./. 166.060,–	–	166.060/86.000 LE$_1$ = 1,93/LE$_1$ [1]
Einseitige Umlage KST 2	–	./. 153.940,–	153.940/48.800 LE$_2$ = 3,15/LE$_2$[1]
Über-/Unterdeckung	–	–	
Summe Gemeinkosten	–	–	

1 Bei der Berechnung 86.000 LE$_1$ · 1,93/LE$_1$ bzw. 48.800 LE$_2$ · 3,15/LE$_2$ ergeben sich Rundungsdifferenzen.

Das *Iterationsverfahren* versucht dagegen, durch wiederholte Anwendung der Prozentrechnung eine möglichst genaue Annäherung an den tatsächlichen Wert zu erreichen (vgl. Abb. 17).

Form und Umfang der Kostenstellenumlage hängen in der Praxis wesentlich von der Betriebsgröße und der Differenziertheit des Produktionsprozesses ab. Kleinbetriebe sowie fertigungstechnisch einfach strukturierte Unternehmen bilden vergleichsweise wenige, umfassende Endkostenstellen, so daß nur eine unbedeutende interne Leistungsverflechtung entsteht. Eine Kostenumlage ist daher höchstens aus kontroll-, nicht aber aus abrechnungstechnischen Gründen angebracht. Im Gegensatz dazu kommt in Mittel- und Großunternehmen mit meist stark differenzierten Produktionsprogrammen der internen Leistungsverrechnung große Bedeutung zu. Hier können nur durch eine möglichst exakte Erfassung und Verrechnung der innerbetrieblichen Leistungen die für die Kontrolle und Steuerung unentbehrlichen Informationen gewonnen werden. Eine ungenaue Umlage kann zu wesentlichen Kostenverzerrungen zwischen den Stellen und damit zu Fehlentscheidungen führen. Bei zunehmender Differenzierung der Produktionspalette wird auch die Genauigkeit der Kalkulation nachteilig beeinflußt (vgl. Abb. 18).

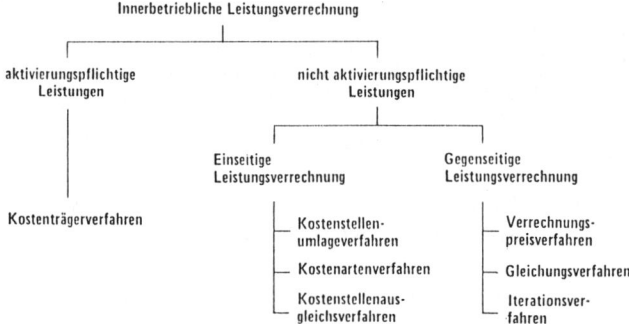

Abb. 17: Verfahren der innerbetrieblichen Leistungsverrechnung

	Kostenstellen					
Kostenverteilung						
Σ nach Kosten-verteilung	–	–	–	–	–	–
gegenseitige Leistungsverrechnung						
Σ	–	–	–	–	–	–
Umlage		→	→	→	→	
Σ	–	–	–	–	–	–
Umlage		→	→	→	→	
Σ	–	–	–	–	–	–

Abb. 18: Kostenumlage (2. Abrechnungsabschnitt)

3. Kostenverrechnung

Der dritte Abrechnungsschritt der Kostenstellenrechnung umfaßt die Ermittlung der Verrechnungssätze zur Weiterverrechnung der Gemeinkosten auf die Kostenträger sowie die Feststellung von Über- und Unterdeckungen zwischen den tatsächlich angefallenen und den verrechneten Gemeinkosten.

a) Ermittlung der Gemeinkostenverrechnungssätze

Die Gemeinkosten werden auf Endkostenstellen gesammelt, um sie auf die Kostenträger weiter verrechnen zu können. Stellt das Unternehmen nur ein Produkt her, so ist die Weiterverrechnung unproblematisch, da die gesamten Kosten in direkter Beziehung zu diesem Kostenträger stehen. Umfaßt das Produktionsprogramm jedoch mehrere Erzeugnisse, entsteht für die gemeinsam anfallenden Kosten das Problem einer verursachungsgerechten Zurechnung auf die Kostenträger. Die Lösung erfolgt durch die Bildung von *Verrechnungs-* oder *Kalkulationssätzen.* Voraussetzung ist die oben beschriebene Kostenverteilung und Kostenumlage, in deren Verlauf die zunächst in *sachlicher* Gliederung vorliegenden Gemeinkostenarten in eine *funktionale* Gliederung nach Endkostenstellen überführt werden. Die so gewonnenen Gemeinkostenteilbeträge können jedoch nicht unmittelbar auf die Kostenträger zugerechnet werden. Als Mittler zwischen den Gemeinkosten und den Kostenträgern muß eine Bezugsgröße gefunden werden, die die Eigenschaft besitzt, daß sie gleichzeitig zu einer Gemeinkostengruppe und zu den Kostenträgern in einer eindeutigen Beziehung steht. Ein solches Ursache-/Wirkungsverhältnis liegt vor, wenn bei steigender (fallender) Bezugsgröße auch die zugeordneten Gemeinkosten bzw. die Anzahl der Kostenträger steigt (fällt). Dabei entspricht jedoch die relative Basisänderung nicht immer der relativen Gemeinkostenänderung. Sie kann auch größer oder kleiner sein. Es ist lediglich ausgeschlossen, daß einer positiven Änderung der Basis eine negative Änderung der Gemeinkosten entspricht und umgekehrt.

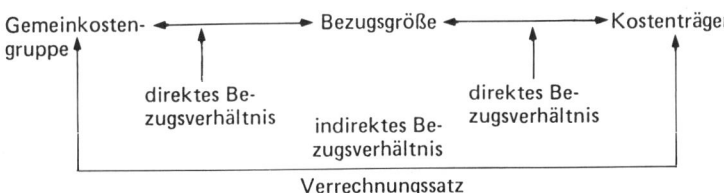

Die Verrechnungssätze werden überwiegend als prozentuale Zuschlagssätze ermittelt. Sie übernehmen die Funktionen von Kostenschlüsseln und werden nach folgender Formel berechnet:

$$\text{Zuschlagssatz}: \frac{\text{Gemeinkosten je Endkostenstelle in DM}}{\text{Bezugsgröße in DM}} \cdot 100 = \%$$

Der Gemeinkostenzuschlagssatz gibt in Prozenten den Wert der zu verrechnenden Gemeinkosten pro Einheit Bezugsgröße an (DM Gemeinkosten je DM Bezugsbasis).

Die Bezugsgröße kann jedoch auch eine Mengeneinheit in Form von Stunden, Minuten, Stück usw. sein. Dann ergibt sich der Verrechnungssatz aus der Formel:

$$\text{Verrechnungssatz} : \frac{\text{Gemeinkosten je Endkostenstelle in DM}}{\text{Bezugsgröße in Mengeneinheiten}} = \text{DM Gemeinkosten je Mengeneinheit}$$

Die am häufigsten verwendeten Basiswerte sind der Fertigungslohn, das Fertigungsmaterial und die Herstellkosten[1] als Wertgrößen bzw. die Fertigungs- oder Maschinenstunden als Mengengrößen. Danach lassen sich folgende spezielle Zuschlagssätze bilden:

(1) Fertigungsgemein-
kostenzuschlagssatz
$$: \frac{\text{Fertigungsgemeinkosten in DM}}{\text{Fertigungslohn in DM}} \cdot 100 = \%$$

Fertigungs- bzw.
Maschinenstundensatz
$$: \frac{\text{Fertigungsgemeinkosten in DM}}{\text{Fertigungsstunden oder Maschinenstunden}} = \text{DM pro Stunde}$$

(2) Materialgemeinkosten-
zuschlagssatz
$$: \frac{\text{Materialgemeinkosten in DM}}{\text{Fertigungsmaterial in DM}} \cdot 100 = \%$$

(3) Verwaltungsgemein-
kostenzuschlagssatz
$$: \frac{\text{Verwaltungsgemeinkosten in DM}}{\text{Herstellkosten in DM}} \cdot 100 = \%$$

(4) Vertriebsgemeinkostenzuschlagssatz
$$: \frac{\text{Vertriebsgemeinkosten in DM}}{\text{Herstellkosten in DM}} \cdot 100 = \%$$

Die jeweiligen Gemeinkosten werden mit dem einheitlichen Zuschlagssatz auf die verschiedenen Produkte weiterverrechnet. Bei einem Fertigungsgemeinkostensatz von z. B. 200 % muß dann ein Erzeugnis A (B) mit 50,– DM (80,– DM) Fertigungslohn 100,– DM (160,– DM) Fertigungsgemeinkosten übernehmen.

Rechenbeispiel:

Ermitteln Sie die Verrechnungssätze für die Fertigungs-, Material-, Verwaltungs- und Vertriebsgemeinkosten, wenn folgende Werte gegeben sind:

Fertigungsgemeinkosten (FGK)	: 5.000.000,–
Fertigungslohn (FL)	: 2.500.000,–
Fertigungsstunden (FStd)	: 100.000,–
Materialgemeinkosten (MGK)	: 640.000,–
Fertigungsmaterial (FM)	: 8.000.000,–
Verwaltungsgemeinkosten (VwGK)	: 1.614.000,–
Vertriebsgemeinkosten (VtGK)	: 2.582.400,–

---

1 Die Herstellkosten setzen sich aus den Fertigungs- und Materialkosten zusammen.

FGK-Zuschlagssatz	:	$\dfrac{5.000.000}{2.500.000} \cdot 100 = 200\,\%$
FGK-Stundensatz	:	$\dfrac{5.000.000}{100.000} = 50,-$
MGK-Zuschlagssatz	:	$\dfrac{640.000}{8.000.000} \cdot 100 = 8\,\%$
VwGK-Zuschlagssatz	:	$\dfrac{1.614.000}{16.140.000} \cdot 100 = 10\,\%$
VtGK-Zuschlagssatz	:	$\dfrac{2.582.400}{16.140.000} \cdot 100 = 16\,\%$

b) Kostenüberdeckung/Kostenunterdeckung

Die für die Berechnung der Zuschlagssätze erforderlichen Teilbeträge der Endkostenstellen können jeweils erst am Ende einer Periode über den Betriebsabrechnungsbogen ermittelt werden. Die tatsächlich angefallenen Gemeinkosten der vorhergehenden Periode bestimmen damit die Höhe der Kalkulationssätze, die zur Weiterverrechnung auf die Kostenträger in der nachfolgenden Periode eingesetzt werden. Ihr Ansatz führt dazu, daß das Unternehmen in der laufenden Periode über die Preise der verkauften Produkte Gemeinkosten in entsprechendem Wert vergütet erhält. Diese Beträge werden als *verrechnete Gemeinkosten* bezeichnet. Die während der laufenden Periode insgesamt verrechneten Gemeinkosten werden am Ende der Periode ermittelt, indem man die in der Periode verwendeten Verrechnungssätze auf die jeweilige Basis bezieht. Für die Fertigungsgemeinkosten sind dies der Fertigungslohn bzw. die Fertigungszeit, für die Materialgemeinkosten das Fertigungsmaterial, für die Verwaltungs- und Vertriebsgemeinkosten die verrechneten Herstellkosten der abgesetzten Leistungen. Die tatsächlich angefallenen Gemeinkosten, die Istgemeinkosten, stehen ebenfalls erst am Ende der Periode fest. Preis- und Tarifänderungen sowie wechselnde Beschäftigungssituationen führen dazu, daß sich die tatsächlichen Gemeinkosten stets von den verrechneten Gemeinkosten unterscheiden. Diese Abweichungen werden auf allen Endkostenstellen des Betriebsabrechnungsbogens als Über-/oder Unterdeckungen festgestellt. Eine *Überdeckung* liegt vor, wenn die verrechneten Gemeinkosten die Istgemeinkosten übersteigen; im umgekehrten Falle handelt es sich um eine *Unterdekkung*. Über- und Unterdeckungen gehen erfolgswirksam in das Betriebsergebnis ein.

Bei voller Weiterverrechnung der Gemeinkosten auf die Kostenträger sind Über-/Unterdeckungen nicht zu vermeiden. Der Kostenrechner muß jedoch dafür sorgen, daß sich die Abweichungen in engen Grenzen halten. Überdeckungen kommen durch zu hohe Zuschlagssätze zustande. Dies führt zwar kurzfristig zu einer Verbesserung der Erfolgssituation, kann auf längere Sicht jedoch durch überhöhte Preisforderungen Umsatzeinbußen zur Folge haben. Unterdeckungen entstehen bei zu niedrigen Kalkulationssätzen. Sie belasten das Ergebnis und mindern auf Dauer die Substanz des Unternehmens.

Besonders in Zeiten starker Preis- und/oder Beschäftigungsschwankungen besteht die Gefahr größerer Abweichungen zwischen den tatsächlich angefallenen (Ist-Gemeinkosten) und den verrechneten Gemeinkosten. Zu ihrer Reduzierung können verschiedene Wege beschritten werden. Einmal ist es möglich, durch Verkürzung der Abrechnungsperioden auf Halbjahre, Quartale oder Monate Zuschlagssätze mit kürzerer Gültigkeitsdauer und größerer Aktualität zu berechnen. Ein Nachteil dieser Vorgehensweise ist neben dem erhöhten Arbeitsaufwand der häufige Wechsel der Kalkulationssätze und damit der Kosten je Kostenträger. Sinnvoller erscheint es daher, die *Istzuschlagssätze* durch *Normalzuschlagssätze* zu ersetzen. Diese Durchschnittswerte aus der Vergangenheit können mit oder ohne Korrektur über Vorausschätzungen zu erwartender Kostenänderungen verwendet werden. In Unternehmen mit einer umfassenden Kostenplanung lassen sich die noch besser geeigneten *Sollzuschlagssätze* ermitteln (vgl. Abb. 19).

Kostenverrechnung
(3. Abrechnungsschritt)

		Endkostenstellen			
Kostenverteilung Kostenumlage					
Istgemein- kosten		FGK	MGK	VwGK	VtGK
Zuschlags- basis		FL FStd	FM	HK	HK
Verrechnungs- sätze		% DM/Std.	%	%	%
verrechnete Gemeinkosten		verr. FGK	verr. MGK	verr. VwGK	verr. VtGK
Über-/Unter- deckung (Ist-GK % verr. GK)		± DM	± DM	± DM	± DM

Abb. 19: Kostenverrechnung

Rechenbeispiel:

Ermitteln Sie die Über-/Unterdeckungen für das abgelaufene Geschäftsjahr, wenn folgende Werte gegeben sind:

— Istwerte

FL	2.500.000,—
FM	8.000.000,—
FGK	5.000.000,—
MGK	640.000,—
VwGK	1.614.000,—
VtGK	2.582.400,—

— Normal-/Sollzuschlagssätze

FGK	205 %
MGK	7 %
VwGK	12 %
VtGK	15 %

84

– Verrechnete Herstellkosten der abgesetzten Leistungen

VHK 16.185.000,–

	Σ	Fertigung	Material-wirtschaft	Verwaltung	Vertrieb
Ist-GK	9.836.400,–	5.000.000,–	640.000,–	1.614.000,–	2.582.400,–
Verrechnete-GK – Zuschlagssätze	–	205 %	7 %	12 %	15 %
– Zuschlagsbasis	–	2.500.000,–	8.000.000,–	16.185.000,–	16.185.000,–
– Beträge	10.054.950,–	5.125.000,–	560.000,–	1.942.200,–	2.427.750,–
Über-/Unterdeckung	+ 218.550,–	+ 125.000,–	– 80.000,–	+ 328.200,–	– 154.650,–

C. Organisation der Kostenstellenrechnung

Die Kostenstellenrechnung setzt sich aus den drei Abrechnungsschritten Kostenverteilung, Kostenumlage und Kostenverrechnung zusammen. Sie wird weitgehend unter Verwendung des Betriebsabrechnungsbogens durchgeführt (vgl. Abb. 20). Diese Betriebsabrechnung im engeren Sinne dient der Kontrolle der Kosten am Ort ihrer Entstehung sowie der Aufbereitung der Gemeinkosten für die Kostenträgerrechnung. Sie stellt damit einen geschlossenen Abrechnungskreis innerhalb der Kostenrechnung dar und wird in der Regel von einer organisatorisch selbständigen Arbeitsgruppe innerhalb der Betriebsbuchhaltung abgewickelt.

Abrechnungs-schritte	Kostenarten \ Kostenstellen	Vorkostenstellen: Allgemeine Kosten-stellen		Vorkostenstellen: Hilfsko-stenstelle	Endkostenstellen: Hauptkostenstellen			
		KSt 1	KSt 2	KSt 3	KSt 4	KSt 5	KSt 6	KSt 7
Kostenverteilung	Primärkosten	–	–	–	–	–	–	–
			–		–	–		–
		–	–	–	–	–	–	
		–		–	–	–	–	–
		–	–	–	–	–	–	–
	Σ	–	–	–	–	–	–	–
Kostenumlage	gegenseitige Umlage	↳	↵		↳	↵		
	Σ	–	–	–	–	–	–	–
	Sekundärkosten: einseitige Umlage 1	↳	→	→	→	→	→	→
	Σ		–	–	–	–	–	–
	einseitige Umlage 2		↳		→	→	→	→
	Σ			–	–	–	–	–
	einseitige Umlage 3			↳				→
	Σ Istkosten				FGK	MGK	VwGK	VtGK
Kosten-verrechnung	Zuschlagsbasis				FL/FSt	FM	HK	HK
	Zuschlagssätze				% / DM	%	%	%
	Verrechn. Gemeinkosten				v. FGK	v. MGK	v. VwGK	v. VtGK
	Über-/Unterdeckung				± DM	± DM	± DM	± DM

Abb. 20: Kostenstellenrechnung

Übungsfragen

10. Ein mittlerer Industriebetrieb stellt mit ca. 3 000 Beschäftigten elektrische Zubehörteile her. Sein Kostenstellenverzeichnis umfaßt 820 Kostenstellen. Wie beurteilen Sie diese hohe Zahl an Kostenstellen?
11. Wie würden Sie als Kostenrechner eines mittleren Industriebetriebes folgende Kostenarten auf Kostenstellen verteilen: Telefonkosten, Gehälter, Büromaterial, Heizkosten, Versicherungsprämien, Mieten?
12. Unter welchen Bedingungen würden Sie eine einseitige bzw. gegenseitige Verrechnung innerbetrieblicher Leistungen vorschlagen?
13. Wodurch entstehen im Betriebsabrechnungsbogen Über- bzw. Unterdeckungen?

III. Kostenträgerrechnung

Lernziel

Die Kostenträgerrechnung ermöglicht eine stück- und eine periodenbezogene Beurteilung der Kosten und Leistungen. Der Leser soll daher nachfolgend die wichtigsten Verfahren und Methoden der Kostenträgerstückrechnung (Kalkulation) und der Kostenträgerzeitrechnung (Betriebsergebnisrechnung) kennen und beherrschen lernen.

Die Kostenträgerrechnung ist nach der Kostenarten- und der Kostenstellenrechnung das dritte und letzte Teilgebiet der Kostenrechnung. Ihr Ziel ist die Beeinflussung der Kosten bezogen auf die vom Unternehmen erstellten Leistungen. Diese sind letztlich die Ursache für die entstandenen Wertverzehre. Es fällt ihnen daher die Aufgabe zu, die jeweils durch ihre Erzeugung und Verwertung hervorgerufenen Kosten aus dem Betrieb zu „tragen" und dem Unternehmen über den Preis zurückzuholen. Die erzeugten Leistungen sind damit aus der Sicht der Kostenrechnung *Kostenträger* und aus der Sicht der Leistungsrechnung *Kostenerstatter*. Es handelt sich dabei um eine rechentechnische Abgrenzung, die eine verursachungsgemäße Zurechnung von Kosten auf Leistungseinheiten ermöglichen soll. Kostenträger können alle vom Betrieb erstellten, kalkulationsfähigen Leistungen in Form von einzelnen Sachgütern oder Dienstleistungen, Gruppen von Leistungen (Serie) sowie Aufträge sein.

Die wichtigsten Kostenträger sind die für den Absatz bestimmten Leistungen, des Unternehmens. Sie werden auch als Endleistungen oder *Endkostenträger (K. Sommer*, Sp. 980) bezeichnet, da auf sie letztlich alle Kosten zugerechnet werden. Daneben gibt es eine Vielzahl weiterer Leistungen, die als Zwischenstufen auf dem Weg zur Erstellung der Verkaufsgüter anfallen. Diese Vorleistungen oder *Vorkostenträger (K. Sommer*, Sp 980), deren Kosten letztlich auf die Endkostenträger weitergegeben werden, müssen z.B. als Halbfabrikate wegen gesetzlicher Vorschriften oder als innerbetriebliche Leistungen wegen der Kontrolle ihrer Kostenentwicklung bewertet und überwacht werden (vgl. Abb. 21).

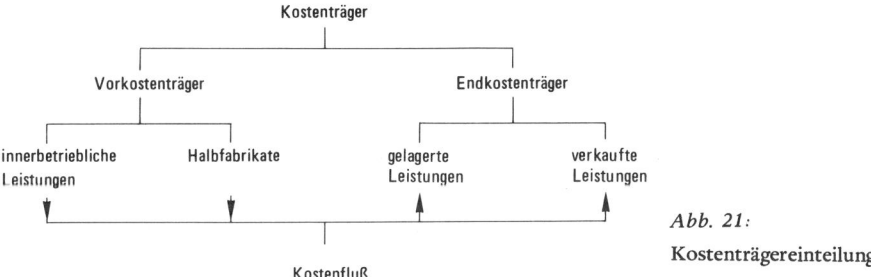

Abb. 21:
Kostenträgereinteilung

Die Kostenträgerrechnung erfüllt ihre Kontroll- und Steuerungsaufgabe in zweifacher Hinsicht. Zunächst betrachtet sie nur eine *Einheit* jeder Leistungsart, ermittelt ihre Kosten und vergleicht diese mit dem erzielten Preis. Dies geschieht in der *Kostenträgerstückrechnung* oder *Kalkulation*. Weiterhin geht es darum, die gesamten Kosten einer *Periode* dem Wert der erzielten Gesamtleistungen gegenüber zu stellen. Dazu wird die *Kostenträgerzeitrechnung* oder die *Ergebnisrechnung* durchgeführt.

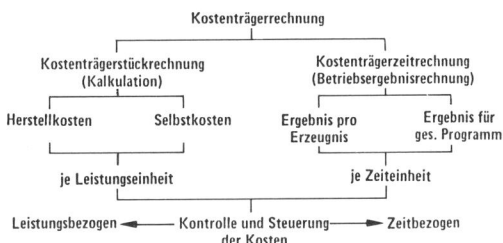

A. Kostenträgerstückrechnung (Kalkulation)

Das *Ziel* der Kostenträgerstückrechnung oder Kalkulation ist es, geeignete Kostengrößen für Bewertungszwecke, als Orientierungs- bzw. Kontrollhilfe für die Preise sowie für die Überwachung der Wirtschaftlichkeit der einzelnen Leistungen zu gewinnen.

(1) Die am Jahresende über die Inventur ermittelten Bestände an Halb- und Fertigfabrikaten müssen als Vermögenswerte in die Abschlußbilanz übernommen werden. Nach der *Bewertungsvorschrift* des § 255 HGB sind sie mit den Herstell- bzw. Herstellungskosten anzusetzen. Aufgabe der Kostenträgerstückrechnung ist es, diese Werte zu ermitteln. Durch ihre Aktivierung werden sie dann wertmäßig aus der Kostenrechnung in die Vermögensrechnung überführt.

(2) In einer Wettbewerbswirtschaft wird der Preis eines Gutes auf dem Markt durch Zusammenwirken von Angebot und Nachfrage gebildet. Die Möglichkeit der Einflußnahme auf die Preisbildung hängt jeweils von der Machtposition der Marktparteien ab. Grundsätzlich ergibt sich daraus, daß Marktpreise nicht durch die Kalkulation entstehen. Dies ist besonders deutlich bei Serien- oder Massenartikeln zu sehen, für die ein funktionierender Wettbewerbsmarkt Preise hervorbringt, die das Unternehmen im wesentlichen akzeptieren muß.

Die in der Kostenträgerstückrechnung kalkulierten Selbstkosten haben dann eine *Kontrollfunktion,* inwieweit die vorhandenen Preise die Kosten decken.

Bei Einzelfertigungen liegen zunächst keine Marktpreise vor. Bei gegebenen Marktpositionen von Hersteller und Abnehmer hängt es letztlich vom Geschick des Verkäufers ab, welcher Preis für das Unternehmen erzielt wird. Hier übernimmt es die Kostenträgerstückrechnung, einen Kostenpreis zu ermitteln, der aus den Selbstkosten einschließlich eines angestrebten Gewinnzuschlags besteht und als *Orientierungshilfe* (Preisuntergrenze) für die Preisverhandlungen dient. Der Verkäufer strebt unabhängig davon den höchstmöglichen Preis an, der in besonderen Situationen auch unter den Selbstkosten liegen kann. Die Preisverantwortung bleibt stets in den Händen des Verkaufs bzw. der Geschäftsleitung. Eine Ausnahme bildet die Preisbildung bei öffentlichen Aufträgen. Hier sind die Verkaufspreise nach vorgegebenen Richtlinien (LSP) einschließlich eines festen Gewinnzuschlags zu kalkulieren.

(3) Eine weitere Aufgabe der Kalkulation liegt in der Überwachung der *Wirtschaftlichkeit* der Leistungen. Zunächst wird das einzelne Produkt daraufhin überprüft, ob der Marktpreis die Selbstkosten deckt. Damit wird die absolute Wirtschaftlichkeit festgestellt. Ein Unternehmen erzeugt und vertreibt in der Regel jedoch gleichzeitig mehrere Produkte. Daher kommt einem Vergleich der relativen Wirtschaftlichkeiten einzelner Leistungen untereinander ebenfalls große Bedeutung zu. Die Kostenträgerstückrechnung liefert damit wesentliche Unterlagen für die Beurteilung und Gestaltung des Produktionsprogramms.

Die Kalkulation erfüllt ihre Aufgabe, indem sie die im Ablauf des Betriebsprozesses anfallenden Kosten und Leistungseinheiten nach dem Prinzip der Verursachung *zurechnet.* Dies geschieht unabhängig davon, in welcher Periode die Kosten angefallen sind. Für die Absatzgüter werden die *Selbstkosten* errechnet. Das sind alle Kosten, die bei der Erstellung und Verwertung entstehen. Für innerbetriebliche Leistungen, Halbfabrikate und nicht verkaufte Fertigfabrikate geht es dagegen um die *Herstell-* bzw. um die *Herstellungskosten.* Sie enthalten nur Material- und Fertigungskosten sowie eventuell anteilige Verwaltungs- aber keine Vertriebskosten.

Die Ermittlung der Stückkosten dient im wesentlichen für Bewertungszwecke, als Kontroll- bzw. Orientierungshilfe für die Preise sowie für die Überwachung der Wirtschaftlichkeit der einzelnen Leistungen.

Die Durchführung der Kostenträgerstückrechnung wird durch den Kalkulationszeitpunkt sowie durch das Kalkulationsverfahren bestimmt.

1. Einteilung nach dem Kalkulationszeitpunkt

Die Unterscheidung der Kostenträgerstückrechnungen nach dem Kalkulationszeitpunkt orientiert sich am Ablauf des Betriebsprozesses. Danach kann die Stückrechnung vor, während bzw. nach Beendigung der Leistungserstellung bzw. Leistungsverwertung erfolgen. Entsprechend ergibt sich dann eine Vor-, Zwischen- oder Nachkalkulation.

a) Vorkalkulation

Bei der Vorkalkulation handelt es sich um eine ex ante Rechnung, mit deren Hilfe die erwarteten oder angestrebten Kosten einer Leistung ermittelt werden. Sie dient als Orientierungshilfe bei der *Preisfindung* von Produkten, für die kein Marktpreis gegeben ist. Sie wird daher auch als Angebotskalkulation bezeichnet. Die besondere Problematik der Vorkalkulation ist darin zu sehen, daß die zu berechnenden Kosten noch nicht als effektive Wertverzehre vorliegen. Sie müssen also geschätzt bzw. geplant werden. Dabei kann je nach Art des Auftrages bzw. Produktes mehr oder weniger auf Erfahrungswerte aus der Vergangenheit (Normalwerte) zurückgegriffen werden. In jedem Falle sind jedoch die vorhersehbaren Mengen- und/oder Wertänderungen zu berücksichtigen. Dazu beschafft sich der Kostenrechner den voraussichtlichen Bedarf an Materialmengen und Fertigungszeiten, der von der Arbeitsvorbereitung auf der Grundlage von Konstruktionsunterlagen ermittelt wird. Einkauf und Personalabteilung können außerdem Auskunft über zu erwartende Preis- und Tarifänderungen geben.

b) Nachkalkulation

Die Nachkalkulation ist eine ex post Rechnung, d. h. sie erfolgt nach Abschluß des Produktionsprozesses. Als Nachrechnung hat sie die Aufgabe, die tatsächlich angefallenen, also die Istkosten festzustellen. Sie übernimmt damit eine *Kontrollfunktion*. Zunächst einmal kann durch Vergleich der effektiven Selbstkosten mit den gegebenen oder ausgehandelten Verkaufspreisen festgestellt werden, welcher Erfolg erzielt wurde. Außerdem ist es möglich, den Vorkalkulationswert zu überprüfen und bei wesentlichen Abweichungen die Ursachen festzustellen, um bei zukünftigen Vorausberechnungen eine höhere Genauigkeit zu erreichen. Letztlich dient die Nachkalkulation auch als Steuerungsinstrument für die Unternehmensführung. Werden in einem Unternehmen Plankosten vorgegeben, so können mit Hilfe von Abweichungen im Soll-Istvergleich Unwirtschaftlichkeiten erkannt und abgestellt werden. Außerdem sind die Werte der Nachkalkulation für die Bewertung von unfertigen und fertigen Leistungen zum Zwecke der Bilanzierung erforderlich.

c) Zwischenkalkulation

Die Zwischenkalkulation ist eine mitlaufende Rechnung, die begleitend zum Produktionsprozeß erfolgt. Sie wird für Projekte mit verhältnismäßig langer Fertigungszeit z.B. im Schiff-, Haus- und Großmaschinenbau durchgeführt. Bei diesen Aufträgen ist jederzeit ein möglichst aktueller Einblick in die Kostenentwicklung erforderlich. Die Zwischenkalkulation erfüllt damit eine *Überwachungs-* und *Steuerungsfunktion*. Im Vergleich zu den Werten der Vorkalkulation kann bei größeren Abweichungen rechtzeitig in den Produktionsablauf zwecks Kostensenkung eingegriffen und/oder es können durch Neuverhandlungen Preiskorrekturen angestrebt werden. Bei der Erfassung der Kosten handelt es sich um eine Kombination von Vor- und Nachkalkulationswerten. Die Einzelkosten können bereits als Istkosten ermittelt, für die Gemeinkosten müssen jedoch regelmäßig noch die Normal- bzw. Sollverrechnungssätze angewendet werden (vgl. Abb. 22).

2. Einteilung nach Kalkulationsverfahren

Unabhängig vom Zeitpunkt der Kalkulation kann die Kostenträgerstückrechnung auch nach Kalkulationsverfahren eingeteilt werden. Diese sind abhängig von der Anzahl der hergestellten Produktarten bzw. von der Art der eingesetzten Fertigungsverfahren.

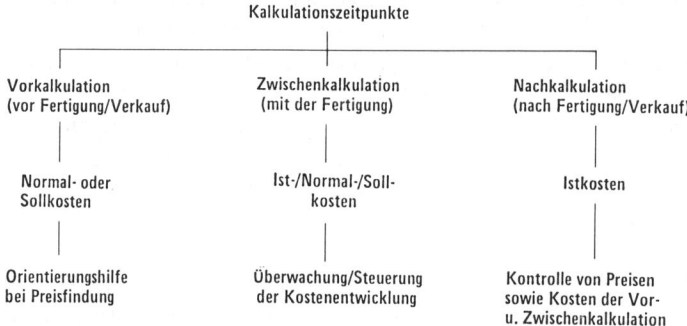

Abb. 22: Einteilung der Kostenträgerstückrechnung nach dem Kalkulationszeitpunkt

Produziert ein Betrieb nur ein Produkt (z.B. Strom durch Wasserkraftwerk), so ist die Zurechnung der Kosten auf den Kostenträger unproblematisch. Alle Wertverzehre eines *Einproduktunternehmens* stehen in eindeutigem Zusammenhang mit der erzeugten Leistung. Sie lassen sich daher dem einen Kostenträger direkt zuordnen und sind in ihrer Gesamtheit Einzelkosten. Zur Ermittlung der Selbstkosten pro Einheit werden die gesamten Kosten einer Periode durch die in diesem Zeitraum hergestellte Stückzahl dividiert. Auf diese Art durchgeführte Kostenträgerstückrechnungen nennt man *Divisionskalkulationen*.

Der überwiegende Teil der Unternehmen stellt gleichzeitig mehrere Produkte (z.B. Elektrogeräte) nach unterschiedlichen Fertigungsverfahren her. Dabei wird jedoch auch ein beträchtlicher Teil der Arbeitsprozesse in einem *Mehrproduktunternehmen* aus sachlichen oder wirtschaftlichen Gründen einheitlich für mehrere oder alle Erzeugnisse durchgeführt. Dies gilt z.B. für die Tätigkeiten im Einkauf, dem Personal- oder Rechnungswesen, die unternehmens- bzw. produktgruppen-, jedoch nicht leistungsartbezogen sind. Die daraus resultierenden Wertverzehre fallen damit als verbundene Kosten gemeinsam für mehrere oder alle Leistungen an. Ein

Teil der Wertverzehre behält jedoch die Eigenart der direkten Bezogenheit auf die Kostenträger. Bei der Ermittlung der Selbstkosten im Mehrproduktunternehmen können diese Einzelkosten direkt zugerechnet werden. Die Gemeinkosten lassen sich dagegen nur mit besonderen Zurechnungsmethoden auf die Produkte verteilen. Dazu sind Kostenträgerstückrechnungen erforderlich, die als *Zuschlagskalkulationen* bezeichnet werden.

Einen Sonderfall stellt die Herstellung von Kuppelprodukten dar. So fällt z.B. in Raffinerien neben Benzin zwangsläufig leichtes Heizöl, in Gaswerken neben Gas Koks an. Die produktionstechnische Verbundenheit zweier oder mehrerer Produkte führt dazu, daß im Ausgangsstadium nur Gemeinkosten nachweisbar sind. Einzelkosten können nur bei einer anschließenden, getrennten Be- und Verarbeitung bzw. Verwertung entstehen. Die Kostenzurechnung muß daher mit Hilfe spezifischer Verfahren der *Kuppelkalkulation* gelöst werden (vgl. Abb 23).

a) Divisionskalkulation

Die Divisionskalkulation ermittelt die Kosten je Leistungseinheit durch Division einer

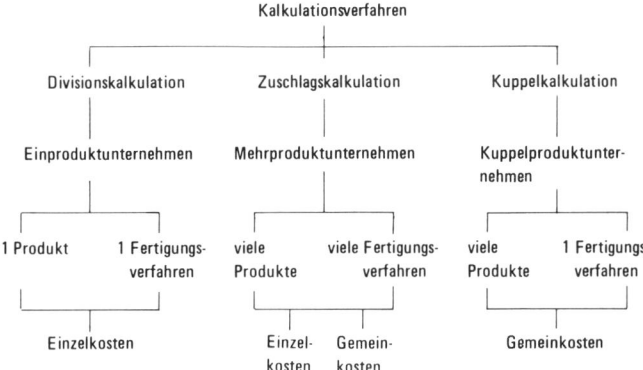

Abb. 23: Einteilung der Kostenträgerstückrechnung nach Kalkulationsverfahren

abgrenzbaren Kostenmenge durch die ihr entsprechende Leistungsmenge. Die Grundformel lautet:

$$\text{Stückkosten} = \frac{\text{Gesamtkosten}}{\text{Leistungsmenge}}$$

oder

$$[8] \quad k = \frac{K}{M}$$

Nach dieser Methode können Kosten eines Endproduktes wie auch die Kosten einzelner Teilleistungen, die im Verlauf des Produktionsprozesses entstehen, berechnet werden. Divisionskalkulationen führen zu sehr genauen Ergebnissen, da keine Kostenschlüsselungen erfolgen. Bei diesem Verfahren werden alle Wertverzehre wie Einzelkosten behandelt. Die Divisionskalkulation macht damit erst dann eine Kostenstellenrechnung (BAB) erforderlich, wenn Teilleistungen einzelner Stellenbereiche bewertet werden müssen.

Nach *G. v. Kortzfleisch* müssen folgende Voraussetzungen für die Anwendung einer Divisionskalkulation gegeben sein:

(1) die Leistungseinheiten müssen hinreichend gleich und relativ häufig sein;
(2) die Kosten und die Leistungen müssen eindeutig definierbar und abgrenzbar sein;
(3) die Kosten und die Leistungen müssen meßbar sein;
(4) die Kosten und die Leistungen müssen erfaßbar sein.

Diese Voraussetzungen sind typische Merkmale der Massenproduktion, wie sie z.B. bei der Herstellung von Streichhölzern oder Rasierklingen vorliegen. Hier findet die Divisionskalkulation ihr Hauptanwendungsgebiet. Nach der speziellen Anwendung des Grundprinzips unterscheidet man zwischen der einstufigen und der mehrstufigen Divisionskalkulation sowie der Äquivalenzziffernkalkulation.

aa) Einstufige Divisionskalkulation

Bei der einstufigen Divisionskalkulation werden die Selbstkosten eines Produktes durch *eine* Rechenoperation ermittelt, in dem man die Gesamtkosten einer Abrechnungsperiode durch die in dieser Zeit erzeugte Leistungsmenge dividiert:

$$\text{SK je Leistungseinheit} = \frac{\text{Gesamtkosten je Periode}}{\text{Menge der hergest. Leistungen der Periode}}$$

Dazu müssen folgende Bedingungen erfüllt sein:

(1) Es muß sich um einen Einproduktbetrieb (bzw. Betriebsbereich) handeln.
(2) Es dürfen keine Lagerbestandsveränderungen an Fertigfabrikaten entstehen.
(3) Es dürfen keine Lagerbestandsveränderungen an Halbfabrikaten entstehen.

Diese Voraussetzungen sind in der Praxis nur sehr selten gegeben. Außer in Elektrizitätswerken und bestimmten Grundstoffindustrien findet die einstufige Divisionskalkulation daher zur Berechnung der gesamten Kosten eines Endproduktes (*Totalrechnung*) kaum Anwendung. Häufiger werden dagegen die Kosten von Teilleistungen in bestimmten Betriebsbereichen (*Partialrechnung*) mit diesem Verfahren ermittelt.

Rechenbeispiel:

Gesamtkosten je Periode   : 500.000,–
Produzierte Stückzahl   : 100.000,–

$$\text{Stückkosten} = \frac{500.000}{100.000} = 5,–$$

bb) Mehrstufige Divisionskalkulation

Auch in Einproduktunternehmen kommt es in der Regel zu Bestandsveränderungen bei den Fertigfabrikaten, d.h. die hergestellte Menge stimmt nicht mit der abgesetzten Menge überein. In diesem Falle können nur die Herstellkosten auf die gefertigten Leistungen bezogen werden. Die Verwaltungskosten fallen für hergestellte wie abgesetzte, die Vertriebskosten nur für die abgesetzten Mengen an. Zur Ermittlung der Selbstkosten muß hier eine mehrstufige Divisionskalkulation angewendet werden, da zumindest zwei Abrechnungsbereiche und zwar für die Produktion sowie für die Verwaltung und den Vertrieb zu bilden sind:

$$
\begin{aligned}
&\text{Herstellkosten je Leistungseinheit} = \frac{\text{Gesamtherstellkosten der Periode}}{\text{Menge der hergestellten Leistungen}} \\[2mm]
&+ \text{Verwaltungs- und Vertriebskosten je Leistungseinheit} = \frac{\text{Gesamte Verwaltungs- und Vertriebskosten der Periode}}{\text{Menge der abgesetzten Leistungen}}
\end{aligned}
$$

= Selbstkosten je Leistungseinheit

Rechenbeispiel:

Herstellkosten : 600.000.−
Gefertigte Stückzahl: 100.000
Verwaltungs- und Vertriebskosten: 180.000.−
Abgesetzte Stückzahl: 90.000

HK je Stück: $\frac{600.000}{100.000} = 6,-$

Vw+Vt-Kosten: $\frac{180.000}{90.000} = 2,-$
je Stück

SK je Stück   8,−

Hochentwickelte Produktionsprozesse haben die Eigenheit, daß sie in mehreren Stufen ablaufen, an deren Ende jeweils Zwischenerzeugnisse (Halbfabrikate) entstehen. Dabei kommt es zu Lagerbeständen und Bestandsveränderungen. Sie müssen am Jahresende für die Bilanz bewertet werden. Außerdem können sie Ausgangsprodukte für unterschiedliche Endprodukte sein. Auch in diesem Falle wird die Divisionskalkulation über mehrere Stufen durchgeführt. Die Kosten des jeweiligen Fertigungsabschnittes sowie die Menge der jeweils entstehenden Leistungseinheiten können nur mit Hilfe einer entsprechend differenzierten Kostenstellenrechnung erfaßt werden. Die Berechnung kann nach zwei Methoden erfolgen.

Bei der *Fortrechnung* werden zunächst die Gesamtkosten der Produktionsstufe 1 durch die bis dahin hergestellten Leistungsmengen dividiert. Mit diesem Wert liegen die Leistungen auf Zwischenlager bzw. sie gehen sofort in die 2. Produktionsstufe ein. Hier wird der Wert der Einsatzmengen (Stückkosten x verbrauchte Menge) den Kosten der 2. Stufe hinzugefügt und durch die neue Ausbringungsmenge geteilt. Der Wert der letzten Produktionsstufe entspricht dann den Herstellkosten einer Mengeneinheit des Endproduktes:

1. Stufe: $k_1 = \dfrac{K_1}{m_1}$

2. Stufe: $k_2 = \dfrac{k_1 \cdot m_{2/1} + K_2}{m_2}$

$$\vdots \qquad \vdots$$

n. Stufe: $k_n = \dfrac{k_{n-1} \cdot m_{n/n-1} + K_n}{m_n}$ (= Herstellkosten je Stück des Endproduktes)

k_n = Stückkosten der Produktionsstufe n
m_n = hergestellte Menge der Produktionsstufe n
$m_{n/n-1}$ = eingesetzte Menge der Produktionsstufen $n-1$ in Stufe n
K_n = Gesamtkosten der Produktionsstufe n

Rechenbeispiel:

Gesamtkosten der 1. Stufe:	200.000,—	Erzeugnismenge	1. Stufe:	100.000 Stück
Gesamtkosten der 2. Stufe:	100.000,—	Erzeugnismenge	2. Stufe:	40.000 Stück
Gesamtkosten der 3. Stufe:	150.000,—	Erzeugnismenge	3. Stufe:	20.000 Stück
Gesamtkosten	450.000,—	Einsatzmenge	2. Stufe:	90.000 Stück der 1. Stufe
		Einsatzmenge	3. Stufe:	30.000 Stück der 2. Stufe

1. Stufe: $k_1 = \dfrac{200.000}{100.000} = 2,—$

2. Stufe: $k_2 = \dfrac{2 \cdot 90.000 + 100.000}{40.000} = 7,—$ (Restbestand: $10.000 \cdot 2 = 20.000,—$)

3. Stufe: $k_3 = \dfrac{7 \cdot 30.000 + 150.000}{20.000} = 18,—$ (Restbestand: $10.000 \cdot 7 = 70.000,—$)

Herstellkosten je Stück: 18,—

Probe:
$\qquad 20.000 \cdot 18,— \quad = 360.000,—$
$\qquad$ + Restbestand 2. Stufe = 20.000,—
$\qquad$ + Restbestand 3. stufe = 70.000,—

$\qquad$ Gesamtkosten $\quad = 450.000,—$

Die Stückkosten je Produktionsstufe können auch isoliert, d. h. ohne den Kostensatz der Vorstufe, errechnet werden. Die Herstellkosten des Endproduktes ergeben sich dann durch die Addition der Herstellkosten je Stück der letzten Stufe zuzüglich des Mengeneinsatzes der Vorstufe, bewertet mit den Herstellkosten je Stück der Vorstufe. Soweit die Kosten für das Fertigungsmaterial und/oder für die Materialwirtschaft noch nicht berücksichtigt wurden, sind diese ebenfalls zuzurechnen.

1. Stufe: $k_1 = \dfrac{K_1}{m_1}$ Herstellkosten je Stück $= k_1$

2. Stufe: $k_2 = \dfrac{K_2}{m_2}$ Herstellkosten je Stück $= k_2 + k_1 \cdot m_{2/1}$

$$\vdots \qquad \qquad \vdots$$

n. Stufe: $k_n = \dfrac{K_n}{m_n}$ Herstellkosten je Stück $= k_n + k_{n-1} \cdot n_{n/n-1}$

94

Rechenbeispiel:

1. Stufe: $k_1 = 2,-$

	isoliert	+ Mengeneinsatz 1. Stufe	
2. Stufe: $k_2 =$	$\dfrac{100.000}{40.000} = 2,50$	$+\ \dfrac{90.000}{40.000} = 2,25 \cdot 2 = 4,50$	$k_2 = 7,-$
	isoliert	+ Mengeneinsatz 2. Stufe	
3. Stufe: $k_3 =$	$\dfrac{150.000}{20.000} = 7,50$	$+\ \dfrac{30.000}{20.000} = 1,5 \cdot 7 = 10,50$	$k_3 = 18,-$

Herstellkosten je Stück: 18,—

Um die Selbstkosten je Leistungseinheit zu erhalten, müssen dann in einer weiteren Stufe die Verwaltungs- und Vertriebskosten zugerechnet werden:

$$\frac{\text{Selbstkosten}}{\text{je Stück}} : \frac{(k_n \cdot m_n) + \text{Verwaltungs- u. Vertriebskosten}}{m_n}$$

Rechenbeispiel:

Herstellkosten je Stück (k_n)   :   18,—
Verwaltungs- und Vertriebskosten: 90.000,—
Absatzmenge (m_n)   :   18.000 Stück

$$\text{SK je Stück} = \frac{(18 \cdot 18.000) + 90.000}{18.000} = 23,-$$

Fertigt ein Unternehmen mehrere Produkte, die — wie z.B. Ziegelsteine — nach gleichem Produktionsprinzip, jedoch mit unterschiedlichen Materialeinsatzmengen hergestellt werden, so läßt sich die mehrstufige Divisionskalkulation in Form der *Veredelungsrechnung* durchführen. Dabei wird der Materialeinsatz einmalig, bezogen auf das Endprodukt, berechnet. Fertigungs-, Verwaltungs- und Vertriebskosten werden wie bei der Fortrechnung stufenweise ermittelt und überwälzt.

Rechenbeispiel:

	Produkt A	Produkt B	
Materialeinsatzwert:	200.000,—	500.000,—	
Endausbringung:	1.000.000 Stück	1.250.000 Stück	
Hk (o. FM):		3.750.000,—	
Vw- und Vt-Kosten:		7.500.000,—	
SK je Stück:		A	B
	Materialeinsatz	0,20	0,40
	HK	1,67	1,67
	Vw-/Vt-Kosten	3,33	3,33
	S K	5,20	5,40

cc) Äquivalenzziffernkalkulation

Neben den sehr seltenen Einproduktunternehmen trifft man in der Praxis weit häufiger Betriebe an, die mehrere, jedoch in hohem Maße artverwandte Leistungen erbringen. Typische Beispiele hierfür sind Brauereien, Blechwalzwerke, Zementwerke usw. Aufgrund der fertigungstechnischen Ähnlichkeiten zwischen den einzelnen Produkten, die auch als Sorten bezeichnet werden, läßt sich vermuten, daß die von den einzelnen Produkten verursachten Kosten in einer festen Relation zueinander stehen. Da die jeweiligen Sorten unterschiedlich hohe Wertverzehre verursachen können, muß eine besondere Form der Divisionskalkulation, die *Äquivalenzziffernkalkulation* angewendet werden.

kulation angewendet werden.

In einem Mehrproduktunternehmen entstehen zwangsläufig neben Einzel- auch Gemeinkosten. Um dennoch eine Divisionskalkulation zu ermöglichen, muß zunächst mit Hilfe von Gewichtungsfaktoren rechentechnisch eine Einproduktsituation simuliert werden. Auf der Grundlage des Ergebnisses dieser Abrechnungsphase erfolgt dann wiederum eine Umgewichtung auf die verschiedenen Produkte. Als Voraussetzung dazu sind die bestehenden Kostenverhältnisse zwischen den einzelnen Produkten durch statistische Beobachtungen und/oder Messungen festzustellen und in einer Wertigkeitsziffer (Äquivalenzziffer) auszudrücken. Um die Kalkulation auf ein Einheitsprodukt ausrichten zu können, muß aus dem Sortiment ein Erzeugnis ausgewählt und mit der Wertigkeitsziffer 1 versehen werden. Dies kann z.B. das Erzeugnis mit dem höchsten Umsatz oder der größten Herstellmenge sein. Die Kostenanteile der übrigen Leistungen orientieren sich an der Äquivalenzziffer 1 der Bezugssorte. Danach ergeben sich je nach Kostenanteil Gewichtungsziffern größer oder kleiner 1.

Durch die Gewichtung der tatsächlich erzeugten Menge eines Produktes mit seiner Äquivalenzziffer läßt sich, summiert über alle Erzeugnisse, die fiktive Gesamtleistungsmenge des Unternehmens feststellen. Diese Rechnungseinheiten stellen die Bezugsgröße für die Gesamtkosten des Unternehmens dar. Mit Hilfe der einstufigen Divisionskalkulation ergeben sich aus den Gesamtkosten sowie den Rechnungseinheiten die Stückkosten je Rechnungseinheit. Diese entsprechen den Selbstkosten des Einheitsproduktes mit der Äquivalenzziffer 1. Durch Multiplikation der Einheitskosten mit den verschiedenen Äquivalenzziffern erhält man die jeweiligen Stückkosten der einzelnen Produktarten. Die Gesamtkosten je Erzeugnis errechnen sich aus der Multiplikation von Stückkosten mit der effektiven Herstellmenge.

Bei der Ermittlung der Kostenrelationen läßt sich nicht immer ein Produkt mit der Äquivalenzziffer eins ermitteln. Die Äquivalenzziffernkalkulation kann dann ebenfalls nach dem obigen Rechenschema abgewickelt werden, wenn zuvor die Wertigkeitsziffern aller Produkte durch die Äquivalenzziffer des wichtigsten Produktes dividiert werden. Damit erhält das wichtigste Produkt die Ziffer eins.

Außerdem ist es möglich, auch mit einer Äquivalenzziffernreihe ohne eine Wertigkeitsziffer eins zu rechnen. In diesem Falle ergibt die Division der Gesamtkosten durch die Recheneinheiten einen fiktiven Stückkostensatz, der erst durch die Multiplikation mit der Äquivalenzziffer des jeweiligen Produkts zu den effektiven Stückkosten führt.

Rechenbeispiele:

(1) Äquivalenzziffernkalkulation mit Wertigkeitsziffer eins

Ein Unternehmen produziert drei Produkte. Folgende Daten sind bekannt:

Produkte	Äquivalenzziffer	produzierte Menge
A	0,5	16.000
B	1,0	20.000
C	2,0	6.000

Die gesamten Kosten des Unternehmens betragen 2.000.000,—
Wie hoch sind die Stück- und Gesamtkosten je Produkt?

Lösung:

Produkte	ÄZ	Produzierte Mengen	RE	k	K
A	0,5	16.000	8.000	25,—	400.000,—
B	1,0	20.000	20.000	50,—	1.000.000,—
C	2,0	6.000	12.000	100,—	600.000,—
Σ	—	—	40.000	—	2.000.000,—

Nebenrechnung: $\dfrac{2.000.000,-}{40.000} = 50,-$

ÄZ = Äquivalenzziffer
RE = Rechnungseinheit
k = Stückkosten
K = Gesamtkosten je Produkt

(2) Umrechnung der Äquivalenzziffern in eine Reihe mit einer Wertigkeitsziffer eins

Produkte	Äquivalenzziffern
A	0,6 : 1,2 = 0,5
B	1,2 : 1,2 = 1,0
C	2,4 : 1,2 = 2,0

(3) Äquivalenzziffernkalkulation ohne Wertigkeitsziffer eins

Produkte	ÄZ	Produzierte Mengen	RE	k	K
A	0,6	16.000	9.600	$41,6\overline{6} \cdot 0,6 = 25,-$	400.000,—
B	1,2	20.000	24.000	$41,6\overline{6} \cdot 1,2 = 50,-$	1.000.000,—
C	2,4	6.000	14.400	$41,6\overline{6} \cdot 2,4 = 100,-$	600.000,—
Σ	—	—	48.000	—	2.000.000,—

Nebenrechnung: $\dfrac{2.000.000}{48.000} = 41,6\overline{6}$

Die Äquivalenzziffernkalkulation kann analog der Divisionskalkulation ebenfalls als einstufige bzw. mehrstufige Rechnung durchgeführt werden. Liegen keine Bestands-veränderungen vor, so genügt eine Totalrechnung im Sinne des obigen Beispiels. Ent-stehen jedoch Zwischenlager und/oder verändern sich die Bestände an Fertigfabrika-ten, so müssen Äquivalenzziffernrechnungen auf zwei oder mehreren Stufen erfol-gen. Dazu ist es erforderlich, für die jeweilige Abrechnungsstufe eine entsprechende Äquivalenzziffernreihe aufzustellen.

b) Zuschlagskalkulation

Zuschlags- bzw. Verrechnungssatzkalkulationen finden in Mehrproduktunternehmen Awendung. Die Herstellung verschiedenartiger Erzeugnisse führt dazu, daß ein Teil der Kosten gemeinsam verursacht wird. Diese Eigenheit ist bei Einzelfertigungen im Son-dermaschinenbau, Brückenbau usw. gegeben. Jede fertige Leistung hat einen indivi-duellen Charakter, auch wenn gewisse Bestandteile identisch sind. Serien verschie-dener Produkte unterscheiden sich ebenfalls voneinander. Im Unterschied zur Einzel-fertigung entsteht jedoch innerhalb der Serie eine bestimmte Anzahl homogener Pro-dukte. Beiden Fertigungstypen ist gemeinsam, daß jeweils spezielle Produktions-techniken zum Einsatz kommen. Die Sortenfertigung kann als Grenzfall für die Zu-schlagskalkulation angesehen werden. Es entstehen zwar unterschiedliche Pro-dukte jedoch im Rahmen eines weitgehend einheitlichen Herstellungsprozesses. Wie bereits erwähnt, können Sorten auch mit Hilfe der Äquivalenzziffernrechnung kalkuliert werden.

Gegenstand der Zuschlagskalkulation ist die *einzelne Leistungseinheit* bei Einzel-, Serien- oder Sortenproduktion. Es lassen sich aber auch eine *gesamte Serie* oder *Sorte,* ein *Auftrag,* der sich aus unterschiedlichen Leistungen zusammensetzt, sowie *innerbetriebliche Teilleistungen* als Kostenträger mit der Zuschlagskalku-lation abrechnen.

Aufgabe der Zuschlagskalkulation ist es, die Selbstkosten einer Leistung zu er-mitteln, wenn gleichzeitig Einzel- und Gemeinkosten anfallen. Die Einzelkosten werden von *einem* Kostenträger verursacht. Sie lassen sich getrennt für die Bezugs-größe erfassen und können damit direkt im Sinne des Divisionsprinzips zugerechnet werden. Dabei wird unterschieden zwischen den regelmäßig anfallenden Einzelko-sten wie Fertigungslohn und Fertigungsmaterial sowie den nur in Sonderfällen vor-handenen Einzelkosten für bestimmte Werkzeuge, Lizenzen oder Ausgangsfrachten. Soweit letztere je Produkt nachweisbar sind, können sie als Sondereinzelkosten der Fertigung bzw. des Vertriebs erfaßt und verrechnet werden. Dieser Teil der Zu-schlagskalkulation entspricht der Vorgehensweise der Divisionskalkulation, wobei eine Division jedoch jeweils nur innerhalb der einzelnen Produktarten möglich ist. Fallen z. B. für ein Los von 100 Stück 200,— DM Materialkosten an, so beträgt der Materialkostenanteil pro Stück 2,— DM. Sofern der getrennte Ausweis der Sonder-einzelkosten aus wirtschaftlichen Gründen unterbleibt, ist dieser Wertverzehr den Kostenträgern wie Gemeinkosten zuzurechnen.

Die Gemeinkosten entstehen *gleichzeitig* für *mehrere* Kostenträger. Die Anzahl der Produkte kann damit nicht als Verteilungsgröße für die Kosten herangezogen werden, da die Mengen der unterschiedlichen Erzeugnisse nicht addierbar sind.

„Es muß deshalb als Schlüssel ein Merkmal gewählt werden, das allen verschiedenen Artikeln gemeinsam ist und dessen Größe sowohl der Leistungsmenge (insgesamt gesehen, nicht auf die einzelnen Artikel bezogen) als auch der Höhe der zu verteilenden Kosten proportional ist." *(H. Vormbaum, S. 52)* Die Zurechnung ist also nur indirekt mit Hilfe von Verrechnungssätzen möglich. Dazu müssen geeignete Bezugsgrößen gefunden sowie die Gemeinkosten bezüglich dieser Verteilungsbasis eindeutig erfaßt und abgegrenzt werden. Dazu ist eine entsprechend auf- und ausgebaute Kostenstellenrechnung erforderlich. Dieser Behandlung der Gemeinkosten als Zuschlagskosten verdankt die Zuschlagskalkulation ihren Namen. Die wichtigsten Arten dieser Kostenträgerstückrechnung gliedern sich je nach der Anzahl der Zuschlagssätze in summarische und differenzierende Zuschlagskalkulationen.

aa) Summarische Zuschlagskalkulation

Die summarische Zuschlagskalkulation geht davon aus, daß die gesamten Gemeinkosten eines Betriebes auf *eine* Zuschlagsbasis bezogen werden können. Damit erfolgt die Verteilung der Gemeinkosten mit *einem Zuschlagssatz.* Diese Form der Zuschlagsrechnung wird auch als kumulative Zuschlagskalkulation bezeichnet, da die Gemeinkosten zu einer Summe „angehäuft" werden. Als Zuschlagsbasis dient die Gesamtsumme der Einzelkosten. Der Zuschlagssatz wird als Prozentsatz wie folgt berechnet:

$$\text{Zuschlagssatz} = \frac{\text{Gesamtgemeinkosten}}{\text{Gesamteinzelkosten}} \times 100 = \%$$

Daraus ergibt sich folgendes Kalkulationsschema für die Ermittlung der Stückkosten:

(1)   Einzelkosten in DM pro Stück
(2) + Gemeinkosten in % von (1)

(3) = Selbstkosten in DM pro Stück

Rechenbeispiel: Durchführung einer Zuschlagskalkulation für ein Produkt A bei folgenden Angaben:
Fertigungslohn pro Stück   : DM 6,–
Fertigungsmaterial pro Stück : DM 4,–
Gemeinkostenzuschlagssatz 300 %
Summarische Zuschlagskalkulation:
(1)   Einzelkosten   10,–
(2) + Gemeinkosten 300 %   30,–
(3) = Selbstkosten   40,–
Eine Vereinfachung der Zurechnung kann dadurch erreicht werden, daß an Stelle der gesamten Einzelkosten nur der Fertigungslohn oder das Fertigungsmaterial als Zuschlagsbasis verwendet wird. Bei der Auswahl ist dann darauf zu achten, ob es sich um einen lohn- oder materialintensiven Fertigungsprozeß handelt.
Die summarische Zuschlagskalkulation findet in der Praxis nur wenig Anwendung. So kalkulieren z.B. kleinere Handelsunternehmen auf der Basis der Wareneinstandskosten (Einzelkosten) mit einem Handelsspannenzuschlag zur Abdeckung

aller Gemeinkosten und evtl. einschließlich einem Gewinnzuschlag. Für den Industriebetrieb ist diese Kalkulationsform vor allem auch wegen der Bewertungsvorschriften unbrauchbar. Die globale Verrechnung der gesamten Gemeinkosten schließt die Berechnung von Herstellkosten für die Bewertung von Beständen an Halb- und Fertigfabrikaten sowie von aktivierungspflichtigen innerbetrieblichen Leistungen aus.

bb) Differenzierende Zuschlagskalkulation

Bei der differenzierenden Zuschlagskalkulation werden die gesamten Gemeinkosten eines Unternehmens in zwei oder mehrere Teilmengen aufgegliedert. Die Aufspaltung des Gemeinkostenblocks erfolgt aus der Erkenntnis, daß die Zurechnung der gesamten Gemeinkosten auf der Grundlage *einer* Zuschlagsbasis dem Prinzip der Verursachung nur ungenügend entspricht. Die jeweilige Differenzierung wird mit Hilfe einer entsprechend aufgebauten Kostenstellenrechnung erreicht. Sie transformiert die Gemeinkosten aus ihrer sachlichen Gliederung nach Kostenarten in eine funktionale Gruppierung nach Kostenbereichen.

Keine große Bedeutung kommt der Zweiteilung in Betriebsbereich mit der Fertigung und Materialwirtschaft sowie in Unternehmensbereich mit Verwaltung und Vertrieb zu. Eine wesentliche Verbesserung der verursachungsgerechten Zurechnung bringt erst die Unterscheidung nach den vier großen Funktionen Material-, Fertigungs-, Verwaltungs- und Vertriebsbereich und einer entsprechenden Zuordnung der Gemeinkosten. Diese Vierteilung gilt als eine grundlegende Erscheinungsform der differenzierenden Zuschlagskalkulation. Für die jeweiligen Gemeinkostenteilmengen gibt es eindeutig zuordenbare Basiswerte, d. h., steigt (fällt) der Wert der Basis, so nehmen die Gemeinkosten zu (ab). Danach lassen sich folgende Bezugsverhältnisse unterscheiden:

■ *Materialgemeinkosten/Materialeinzelkosten*

Die Materialgemeinkosten umfassen die in der Materialwirtschaft anfallenden Wertverzehre. Dazu zählen die Kosten zur Abwicklung der Einkaufs- und Lagertätigkeiten. Die Höhe dieser Gemeinkosten ist abhängig von Wert und Menge der in der Produktion entstehenden Materialeinzelkosten in Form des Fertigungsmaterials.

Die Summe aus Materialgemeinkosten und Fertigungsmaterial sind die *Materialkosten.*

■ *Fertigungsgemeinkosten/Lohneinzelkosten*

Die im Fertigungsbereich anfallenden Gemeinkosten hängen in ihrer Höhe letztlich von der Zahl der Arbeitsplätze und damit von der Summe des als Einzelkosten nachweisbaren Fertigungslohnes ab. Mit der Veränderung der Arbeitsplätze steigen bzw. fallen die Fertigungsgemeinkosten und die Fertigungslöhne.

Die Summe aus Fertigungsgemeinkosten und Fertigungslohn sind die *Fertigungskosten.*

■ *Verwaltungsgemeinkosten/Herstellkosten der Periode*

Zu den Verwaltungsgemeinkosten zählen die Wertverzehre, die im engeren Sinne durch die kaufmännische Abwicklung des Betriebes entstehen. Hierher gehören vor allem die Geschäftsführung, das Personal- und Rechnungswesen. Da die Verwaltung unternehmens- und nicht produktbezogen ist, entstehen in diesem

Bereich keine Kosten, die als Einzelkosten einem Kostenträger zurechenbar sind. Als Zuschlagsbasis muß daher eine Größe gefunden werden, die außerhalb des Verwaltungsbereiches liegt. Sie muß außerdem produktbezogen sein und in eindeutiger Relation zu den Verwaltungsgemeinkosten stehen. Diese Eigenschaften besitzen die Herstellungskosten der in einer Periode produzierten Erzeugnisse. Diese Herstellkosten der hergestellten Leistungen setzen sich aus den Material- und Fertigungskosten sowie möglicher Sondereinzelkosten der Fertigung zusammen. Steigende Herstellkosten, bedingt durch eine vermehrte Ausbringung, führen zu erhöhten Verwaltungskosten und umgekehrt.

■ *Vertriebsgemeinkosten/Herstellkosten des Umsatzes*
Verrechnungstechnisch gelten für den Vertriebsbereich weitgehend die für die Verwaltung getroffenen Feststellungen. Der Verkauf ist in der Regel sortiments- oder zumindest produktgruppenbezogen, so daß keine für alle Produkte typische und bedeutende Kostenart als Einzelkosten anfällt. Daher werden auch für die Vertriebsgemeinkosten die Herstellkosten als Zuschlagsbasis verwendet, obgleich hier, wie weiter unten noch aufgezeigt wird, nicht immer eine eindeutige Beziehung festgestellt werden kann. Da Vertriebsgemeinkosten nur für Produkte anfallen, die bereits verkauft wurden, ist die Bezugsbasis nicht der gesamte Herstellkostenwert der hergestellten Produkte, sondern nur der Herstellkostenwert der abgesetzten Produkte.[1] In der Praxis können aus Vereinfachungsgründen auch hier die Herstellkosten der hergestellten Leistungen zum Ansatz kommen, da vor allem bei wertmäßig geringen Bestandsveränderungen nur unbedeutende Abweichungen entstehen.

Aufgrund dieser Bezugsverhältnisse lassen sich die auf S. 82 dargestellten Zuschlagssätze bilden. Soweit für Verwaltungs- und Vertriebsgemeinkosten die gleiche Zuschlagsbasis verwendet wird, können beide auch zusammengefaßt und in einem Zuschlagssatz verrechnet werden. Dies ist jedoch aus Bewertungsgründen dann problematisch, wenn es zu größeren Schwankungen bei den Bestandsveränderungen kommt, so daß die Herstellkosten der erzeugten wesentlich von den Herstellkosten der abgesetzten Leistungen abweichen.

Die differenzierende Zuschlagskalkulation läßt sich schematisch wie folgt darstellen:

Material-einzel-kosten	Material-gemein-kosten	Lohn-einzel-kosten	Fertigungs-gemein-kosten	Sonderein-zelkosten Fertigung			
Materialkosten		Fertigungskosten					
Herstellkosten					Verwaltungs-gemein-kosten	Vertriebs-gemein-kosten	Sonderein-zelkosten Vertrieb
Selbskosten							

---

1 Zwischen den Herstellkosten der hergestellten Leistungen und den Herstellkosten der abgesetzten Leistungen besteht folgender Zusammenhang:

Herstellkosten der hergestellten Leistungen
+ Bestandsminderungen
− Bestandsmehrungen
− aktivierte Eigenleistungen
= Herstellkosten der abgesetzten Leistungen

Daraus leitet sich folgendes erweiterte Grundschema für die differenzierte Zuschlagskalkulation ab:

(1)   Fertigungsmaterial in DM pro Stück

(2) + Materialgemeinkosten in % von (1)

(3) + Fertigungslohn in DM pro Stück

(4) + Fertigungsgemeinkosten in % von (3)

---

(5) = Herstellkosten in DM pro Stück

(6) + Verwaltungsgemeinkosten in % von (5)

(7) + Vertriebsgemeinkosten in % von (5)

---

(8) = Selbstkosten in DM pro Stück

Rechenbeispiel: Durchführung einer Zuschlagskalkulation für ein Produkt A bei folgenden Angaben:

		Differenzierende Zuschlagskalkulation:	
Fertigungsmaterial pro Stück	: DM 4,–	*(1)* FM	4,–
Fertigungslohn pro Stück	: DM 6,–	*(2)* + MGK 25 %	1,–
Materialgemeinkostenzuschlagssatz	: 25 %	*(3)* + FL	6,–
Fertigungsgemeinkostenzuschlagssatz	: 200 %	*(4)* + FGK 200 %	12,–
Verwaltungsgemeinkostenzuschlagssatz	: 15 %	*(5)* = HK	23,–
Vertriebsgemeinkostenzuschlagssatz	: 20 %	*(6)* + VwGK 15 %	3,45
		(7) + VtGK 20 %	4,60
		(8) = SK	31,05

Dieses einfache Kalkulationsschema findet in der Praxis nur in kleineren Unternehmen mit relativ einheitlichen Produktionsprogrammen Anwendung. Ein Grund dafür ist die verhältnismäßig grobe Einteilung der Gemeinkosten. Jeder Gemeinkostenblock setzt sich aus einer Vielzahl von Kostenarten mit unterschiedlicher Verursachung zusammen, so daß zu der einheitlichen Zuschlagsbasis jeweils nur eine angenäherte Proportionalität bestehen kann. Die fortschreitende Automatisierung führt außerdem dazu, daß bestimmte Gemeinkosten wie Abschreibungen, Zinsen, Zeitlohn usw. ständig zunehmen. Gleichzeitig bedeuten immer stärkere tarifvertragliche Absicherungen, daß die Bezahlung von Akkordlohn eingeengt wird. Insbesondere im Fertigungsbereich nimmt damit die Relation zwischen Fertigungsgemeinkosten und Fertigungslohn ein ständig ungünstigeres Verhältnis an, d.h. der Fertigungsgemeinkostenzuschlag wird immer höher und relativ ungenauer. Um den Aussagewert des Kalkulationsschemas zu verbessern, wurden folgende Wege beschritten:

■ Erfassung weiterer Wertverzehre als Einzelkosten

■ Aufteilung der Gemeinkostenbereiche nach einzelnen Kostenstellen

■ Aufteilung der Gemeinkosten innerhalb der Kostenstellen auf Kostenplätze.

(1) Der erste Ansatz zur Reduzierung der Gemeinkostensätze besteht darin, neben dem Fertigungslohn und dem Fertigungsmaterial weitere Kostenarten als Einzelkosten nachzuweisen. Diese meist nicht regelmäßig anfallenden Verzehre werden *Sondereinzelkosten* genannt. Sie entstehen vor allem im Fertigungs- und Vertriebsbereich. So können z.B. die Kosten für spezielle Werkzeuge oder Modelle, die nur für ein bestimmtes Produkt Verwendung finden, gesondert

erfaßt und zugerechnet werden. Dies gilt entsprechend für spezielle Verpakkungs- und Versandkosten oder Lizenzgebühren im Vertriebsbereich. Der Nachweis von Sondereinzelkosten findet dort seine Grenze, wo aus wirtschaftlichen und/oder organisatorischen Gründen der zusätzliche Erfassungsaufwand nicht zu vertreten ist. So führt z.B. der getrennte Nachweis des Schraubenverbrauchs zu einer genaueren Verrechnung, gleichzeitig fallen jedoch höhere Erfassungskosten an.

Sondereinzelkosten werden wie die Regeleinzelkosten dem Kostenträger direkt zugerechnet. Das Grundschema der differenzierenden Zuschlagskalkulation erfährt damit eine entsprechende Verlängerung:

(1)   Fertigungsmaterial in DM pro Stück
(2) + Materialgemeinkosten in % von (1)
(3) + Fertigungslohn in DM pro Stück
(4) + Fertigungsgemeinkosten in % von (3)
(5) + Sondereinzelkosten der Fertigung in DM pro Stück

(6) = Herstellkosten in DM pro Stück
(7) + Verwaltungsgemeinkosten in % von (6)
(8) + Vertriebsgemeinkosten in % von (6)
(9) + Sondereinzelkosten des Vertriebs in DM pro Stück

(10)= Selbstkosten in DM pro Stück

(2) Die Ermittlung nur eines Zuschlagsatzes für einen Funktionsbereich führt zu einer starken Nivellierung bei der Verrechnung der Gemeinkosten, wenn die einzelnen Produkte den Bereich unterschiedlich in Anspruch nehmen. Angenommen, ein Unternehmen fertige die Produkte A und B, die im Fertigungsbereich die Kostenstellen Bohrerei, Dreherei, Stanzerei und Montage durchlaufen. In der Dreherei stehen numerisch gesteuerte Präzisionsmaschinen mit hohen Anschaffungswerten. Bohrerei und Stanzerei seien mit durchschnittlichen, konventionellen Maschinen ausgestattet. Das Produkt A wird überwiegend in der Dreherei, das Produkt B dagegen fast ausschließlich in der Bohrerei und Stanzerei bearbeitet. Ist der jeweils entstehende Fertigungslohn in etwa gleich hoch, so tragen bei Verrechnung der Fertigungsgemeinkosten mit einem Zuschlagsatz beide Produkte einen etwa gleich großen Anteil an Gemeinkosten, was der tatsächlichen Verursachung nicht entspricht. Eine genaue Zurechnung gelingt erst, wenn für jede Kostenstelle ein spezieller Zuschlagsatz ermittelt wird, der in unserem Beispiel für die Dreherei über, für die Bohrerei, Stanzerei und Montage jedoch unter dem Einheitssatz für die gesamte Fertigung liegt. Damit lassen sich auf das Produkt A entsprechend der Verursachung mehr Gemeinkosten zurechnen. Für die Berechnung mehrerer Zuschlagsätze in der Produktion müssen die gesamten Fertigungslöhne auf die Kostenstellen aufgeteilt werden. Dies ist auf Grund der vorliegenden Lohnabrechnungsbelege kein Problem.

Die Aufteilung eines Gemeinkostenbereiches in mehrere Kostenstellen mit jeweils eigenen Zuschlagsätzen kann außer in der Fertigung auch im Vertrieb erfolgen. Voraussetzung dazu ist, daß für bestimmte Produkte bzw. Produkt-

gruppen getrennte Verkaufsstellen bestehen. Im Material- und Verwaltungs-
bereich sind produktbezogene Abläufe selten, so daß hier ausschließlich Ein-
heitszuschlagsätze berechnet werden.

Die ständige Beschleunigung des technischen Fortschritts zwingt immer mehr
Unternehmen dazu, die Investitionen in Forschung und Entwicklung zu erhöhen. Die steigende Bedeutung dieses Bereiches kommt meist in einer Aus-
gliederung aus der Produktion und einer organisatorischen Verselbständigung
zum Ausdruck. Die Kalkulation hat sich dieser Entwicklung angepaßt. Die
bisher im Rahmen der Fertigungsgemeinkosten verrechneten Forschungs-
und Entwicklungsgemeinkosten werden getrennt erfaßt und in einem fünften
Gemeinkostenblock neben den Material-, Fertigungs-, Verwaltungs- und Vertriebsgemeinkosten seperat auf der Basis der Herstellkosten der Periode mit
eigenem Prozentsatz zugeschlagen.

Das Grundschema der differenzierten Zuschlagskalkulation erfährt durch die
Anwendung differenzierter Zuschlagssätze für einzelne Gemeinkostenbereiche
eine weitere Verlängerung:

(1)   Fertigungsmaterial in DM pro Stück
(2) + Materialgemeinkosten in % von (1)
(3) + Fertigungslohn der Stelle 1 in DM pro Stück
(4) + Fertigungsgemeinkosten der Stelle 1 in % von (3)
(5) + Fertigungslohn der Stelle 2 in DM pro Stück
(6) + Fertigungsgemeinkosten der Stelle 2 in % von (5)
        ⋮   ⋮
(7) + Fertigungslohn der Stelle n in DM pro Stück
(8) + Fertigungsgemeinkosten der Stelle n in % von (7)
(9) + Sondereinzelkosten der Fertigung in DM pro Stück

(10) = Herstellkosten in DM pro Stück
(11) + Forschungs- und Entwicklungsgemeinkosten in % von (10)
(12) + Verwaltungsgemeinkosten in % von (10)
(13) + Vertriebsgemeinkosten in % von (10)
(14) + Sondereinzelkosten des Vertriebs in DM pro Stück

(15) = Selbstkosten in DM pro Stück

(3)   Die Ausstattung einer Kostenstelle sowie ihre jeweilige Inanspruchnahme durch
      die Produkte kann sehr unterschiedlich sein. So reicht z.B. die Spannbreite der
      vorhandenen Maschinen in einer Bohrerei von kleinen Handbohrmaschinen bis
      hin zu großen Bohrwerken. Die Maschinen werden entsprechend ihrer Lei-
      stungsfähigkeit für bestimmte Produkte bevorzugt eingesetzt. So kommen für
      einen in Serie hergestellten Handstaubsauger nur die kleineren Bohrmaschinen,
      für eine große Absauganlage zur Luftreinigung in einem Chemiewerk jedoch
      auch das Bohrwerk in Frage. Besteht nur ein Zurechnungssatz für die Kosten
      der Bohrerei, so tragen die einzelnen Produkte jeweils auch Gemeinkosten von
      Wirtschaftsgütern, an deren Verzehr sie nicht beteiligt sind. Je größer die Dif-
      ferenz im Anschaffungswert zwischen den Anlagegütern ist, umsomehr kommt

es zu einer ungenauen Zurechnung. Dabei zeigt sich als Tendenz, daß die Erzeugnisse mit den niederen Herstellkosten (Serienfertigung) zu Gunsten der Produkte mit den höheren Herstellkosten (Einzelfertigung) mit relativ zu hohen Gemeinkosten belastet werden. Unternehmen mit Serien- und Einzelfertigung neigen daher dazu, die Serienleistungen vergleichsweise mit zu hohen, die in Einzelfertigung erstellten Leistungen mit zu niedrigen Preisvorstellungen anzubieten. Dies kann zu einer Existenzgefährdung führen, wenn sich der Umsatz mehr und mehr auf die Einzelfertigung verlagert, da der Betrieb sich bei den Serienprodukten, bedingt durch überhöhte Gemeinkostenzurechnung „aus dem Markt kalkuliert".

Die Gefahr einer ungenauen Gemeinkostenverrechnung tritt auf, wenn in einer Kostenstelle eine oder mehrere der nachfolgenden Bedingungen erfüllt sind: (*K.H. Berger,* Sp. 952 f.)

(1) verschiedene Verrichtungen,

(2) verschiedene Tätigkeitsarten,

(3) verschiedene Maschinentypen,

(4) unterschiedliche oder ungleichmäßige sachliche oder zeitliche Inanspruchnahme.

Dann wird es erforderlich, die Kostenstelle in mehrere Kostenplätze aufzuteilen. Kostenplätze können der Arbeitsplatz eines Mitarbeiters bzw. einer Mitarbeitergruppe, die einzelne Maschine bzw. eine relativ einheitliche Maschinengruppe sein. Demgemäß spricht man auch von der *Kostenplatzrechnung, Platzkostenrechnung* bzw. *Maschinenstundensatzrechnung.*

Bei der Verteilung der Gemeinkosten zeigt sich, daß es bezüglich des Kostenplatzes direkt zurechenbare Kosten (Platzeinzelkosten wie Abschreibungen einer Maschine) und nicht direkt zurechenbare Kosten (Platzgemeinkosten wie das Gehalt eines Meisters) gibt. Entsprechend dem Umfang der auf die Kostenplätze verrechneten Kosten lassen sich folgende Möglichkeiten unterscheiden:

(1) es werden sowohl Einzelkosten (z. B. Fertigungslohn) wie Gemeinkosten der Stelle auf die Plätze verteilt;

(2) es werden die gesamten Gemeinkosten der Stelle auf die Plätze verteilt;

(3) es werden nur die direkten Platzkosten verteilt.

Die Praxis rechnet weitgehend nur die direkten Platzkosten zu. Zur Berechnung des Platzkostensatzes werden die Abschreibungen, Zinsen, Instandhaltungs-, Raum-, Energie-, Werkzeugkosten, Betriebsstoffe, Versicherungskosten, Hilfslöhne usw. je Kostenplatz ermittelt. Die Summe dieser Wertverzehre wird dann auf die Arbeitszeit als Zurechnungsbasis bezogen. Dies ist z.B. bei einer Maschine die normale Nutzungs- oder Laufzeit einer Periode. Aus der Relation zwischen der Gesamtsumme der Platzkosten pro Periode und der normalen Nutzungzeit pro Periode ergibt sich ein Kostensatz je Zeiteinheit, der in der Regel ein Stunden- oder Minutensatz ist.

$$\frac{\text{Gesamtsumme Platzkosten pro Periode}}{\text{Normale Nutzungzeit pro Periode}} = \text{Kostensatz je Zeiteinheit}$$

Der Fertigungslohn ist als Zuschlagsbasis wenig geeignet. So fällt z.B. bei Automaten kein Einzellohn an. Außerdem steht ein größerer Teil der Platzkosten in keiner

Proportionalität zum Fertigungslohn. Letztlich besitzen zeitbezogene Verrechnungssätze den Vorteil, daß sie über einen längeren Zeitraum unverändert eingesetzt werden können, da sowohl die wesentlichen Platzkostenwerte wie die Bezugsbasis relativ konstant sind. Platzkostensätze werden bisher vor allem für den Fertigungsbereich berechnet. Aber auch in der Verwaltung (z.B. für die EDV-Anlage) sowie neuerdings im Vertrieb (Ermittlung von Stückkosten auf der Grundlage eines differenzierten Vertriebskostenstellenplans) findet die Platzkostenrechnung zunehmend Anwendung.

Alle den Kostenplätzen nicht direkt zurechenbaren Gemeinkosten einer Stelle (wie z.B. Gehalt des Leiters, der Vorarbeiter bzw. Gruppenführer, Hilfslöhne, Büromaterial usw.) werden als Restgemeinkosten zusammengefaßt. Ihre Weiterverrechnung erfolgt durch einen konventionellen Zuschlagssatz, der für den Fertigungsbereich wie folgt gebildet wird:

$$\frac{\text{Restgemeinkosten der Stelle}}{\text{Fertigungslohn der Stelle}} \cdot 100 = \%$$

Der Restgemeinkostenzuschlagssatz ist wesentlich geringer als der Einheitszuschlagssatz für eine Kostenstelle.

Rechenbeispiel:

Die Ständerbohrmaschine in einer Bohrerei soll mit einem Maschinenstundensatz verrechnet werden. Folgende Daten sind gegeben:

Fertigungslohn der Bohrerei 100.000,—
Gemeinkosten der Bohrerei 88.800,—
davon entfallen auf die Ständerbohrmaschine folgende Kosten pro Jahr:

Kalkulatorische Abschreibungen	10.000,—
kalkulatorische Zinsen	5.000,—
Instandhaltungskosten	4.000,—
Raumkosten	1.300,—
Energiekosten	2.000,—
Werkzeugkosten	3.500,—
Sonstige Kosten	3.000,—
Summe	28.800,—

Die Laufzeit der Maschine beträgt 800 Stunden pro Jahr.
Maschinenstundensatz:

$$\frac{28.800}{800} = \text{DM } 36,-$$

Restfertigungsgemeinkostenzuschlag für die Bohrerei:

$$\frac{88.800 - 28.800}{100.000} \cdot 100 = 60\%$$

Durch die Anwendung der Platzkostenrechnung erfährt das Kalkulationsschema der differenzierenden Zuschlagskalkulation eine weitere Verlängerung:
  (1) Fertigungsmaterial in DM pro Stück
  (2) + Materialgemeinkosten in % von (1)

(3) + Fertigungslohn der Kostenstelle 1 in DM pro Stück

(4) + Restfertigungsgemeinkosten der Stelle 1 in % von (3)

(5) + Platzkosten der Stelle 1 auf Maschinenplatz 1

(6) + Platzkosten 1, 2

$$\vdots \qquad \vdots$$

(7) + Platzkosten 1, n

(8) + Fertigungslohn der Stelle 2 in DM pro Stück

(9) + Restfertigungsgemeinkosten der Stelle 2 in % von (8)

(10) + Platzkosten 2, 1

(11) + Platzkosten 2, 2

$$\vdots \qquad \vdots$$

(12) + Platzkosten 2, n

(13) + Sondereinzelkosten der Fertigung in DM pro Stück

(14) = Herstellkosten in DM pro Stück

(15) + Forschungs- und Entwicklungsgemeinkosten in % von (14)

(16) + Verwaltungsgemeinkosten in % von (14)

(17) + Vertriebsgemeinkosten in % von (14)

(18) + Sondereinzelkosten des Vertriebs in DM pro Stück

(19) = Selbstkosten in DM pro Stück

Rechenbeispiel:

Durchführung einer Zuschlagskalkulation für ein Produkt A bei folgenden Angaben:

Fertigungsmaterial pro Stück DM 4,–

Sondereinzelkosten der Fertigung pro Stück DM –,60

Sondereinzelkosten des Vertriebs pro Stück DM –,80

Materialgemeinkostenzuschlag 25 %

Fertigungslohn Stelle 1 pro Stück DM 2,–

Restfertigungsgemeinkostenzuschlag der Stelle 1: 50 %

Maschinenstundensatz der Stelle 1 für Maschine 1 DM 12,– (Fertigungszeit 6 Minuten)

Maschinenstundensatz 1, 2 DM 36,– (Fertigungszeit 1 Minute)

Fertigungslohn 2 DM 4,–

Restfertigungsgemeinkostenzuschlag der Stelle 2: 60 %

Maschinenstundensatz der Stelle 2 für Maschine 1 DM 12,– (Fertigungszeit 6 Minuten)

Forschungs- und Entwicklungskostenzuschlagssatz 5 %

Verwaltungsgemeinkostenzuschlagssatz 15 %

Vertriebsgemeinkostenzuschlagssatz 20 %

Differenzierende Zuschlagskalkulation mit Hilfe von Maschinenstundensätzen:

FM	4,–	HK		18,–
MGK 25 %	1,–	FEKZ	5 %	–,90
FL 1	2,–	VwGK	15 %	2,70
RFGK 1 50 %	1,–	VtGK	20 %	3,60
MStS 1, 1	1,20	SEK des Vertriebs		–,80
MStS 1, 2	–,60	SK		26,–
FL 2	4,–			
RFGK 2 60 %	2,40			
MStS 2, 1	1,20			
SEK der Fertigung	–,60			
HK	18,–			

107

Aus dem nachfolgenden Schema wird deutlich, daß der Grad der differenzierten Behandlung der Gemeinkosten bei der Zuschlagskalkulation von der Einteilung der Zurechnungsorte abhängt.

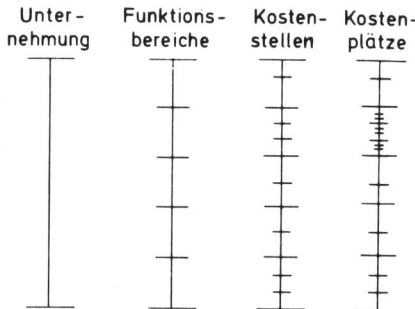

| Unter-
nehmung | Funktions-
bereiche | Kosten-
stellen | Kosten-
plätze |

Abb. 24: Differenzierung der Zurechnungsorte

Danach ergibt sich folgende Zuordnung zwischen Zurechnungsorten und der entsprechenden Art der differenzierten Zuschlagskalkulation (vgl. Abb. 25).

Arten	Einteilung		Zurechnungsorte					Einteilung		Eignung
Zuschlagskalkulation	Summarisch		Unternehmung					Handelsbetriebe		Betriebe
	Differenziert	Zuschlagssätze für Funktionsbereiche	Funktionsbereiche					Einheitliches Programm	Industriebetriebe	
			Materialwirt-schaft	Fertigung	Forschung + Entwicklung	Verwaltung	Vertrieb			
		Zuschlagssätze für Kostenstellen	Kostenstellen					Differenziertes Programm Einheitliches Verfahren		
			Einkauf | Lager | Bohrerei	Dreherei | Mon-tage			Verkauf 1 | Verkauf 2			
		Platzkostensätze	Kostenplätze					Differenziertes Programm Differenzierte Verfahren		
			M₁ M₂ M₃ | M₁ M₂ M₃							

Abb. 25: Arten der Zuschlagskalkulation und ihre Eignung

cc) Zuschlagskalkulation im Handelsbetrieb

Die Besonderheit des Handelsbetriebs gegenüber dem Industriebetrieb ist vor allem darin zu sehen, daß Güter am Beschaffungsmarkt eingekauft werden, um sie ohne wesentliche Zwischenschaltung einer Be- und Verarbeitung am Absatzmarkt zu verkaufen. Zwischen Einkauf und Verkauf können lediglich gewisse Manipulationen wie Reinigen, Sortieren, Abfüllen, Umpacken usw. vorgenommen werden. Die wichtigsten Kosten im Handelsbetrieb sind damit die Einstandskosten, die Beschaffungs- und Lagerkosten, die Manipulations-, die Verwaltungs- sowie die Vertriebskosten. Dabei haben die Einstandskosten sowie der jeweils speziell nachweisbare Teil der Bezugs-, Lager-, Manipulations und Vertriebskosten Einzelkostencharakter und können damit direkt verrechnet werden. Die restlichen Kosten sind nicht direkt zurechenbar und stellen damit Handlungsgemeinkosten dar. Ihre Verrechnung erfolgt mit einem Zuschlagssatz, der wie folgt gebildet wird:

108

$$\text{Zuschlagssatz für Handlungsgemeinkosten} : \frac{\text{Handlungsgemeinkosten in DM}}{\text{Einstandskosten in DM}} \cdot 100 = x\ \%$$

Dadurch ergibt sich das nachfolgende Kalkulationsschema:

Postenfolge		Berechnung
1	Brutto-Zieleinkaufspreis (ohne Mehrwertsteuer)	
2	− Handelsstufenrabatt (in %)	Position 1 = 100 %
3	= Brutto-Zieleinkaufspreis der Handelsstufe	$P_3 = P_1 - P_2$
4	− Einkaufsrabatt (in % oder mengenbezogen)	$P_3 = 100\ \%$ oder absoluter Wert
5	= Netto-Zieleinkaufspreis	$P_5 = P_3 - P_4$
6	− Skonto (in %)	$P_5 = 100\ \%$
7	= Netto-Bareinkaufspreis	$P_7 = P_5 - P_6$
8	+ Besondere Bezugskosten (ohne Mehrwertsteuer)	absoluter Wert
9	= Einstandspreis des Händlers	$P_9 = P_7 + P_8$
10	+ Handlungsgemeinkosten (in %)	$P_9 = 100\ \%$
11	+ Besondere Lagerkosten	absoluter Wert
12	+ Besondere Manipulationskosten	absoluter Wert
13	= Selbstkosten ab Händlerlager	$P_{13} = P_9 + P_{10} + P_{11} + P_{12}$
14	+ Besondere Vertriebskosten (ohne Mehrwertsteuer)	absoluter Wert
15	= Selbstkosten frei Käuferlager	$P_{15} = P_{13} + P_{14}$
16	+ Kalkulat. Gewinnzuschlag (in %)	$P_{15} = 100\ \%$
17	= Netto-Barverkaufspreis	$P_{17} = P_{15} + P_{16}$
18	+ Skonto (in %)/ Verkaufsprovision (in %)	$P_{17} = 100 - x\ \%; P_{19} = 100\ \%$
19	= Netto-Zielverkaufspreis	$P_{19} = P_{17} + P_{18}$
20	+ Verkaufsrabatt (in %)	$P_{19} = 100 - x\ \%; P_{21} = 100\ \%$
21	= Brutto-Zielverkaufspreis (ohne Mehrwertsteuer)	$P_{21} = P_{19} + P_{20}$

Rechenbeispiel:

Ein Einzelhändler kauft 100 elektrische Handbohrmaschinen zum Brutto-Zieleinkaufspreis von DM 300,− je Stück. Er erhält einen Handelsstufenrabatt von 35 % sowie einen Mengenrabatt von 5 %. Außerdem wird ein Skontoabzug von 2 % zugestanden. An Kosten fallen DM 845,50 Besondere Bezugskosten, 20 % Handlungsgemeinkosten, DM 960,− Besondere Lagerkosten, DM 620,− Besondere Manipulationskosten sowie DM 1.220,− Besondere Vertriebskosten an. Der Einzelhändler rechnet mit einem Gewinnzuschlag von 10 %. Seinen Abnehmern räumt er 3 % Skonto sowie einen Rabatt von 22 % ein. Wie hoch ist der Brutto-Zielverkaufspreis für eine Handbohrmaschine?

Lösung:

1		Brutto-Zieleinkaufspreis	30.000,00
2	−	Handelsstufenrabatt	10.500,00
3	=	Brutto-Zieleinkaufspreis der Handelsstufe	19.500,00
4	−	Einkaufsrabatt	975,00
5	=	Netto-Zieleinkaufspreis	18.525,00
6	−	Skonto	370,50
7	=	Netto-Bareinkaufspreis	18.154,50
8	+	Besondere Bezugskosten	845,50
9	=	Einstandspreis des Händlers	19.000,00
10	+	Handlungsgemeinkosten	3.800,00
11	+	Besondere Lagerkosten	960,00
12	+	Besondere Manipulationskosten	620,00
13	=	Selbstkosten ab Händlerlager	24.380,00
14	+	Besondere Vertriebskosten	1.220,00
15	=	Selbstkosten frei Käuferlager	25.600,00
16	+	Kalkulatorischer Gewinn	2.560,00
17	=	Netto-Barverkaufspreis	28.160,00
18	+	Skonto	870,93
19	=	Netto-Zielverkaufspreis	29.030,93
20	+	Rabatt	8.188,21
21	=	Brutto-Zielverkaufspreis	37.219,14

Brutto-Zielverkaufspreis für eine Handbohrmaschine: DM 372,19

Die unterschiedlichen *Arten der Zuschlagskalkulation im Handelsbetrieb* können nach zwei Kriterien differenziert werden.

Bei der Einteilung nach dem *Umfang der Kostenverrechnung* ergeben sich folgende Kalkulationsarten:

− Gesamtkalkulation

− Bezugskalkulation

− Absatzkalkulation

− Differenzkalkulation

− Ausgleichs- oder Kompensationskalkulation.

Die Einteilung nach der *Verrechnungsrichtung* führt zu der Unterscheidung zwischen der

− progressiven Kalkulation und der

− retrograden Kalkulation.

Aus der Kombination beider Einteilungskriterien resultieren folgende wesentliche Kalkulationsarten im Handelsbetrieb:

(1) Progressive Gesamtkalkulation

Die progressive Gesamtkalkulation beginnt beim Brutto-Zieleinkaufspreis (P_1) und endet beim Brutto-Zielverkaufspreis (P_{21}). Sie beantwortet die Fragestellung nach dem möglichen Preis, den der Betrieb am Absatzmarkt fordern sollte.

(2) Retrograde Gesamtkalkulation

Die retrograde Gesamtkalkulation beginnt beim Brutto-Zielverkaufspreis (P_{21}) und verläuft rückwärts bis zum Brutto-Zieleinkaufspreis (P_1). Sie beantwortet die Fragestellung nach dem Preisgebot, das der Betrieb am Bezugsmarkt abgeben kann.

(3) Progressive Bezugskalkulation

Die progressive Bezugskalkulation reicht vom Brutto-Zieleinkaufspreis (P_1) bis zum Einstandspreis des Händlers (P_9). Sie beantwortet die Fragestellung nach der Höhe der Einstandskosten.

(4) Retrograde Bezugskalkulation

Die retrograde Bezugskalkulation beginnt beim Einstandspreis des Händlers (P_9) und endet beim Brutto-Zieleinkaufspreis (P_1). Sie gibt eine Antwort auf die Frage, welches Preisgebot der Betrieb am Beschaffungsmarkt abgeben bzw. akzeptieren kann.

(5) Progressive Absatzkalkulation

Ausgangspunkt der progressiven Absatzkalkulation ist der Einstandspreis des Händlers (P_9), Endpunkt der Brutto-Zielverkaufspreis (P_{21}). Sie gibt eine Antwort auf die Frage, welcher Preis auf dem Absatzmarkt gefordert werden soll.

(6) Retrograde Absatzkalkulation

Ausgangspunkt der retrograden Absatzkalkulation ist der Brutto-Zielverkaufspreis (P_{21}), Endpunkt der Einstandspreis des Händlers (P_9). Sie gibt eine Antwort auf die Frage, welcher Einstandspreis höchstens akzeptiert werden kann.

(7) Differenzkalkulation

Die Differenzkalkulation wird durchgeführt, wenn der Brutto-Zieleinkaufspreis (P_1) wie auch der Brutto-Zielverkaufspreis (P_{21}) für das Unternehmen fest gegeben sind. Ihr Ziel ist die Feststellung, ob alle Kosten gedeckt und darüber hinaus noch ein Gewinn erzielt werden kann.

(8) Ausgleichs-, Kompensations- oder Mischkalkulation

Sofern aus absatzpolitischen Gründen Artikel geführt werden, die zu geringerem Gewinn bzw. zu Verlust führen, wird für eine Artikelgruppe eine Ausgleichs- oder Mischkalkulation durchgeführt.

Im Handelsbetrieb wird die Kalkulation häufig in verkürzter Form mit Hilfe von *Kalkulationskennziffern* durchgeführt. Sie beinhalten neben den Kosten auch einen kalkulatorischen Gewinn. Es sind diese der Kalkulationszuschlag, der Kalkulationsfaktor und die Handelsspanne.

Der *Kalkulationszuschlag* ist ein Prozentwert, der auf den Einstandspreis zugeschlagen wird. Er läßt sich nach folgender Formel berechnen:

Kalkulationszuschlag:

$$\frac{\text{Verkaufspreis} - \text{Einstandspreis}}{\text{Einstandspreis}} \cdot 100 = x\,\% \qquad \text{oder} \qquad \frac{\text{Rohertrag}}{\text{Einstandspreis}} \cdot 100 = x\,\%$$

Der *Kalkulationsfaktor* ist ein Dezimalwert mit vergleichbarer Aussage wie der Kalkulationszuschlag. Er wird nach folgender Formel berechnet:

$$\text{Kalkulationsfaktor:} \quad \frac{\text{Verkaufspreis}}{\text{Einstandspreis}} = X$$

Die *Handelsspanne* ist ein Prozentwert, der auf den Verkaufspreis bezogen ist. Sie läßt sich nach folgender Formel berechnen:

Handelsspanne:

$$\frac{\text{Verkaufspreis} - \text{Einstandspreis}}{\text{Verkaufspreis}} \cdot 100 = x \text{ \%} \qquad \text{oder} \qquad \frac{\text{Rohertrag}}{\text{Verkaufspreis}} \cdot 100 = x \text{ \%}$$

dd) Differenzierte Prozentberechnungen in der Zuschlagskalkulation

Die Zuschlagskalkulation kann zum Zwecke der Preisfindung in progressiver Form bis zu einem Brutto-Zielverkaufspreis bzw. in retrograder Form bis zu einem Brutto-Zieleinkaufspreis durchgeführt werden. Dabei kommt es dann zu drei Arten von Prozentberechnungen:

(1) Im-Hundert-Rechnung

Die Im-Hundert-Rechnung ist anzuwenden, wenn als Berechnungsbasis der um den gesuchten Wert *verminderte* Wert (100 % − x %) gegeben ist.

Beispiel:

gesucht: Netto-Zielverkaufspreis in DM, Skonto in DM
gegeben: Netto-Barverkaufspreis (DM 28.160,−), Skonto (3 %)

$$\text{Netto-Zielverkaufspreis} \quad = \frac{28.160 \cdot 100}{100 - 3} = 29.030,93$$

$$\text{Skonto} \quad = \frac{28.160 \cdot 3}{100 - 3} = 870,93$$

(2) Vom-Hundert-Rechnung

Die Vom-Hundert-Rechnung ist die normale Form der Prozentrechnung, die immer dann durchgeführt wird, wenn als Berechnungsbasis der *erforderliche* Wert (100 %) gegeben ist.

Beispiel:

gesucht: Selbstkosten in DM, Handlungsgemeinkosten in DM
gegeben: Einstandspreis (DM 19.000,−), Handlungsgemeinkosten
zuschlag (20 %)

$$\text{Selbstkosten} \quad = \frac{19.000 \cdot 120}{100} \quad = 22.800,- \qquad \text{(ohne Lager- und Manipulationskosten)}$$

$$\text{Handlungsge-} \atop \text{meinkosten} \quad = \frac{19.000 \cdot 20}{100} \quad = 3.800,-$$

(3) Auf-Hundert-Rechnung

Die Auf-Hundert-Rechnung ist anzuwenden, wenn als Berechnungsbasis der um den gesuchten Wert *vermehrte* Wert (100 % + x %) gegeben ist.

Beispiel:

gesucht: Selbstkosten in DM, Gewinn in DM
gegeben: Netto-Barverkaufspreis (DM 28.160), Gewinnzuschlag
(10 %)

$$\text{Selbstkosten} = \frac{28.160 \cdot 100}{100 + 10} = 25.600,-$$

$$\text{Gewinn} = \frac{28.160 \cdot 10}{100 + 10} = 2.560,-$$

c) Kuppelkalkulation

Kuppelprodukte stellen eine produktionstechnische Besonderheit dar. Natürliche oder technische Bedingungen führen dazu, daß bei einem einheitlichen Fertigungsprozeß gleichzeitig zwei oder mehrere Leistungen entstehen. Beispiele für eine solche verbundene Produktion, bei der neben dem Hauptprodukt zwangsläufig weitere Haupt- oder Nebenprodukte anfallen, finden sich in der chemischen Industrie, der Porzellan- und Stahlindustrie, in Gaswerken, Raffinierien, Sägewerken usw. So entstehen bei der Herstellung von Gas gleichzeitig Koks und Teer, bei der Herstellung von Benzin leichtes Heizöl usw.

Die herkömmlichen Verfahren der Divisions- bzw. Zuschlagskalkulation gehen davon aus, daß die jeweiligen Leistungen getrennt voneinander, d.h. in unverbundener Produktion erstellt werden. Es besteht also die Möglichkeit, ein Produkt aufzugeben, ohne daß dadurch die Fertigung eines anderen Produktes beeinträchtigt wird. Auf diesem Tatbestand beruht die verursachungsgemäße Zurechnung der Einzelkosten und Gemeinkosten, wobei letztere deshalb entstehen, weil bestimmte Arbeitsgänge aus organisatorischen oder wirtschaftlichen Gründen zusammengefaßt sind.

Bei der Herstellung von Kuppelprodukten fallen dagegen ausschließlich Gemeinkosten an, die technisch bedingt und damit unvermeidbar sind. Einzelkosten können frühestens nach der Entstehung der Kuppelprodukte z.B. in Form von nachträglichen Be- und Verarbeitungskosten bzw. Vertriebskosten entstehen. Da die Zurechnung der Einzelkosten unproblematisch ist, geht es bei den verschiedenen Verfahren der Kuppelkalkulation darum, die Verbundkosten auf die einzelnen Produkte zu verteilen. In der Praxis haben sich im wesentlichen das Restwertverfahren und das Verteilungsverfahren durchgesetzt.

aa) *Restwertverfahren*

Das Restwertverfahren geht davon aus, daß man die Kuppelprodukte in ein Haupt- sowie in ein oder mehrere Nebenprodukte einteilen kann. Die für die Nebenprodukte erzielbaren Verkaufserlöse werden von den gesamten Kosten abgesetzt (Subtraktionsmethode) bzw. die für die Beseitigung nicht verwertbarer Nebenprodukte entstehenden Kosten den gesamten Kosten hinzugefügt (Additionsmethode). Die

Selbstkosten für eine Einheit des Hauptproduktes ergeben sich dann nach dem Divisionsverfahren. Dazu werden die Restkosten einschließlich eventueller Weiterverarbeitungskosten durch die Erzeugungsmenge des Hauptproduktes dividiert:

Verbundene Gesamtkosten

./. Erlöse der Nebenprodukte

+ Verwertungskosten der Nebenprodukte

= Restkosten

+ Weiterverarbeitungskosten für Hauptprodukt

= Gesamtkosten für Hauptprodukt

$$\text{Selbstkosten pro Stück} = \frac{\text{Gesamtkosten für Hauptprodukt}}{\text{Menge Hauptprodukt}}$$

bb) Verteilungsverfahren

Kann bei der Kuppelproduktion nicht eindeutig zwischen Haupt- und Nebenprodukt unterschieden werden, so findet das Verteilungsverfahren Anwendung. Die gemeinsamen Kosten der Kuppelprodukte werden auf der Grundlage von Schlüsseln aufgeteilt. Als Hilfsgrößen können dafür die Erlöse, Erzeugnismengen, mit technischen Eigenschaften gewichtete Mengen, Grenzkosten usw. dienen. Die Stückkosten lassen sich dann nach dem Prinzip der Divisionskalkulation ermitteln.

Rechenbeispiel:

Es sind die Stückkosten der Kuppelprodukte A, B und C zu berechnen, wenn die Erlöse je Produkt sowie die Gesamtkosten für die drei Produkte bekannt sind. Als Verteilungsschlüssel sollen die Erlöse dienen.

Produkte	Erlöse	Schlüssel	Produktkosten	Produzierte Mengen	Stückkosten
A	400.000,–	8	320.000,–	4.000	80,–
B	250.000,–	5	200.000,–	5.000	40,–
C	100.000,–	2	80.000,–	8.000	10,–
Σ	750.000,–	15	600.000,–	–	–

Mit den traditionellen Verfahren der Kuppelkalkulation gelingt keine befriedigende Kostenzurechnung, da bei der Restwert- wie bei der Verteilungsmethode die Basis der Kostenzurechnung keine ausreichende Proportionalität zu den zu verteilenden Kosten besitzt. *P. Riebel* schlägt daher vor, auf eine Aufteilung der verbundenen Kosten zu verzichten und statt dessen auf eine Gesamtbetrachtung bzw. auf die relevanten Kosten- und Erlösdifferenzen sowie auf die Engpässe abzustellen (*P. Riebel*, II, Sp. 999). In diesem Zusammenhang gewinnt die Anwendung der Deckungsbeitragsrechnung mit relativen Einzelkosten besondere Bedeutung (vgl. S. 209 ff.).

B. Kostenträgerzeitrechnung (Betriebsergebnisrechnung)

Im Gegensatz zur Kostenträgerstückrechnung, die auf das einzelne Produkt orientiert ist, steht bei der Kostenträgerzeitrechnung der gesamte Betriebsprozeß in seiner jeweiligen Zusammensetzung im Mittelpunkt der Betrachtung. In marktwirtschaftlichen Systemen kann ein Unternehmen auf Dauer nur existieren, wenn der Wert der erzielten Leistungen mindestens die entstandenen Kosten deckt. Der Zugriff auf die Ressourcen an knappen Produktionsfaktoren wird damit den Betrieben verwehrt, die aus den eingesetzten Produktionsfaktoren auf Dauer Leistungen hervorbringen, die nach der Einschätzung durch die Abnehmer einen geringeren Wert aufweisen als die angefallenen Wertverzehre. Die Ermittlung des Betriebsergebnisses ist damit von existentieller Bedeutung. Es ermöglicht eine Aussage über die Wirtschaftlichkeit des Leistungserstellungs- und -verwertungsprozesses, die jedoch um so vorsichtiger zu beurteilen ist, je größer der Einfluß eines Unternehmens auf die Preisbildung am Markt ist. So kann z.B. ein Monopolist trotz geringer Wirtschaftlichkeit ein vergleichsweise hohes, ein Unternehmen, das in scharfem Wettbewerb steht dagegen trotz hoher Wirtschaftlichkeit nur ein vergleichsweise niedriges Betriebsergebnis erzielen.

Betriebsergebnisse dienen in Form von Istwerten der vergangenheitsbezogenen Kontrolle und in Form von Sollwerten der zukunftsbezogenen Vorschau und stellen somit die Grundlage für die Erfolgssteuerung dar. Dabei ist zu beachten, daß sowohl ein Gesamtbetriebsergebnis für das umfassende Produktionsprogramm wie auch Teilbetriebsergebnisse für einzelne Produktarten bzw. Produktgruppen berechnet werden können. Die von letzteren erzielten Einzelergebnisse bestimmen zusammen das Gesamtergebnis, wobei ein positives (negatives) Gesamtergebnis ein oder mehrere negative (positive) Teilergebnisse überdecken kann.

Zur Ermittlung des durch die Erstellung und Verwertung der Kostenträger in einer Abrechnungsperiode erwirtschafteten Erfolges werden jeweils die insgesamt anfallenden Kosten den erzielten Leistungen gegenübergestellt. Die Differenz zwischen den beiden Größen kann zu folgenden Betriebsergebnissen führen:

(1) Kosten < Leistungen = positives Betriebsergebnis (Betriebsgewinn),
(2) Kosten = Leistungen = Betriebsergebnis Null (ausgeglichenes Betriebsergebnis),
(3) Kosten > Leistungen = negatives Betriebsergebnis (Betriebsverlust).

Das Betriebsergebnis ist gleichzeitig ein Teil des Unternehmensergebnisses. Es bildet zusammen mit dem neutralen Ergebnis das Gesamtergebnis des Unternehmens. Letzteres dient, bezogen auf den Kapitaleinsatz, vor allem zur Ermittlung der Rentabilität des Unternehmens. Unternehmensergebnis und Rentabilität sind Kategorien der Finanzbuchhaltung.

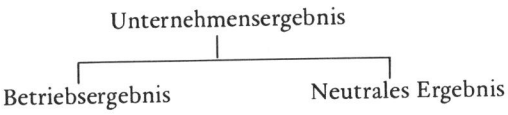

So wie die Kostenartenrechnung als erste Stufe der Kostenrechnung durch die Abgrenzung von Kosten zu neutralem Aufwand mit der Finanzbuchhaltung in Verbindung steht, so kann auch die Betriebsergebnisrechnung als Schlußteil der

Kostenrechnung nur unter Verwendung von Daten aus der Finanzbuchhaltung durchgeführt werden. Dies gilt für die Werte der verkauften Leistungen in Form von Erlösen wie für die Bestandsveränderungen der nicht verkauften Halb- und Fertigfabrikate, die jeweils aus Konten der Finanzbuchhaltung entnommen werden.

Die Abwicklung der Betriebsergebnisrechnung wird im wesentlichen durch die Fristen sowie durch die Verfahren zur Ermittlung des Betriebsergebnisses bestimmt.

1. Gliederung nach der Fristigkeit

Bei der Gliederung nach der Fristigkeit geht es darum, wie oft das Betriebsergebnis innerhalb eines Jahres berechnet wird. Dabei unterscheidet man zwischen der einmaligen (Jahresergebnisrechnung) und der mehrmaligen (kurzfristige Erfolgsrechnung) Betriebsergebnisrechnung.

a) Jahresergebnisrechnung

Aus gesetzlichen Gründen muß das Unternehmensergebnis mindestens einmal und zwar zum Ende eines Geschäftsjahres festgestellt werden. Dabei fällt auch das Betriebsergebnis an. Auf Grund des langen Zeitraums und der daraus resultierenden späten Verfügbarkeit hat es weitgehend nur dokumentarischen Charakter als Information für Außenstehende.

b) Kurzfristige Erfolgsrechnung

Im Gegensatz zum Jahresergebnis wird die kurzfristige Erfolgsrechnung je nach Bedarf halbjährlich, quartalsmäßig, monatlich, wöchentlich oder auch täglich durchgeführt. Je häufiger das Betriebsergebnis ermittelt wird, um so mehr gewinnt es neben seiner Kontroll- auch eine Steuerungsfunktion. Die kurzfristige Erfolgsrechnung hat damit instrumentellen Charakter zur Information der Führungskräfte. Dabei ist zu beachten, daß sich die zunehmende Verkürzung der Fristen auch auf den Ansatz einzelner Positionen auswirkt. So genügt es z.B. nur noch die variablen Kosten zu erfassen und die fixen Kosten außer Ansatz zu lassen, da diese sich kurzfristig nicht verändern. Für kurze Perioden können außerdem bestimmte Werte wie z.B. die Bestandsveränderungen nur geschätzt werden. Es ergeben sich damit keine absolut genauen Nettoergebnisse. Die Bedeutung der kurzfristigen Erfolgsrechnung liegt vielmehr in der möglichst einfachen, schnellen Ermittlung von Bruttoergebnissen. Sie gewinnen ihre Aussagefähigkeit vor allem im Vergleich der relativen Veränderungen zwischen den Perioden.

2. Gliederung nach den Verfahren

Verfahrenstechnisch kann das Betriebsergebnis nach dem Gesamtkostenverfahren bzw. nach dem Umsatzkostenverfahren ermittelt werden. Sie führen jeweils zum gleichen Ergebnis, unterscheiden sich jedoch dadurch voneinander, daß sie von unterschiedlichen Vergleichsgrößen ausgehen. Beide Verfahren können kontenmäßig bzw. statistisch dargestellt werden.

a) Gesamtkostenverfahren

Dieses Verfahren basiert auf den *gesamten Kosten* einer Periode, denen die *entsprechenden Leistungen* gegenüber gestellt werden. Die Kosten können dabei als Kostenarten aus der Klasse 4 übernommen oder, sofern eine Kostenstellenrechnung vorliegt, als Herstellkosten der hergestellten Leistungen, Verwaltungs- und Vertriebsgemeinkosten sowie als Sondereinzelkosten des Vertriebs eingesetzt werden. Diesen betrieblichen Wertverzehren müssen die entsprechenden Leistungen zugeordnet werden. Es sind dies die verkauften Produkte in Form von Erlösen. Liegen jedoch Bestandsveränderungen vor, muß die Leistungsseite um den Wert der Lagerzugänge erhöht bzw. um den Wert der Lagerabgänge vermindert werden. Die Bestände sind dabei zu Herstell- bzw. Herstellungskosten zu bewerten. Entstehen während der Periode aktivierungspflichtige innerbetriebliche Leistungen, so sind diese ebenfalls auf der Leistungsseite mit ihrem Herstellkostenwert anzusetzen. Damit entsprechen sich inhaltlich die Kosten- und Leistungsseite und der Saldo zwischen beiden ergibt das Betriebsergebnis.

aa) *Kontenmäßige Darstellung*

Bei der kontenmäßigen Darstellung des Gesamtkostenverfahrens werden aus rechentechnischen Gründen — auf beiden Kontenseiten sollen nur Additionen erfolgen — nur die Bestandsmehrungen auf der Leistungsseite hinzugefügt, deren Wert in den Kosten der hergestellten Produkte enthalten ist. Die Bestandsminderungen erhöhen dagegen die Kostenseite, da die vom Lager verkauften Produkte zu Erlösen führen, denen jedoch keine Herstellkosten aus dieser Periode gegenüberstehen. Es kann auch ein Saldo zwischen Bestandsmehrungen und Bestandsminderungen gebildet werden. Ist die Mehrung höher (niedriger) als die Minderung, so wird der Saldo der Leistungsseite (Kostenseite) hinzugefügt[1].

Zu beachten ist, daß Bestandsmehrungen wie Bestandsminderungen für fertige wie für unfertige Produkte entstehen können. In der laufenden Periode fallen für die Minderungen Verwaltungs- und Vertriebsgemeinkosten sowie bei unfertigen Produkten zusätzlich Material- und/oder Fertigungskosten an. Diese Wertverzehre gehen in die jeweiligen Verrechnungssätze ein. Die für Bestandsmehrungen angefallenen Verwaltungsgemeinkosten können der laufenden Periode angelastet oder aber in den Herstellkosten aktiviert werden. Vertriebsgemeinkosten sind für die Bestandsmehrungen nicht entstanden. Die für die Bestandsmehrungen gemachten Ausführungen gelten für die aktivierten Eigenleistungen entsprechend.

---

1 Rechnerisch lassen sich die Bestandsveränderungen und aktivierten Eigenleistungen generell wie folgt behandeln:

Verrechnung auf der Kostenseite   : + Bestandsminderungen
                                        − Bestandsmehrungen
                                        − aktivierte Eigenleistungen
Verrechnung auf der Leistungsseite : − Bestandsminderungen
                                        + Bestandsmehrungen
                                        + aktivierte Eigenleistungen

Betriebsergebnis
(Gesamtkostenverfahren)

Kosten der Periode Bestandsminderungen (Gewinn)	Erlöse Bestandsmehrungen Aktivierte Eigenleistungen (Verlust)

oder

Betriebsergebnis
(Gesamtkostenverfahren)

Herstellkosten der hergestellten Leistungen Verwaltungsgemeinkosten Vertriebsgemeinkosten Sondereinzelkosten des Vertriebs Bestandsminderungen (Gewinn)	Erlöse Bestandsmehrungen Aktivierte Eigenleistungen (Verlust)

bb) Statistische Darstellung

Die statistische Darstellung des Gesamtkostenverfahrens erfolgt in *Staffelform* auf *retrogradem* Wege, d.h. ausgehend von den Erlösen werden die gesamten Kosten der Periode von der entsprechenden Betriebsleistung abgesetzt.

    Erlöse
+ Bestandsmehrungen
./. Bestandsminderungen
+ aktivierte Eigenleistungen

= Betriebsleistung
./. Gesamtkosten der Periode

= Betriebsergebnis

cc) Beurteilung

Der *Vorteil* des Gesamtkostenverfahrens liegt in seiner rechnerischen Einfachheit. Diese ergibt sich im wesentlichen durch die konsequente Einfügung in das Kontensystem der Finanzbuchhaltung sowie aus seinem Aufbau, der grundsätzlich der Gliederung der Jahresergebnisrechnung nach handelsrechtlicher Vorschrift entspricht. Eine Kostenstellen- und Kostenträgerrechnung ist nicht unbedingt erforderlich, da die Kosten aus der Artenrechnung übernommen werden können. Bei Bestandsänderungen fehlt dann jedoch die Möglichkeit zur Ermittlung der Herstellkosten. Als entscheidender *Nachteil* muß die fehlende Aussagefähigkeit bezüglich des Erfolgsbeitrags einzelner Produkte bzw. Produktgruppen angesehen werden. Da die Kosten nicht nach Kostenträgern bzw. Kostenträgergruppen aufgeteilt vorliegen, läßt sich nur der Gesamterfolg berechnen. Dieser stellt einen *Produktionserfolg* dar, da neben den Verkaufserlösen auch die Bestandsänderungen und aktivierten Eigenleistungen, bewertet zu Herstellkosten und nicht zu Marktpreisen, ausgewiesen werden. Außerdem ist bei kurzfristiger Erfolgsrechnung jeweils zusätzlich eine Inventur erforderlich.

Rechenbeispiel:

Ermitteln Sie das Betriebsergebnis nach dem Gesamtkostenverfahren, wenn für das abgelaufene Geschäftsjahr folgende Werte gegeben sind:

Erlöse (E):	7.440.000,–
Bestandsmehrungen (BME):	55.000,–
Bestandsminderungen (BMI):	80.000,–
Aktivierte Eigenleistungen (AEL):	5.000,–
Gesamtkosten der Periode (KP):	6.335.000,–
davon: Herstellkosten der hergestellten	
Leistungen (HKhL)	4.830.000,–
Verwaltungsgemeinkosten (VwGK):	670.000,–
Vertriebsgemeinkosten (VtGK):	820.000,–
Sondereinzelkosten des Vertriebs (SEKV):	15.000,–

Kontenmäßige Darstellung:

Betriebsergebnis
(Gesamtkostenverfahren)

KP	6.335.000,–	E	7.440.000,–
BMI	80.000,–	BME	55.000,–
Gewinn	1.085.000,–	AEL	5.000,–
	7.500.000,–		7.500.000,–

oder

Betriebsergebnis
(Gesamtkostenverfahren)

HKhL	4.830.000,–	E	7.440.000,–
VwGK	670.000,–	BME	55.000,–
VtGK	820.000,–	AEL	5.000,–
SEKV	15.000,–		
BMI	80.000,–		
Gewinn	1.085.000,–		
	7.500.000,–		7.500.000,–

Statistische Darstellung in Staffelform:

E		7.440.000,–
BME	+	55.000,–
BMI	./.	80.000,–
AEL	+	5.000,–
Betriebsleitung	=	7.420.000,–
KP	./.	6.335.000,–
Betriebsergebnis	=	+ 1.085.000,–

b) Umsatzkostenverfahren

Das Umsatzkostenverfahren geht vom *Umsatz* einer Periode aus. Durch Gegenüberstellung der entsprechenden Kosten wird das Betriebsergebnis ermittelt. Der Umsatz schlägt sich in den Erlösen der verkauften Produkte nieder. Die der Leistungsseite vergleichbaren Wertverzehre sind die Herstellkosten der abgesetzten Leistungen, die Verwaltungs- und Vertriebsgemeinkosten sowie die Sondereinzelkosten des Vertriebs. Da die angesetzten Kosten den Absatzleistungen entsprechen, können bei einer Aufteilung auf die einzelnen Kostenträger bzw. Kostenträgergruppen neben dem Gesamterfolg auch die einzelnen Artikelerfolge ermittelt werden. Die Summe der Teilergebnisse führt ebenfalls zum Gesamtergebnis. Zur Durchführung des Umsatzkostenverfahrens sind Kostenträgerkonten (Klasse 6) erforderlich, auf denen die Herstellkosten der abgesetzten Leistungen erfaßt werden.

aa) *Kontenmäßige Darstellung*

Betriebsergebnis
(Umsatzkostenverfahren)

Kosten des Umsatzes (Gewinn)	Erlöse (Verlust)

oder

Betriebsergebnis
(Umsatzkostenverfahren)

Herstellkosten der abgesetzten Leistungen Verwaltungsgemeinkosten Vertriebsgemeinkosten Sondereinzelkosten des Vertriebs (Gewinn)	Erlöse (Verlust)

Herstellkosten der abgesetzten Produkte A	Erlöse von Produkt A
Anteilige Verwaltungs-gemeinkosten	(Verlust)
Anteilige Vertriebs-gemeinkosten	
Sondereinzelkosten des Vertriebs von Produkt A	
(Gewinn)	

bb) Statistische Darstellung

Statistisch lassen sich das gesamte Betriebsergebnis bzw. die Teilergebnisse nach dem Umsatzkostenverfahren wie folgt ermitteln.

Gesamtbetriebsergebnis:
   Erlöse
./. Herstellkosten der abgesetzten
    Leistungen
./. Verwaltungsgemeinkosten
./. Vertriebsgemeinkosten
./. Sondereinzelkosten des Vertriebs

= Betriebsergebnis

Teilergebnis für Produkt A:
   Erlöse für Produkt A
./. Selbstkosten für Produkt A

= Gewinn/Verlust für Produkt A

cc) Beurteilung

Der wesentliche *Vorteil* des Umsatzkostenverfahrens ist darin zu sehen, daß neben dem Gesamterfolg vor allem Teilergebnisse pro Artikel bzw. Artikelgruppe berechnet werden können, die eine Beurteilung der einzelnen Kostenträger bezüglich ihres Erfolgsbeitrages ermöglichen. Außerdem sind bei kurzfristiger Erfolgsermittlung keine Inventuren erforderlich. Das Ergebnis nach dem Umsatzkostenverfahren stellt einen *Absatzerfolg* dar, da nur die verkauften, erfolgswirksamen Leistungen zum Ansatz kommen.

Als *Nachteil* muß der relativ aufwendige und komplizierte Rechenprozeß gesehen werden. Es ist eine Kostenstellen- und Kostenträgerstückrechnung zur differenzierten Ermittlung der Kostenträgerkosten erforderlich. Außerdem stimmt die Kostengliederung des Umsatzkostenverfahrens mit den Vorschriften für die Ergebnisermittlung in der Finanzbuchhaltung nicht überein.

Rechenbeispiel:

Ermitteln Sie das Betriebsergebnis des Unternehmens sowie für das Produkt A, wenn für das abgelaufene Geschäftsjahr folgende Werte gegeben sind:

Angaben	Gesamtbetrieb	Produkt A
Erlöse (E)	7.440.000,–	2.202.000,–
Herstellkosten der abgesetzten Leistungen (HKaL)	4.850.000,–	1.730.000,–
Verwaltungsgemeinkosten (VwGK)	670.000,–	225.000,–
Vertriebsgemeinkosten (VtGK)	820.000,–	400.000,–
Sondereinzelkosten des Vertriebs (SEKV)	15.000,–	7.000,–

Kontenmäßige Darstellung:

Betriebsergebnis
(Umsatzkostenverfahren)

Kosten des Umsatzes	6.355.000,–	E	7.440.000,–
Gewinn	1.085.000,–		
	7.440.000,–		7.440.000,–

Teilergebnis für Produkt A

$HKaL_A$	1.730.000,–	E_A	2.202.000,–
ant. $VwGK_A$	225.000,–	$Verlust_A$	160.000,–
ant. $VtGk_A$	400.000,–		
$SEKV_A$	7.000,–		
	2.362.000,–		2.362.000,–

Statistische Darstellung in Staffelform:

Gesamtbetriebsergebnis:

E		7.440.000,–
HKaL	./.	4.850.000,–
VwGK	./.	670.000,–
VtGK	./.	820.000,–
SEKV	./.	15.000,–
Betriebsergebnis	=	+ 1.085.000,–

Teilergebnis für Produkt A:

E_A		2.202.000,–
$Selbstkosten_A$	./.	2.362.000,–
$Verlust_A$	=	– 160.000,–

122

c) Kalkulatorisches Umsatzergebnis

Die kalkulatorische Ermittlung des Umsatzergebnisses stellt eine besondere Variante der Berechnung des Betriebsergebnisses dar.
Sie erfolgt unter Verwendung der in der Vorkalkulation zum Ansatz kommenden Normal- bzw. Sollverrechnungssätze. Sie berücksichtigt also neben den tatsächlich angefallenen Einzelkosten die verrechneten Gemeinkosten einer Periode. Das Umsatzergebnis ergibt sich als Differenz zwischen den vorkalkulierten Selbstkosten des Umsatzes und den effektiven Erlösen. Eine Saldierung des Umsatzergebnisses mit der im Betriebsabrechnungsbogen ausgewiesenen Über-/Unterdeckung führt dann zum tatsächlichen Betriebsergebnis.
Die kalkulatorische Ergebnisermittlung wird nach folgendem Schema durchgeführt:

    Fertigungslohn
+   Verrechnete Fertigungsgemeinkosten
+   Fertigungsmaterial
+   Verrechnete Materialgemeinkosten
+   Sondereinzelkosten der Fertigung
───
=   Verrechnete Herstellkosten der hergestellten Leistungen
+   Bestandsminderungen
−   Bestandsmehrungen
−   Aktivierte Eigenleistungen
───
=   Verrechnete Herstellkosten der abgesetzten Leistungen
+   Verrechnete Verwaltungsgemeinkosten
+   Verrechnete Vertriebsgemeinkosten
+   Sondereinzelkosten des Vertriebs
───
=   Verrechnete Selbstkosten des Umsatzes

    Nettoerlöse
−   Verrechnete Selbstkosten des Umsatzes
───
=   Kalkulatorisches Umsatzergebnis
±   Über-/Unterdeckung aus BAB
───
=   Betriebsergebnis

Die kalkulatorische Ermittlung des Ergebnisses ist für das Gesamtergebnis wie für Teilergebnisse möglich. Ihr *Vorteil* liegt einmal darin, daß das Umsatzergebnis unmittelbar nach Abschluß einer Periode berechnet werden kann, ohne daß der Betriebsabrechnunsbogen bereits erstellt sein muß. Außerdem ermöglicht der Vergleich des unter Berücksichtigung der Über-/Unterdeckung ermittelten Betriebsergebnisses mit den Ergebnissen mittels der üblichen Berechnungsverfahren eine abschließende Kontrolle des Kostendurchlaufs in der Kostenrechnung.

Rechenbeispiel:

Ermitteln Sie das Betriebsergebnis auf der Grundlage des kalkulatorischen Umsatzergebnisses, wenn für das abgelaufene Geschäftsjahr folgende Werte gegeben sind:

Erlöse (E):	7.440.000,—
Bestandsmehrungen (BME):	55.000,—
Bestandsminderungen (BMI):	80.000,—
Aktivierte Eigenleistungen (AEL):	5.000,—
Fertigungslohn (FL):	550.000,—
Fertigungsmaterial (FM):	2.500.000,—
Sondereinzelkosten der Fertigung (SEKF):	10.000,—
Sondereinzelkosten des Vertriebs (SEKV):	15.000,—

Verrechnungssätze aus der Vorkalkulation:

FGK:	265 %;	MGK:	10 %;
VwGK:	14 %;	VtGK:	20 %.

Überdeckung: 75.250,—

Kalkulatorische Ergebnisermittlung:

FL	550.000,—
verrechnete FGK	+ 1.457.500,—
FM	+ 2.500.000,—
verrechnete MGK	+ 250.000,—
SEKF	+ 10.000,—
verrechnete Herstellkosten der hergestellten Leistungen	= 4.767.500,—
BMI	+ 80.000,—
BME	./. 55.000,—
AEL	./. 5.000,—
verrechnete Herstellkosten der abgesetzten Leistungen	= 4.787.500,—
verrechnete VwGK	+ 670.250,—
verrechnete VtGK	+ 957.500,—
SEKV	+ 15.000,—
verrechnete Selbstkosten des Umsatzes	= 6.430.250,—
E	7.440.000,—
verrechnete Selbstkosten des Umsatzes	./. 6.430.250,—
Kalkulatorisches Umsatzergebnis	= + 1.009.750,—
Überdeckung	+ 75.250,—
Betriebsergebnis	= 1.085.000,—

d) Gesamtkritik

In der Praxis empfiehlt es sich, das Umsatz- wie das Gesamtkostenverfahren einzusetzen, um die jeweiligen Vorteile zu realisieren. Das kostenträgerorientierte Umsatzkostenverfahren sollte zur Beurteilung der einzelnen Produkte bzw. Produktgruppen im Rahmen der kurzfristigen Erfolgsermittlung verwendet werden. Das betriebsorientierte Gesamtkostenverfahren dient dagegen der jährlichen Erfolgsrechnung zur Beurteilung des gesamten Leistungsprozesses (vgl. Abb. 26).

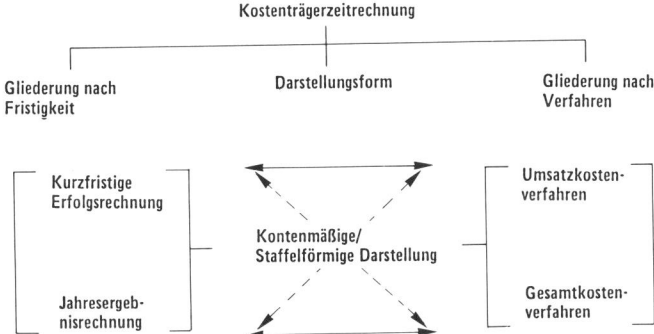

Abb. 26: Übersicht über die Kostenträgerzeitrechnung

C. Organisatorische Eingliederung der Kostenträgerrechnung

Die Kostenträgerstückrechnung und die Kostenträgerzeitrechnung sind neben der Kostenarten- und Kostenstellenrechnung die weiteren eigenständigen Teilbereiche einer Betriebsbuchhaltung. Die Betriebsergebnisrechnung wird in der Regel organisatorisch der Stellenrechnung zugeschlagen, die dann als Betriebsabrechnung bezeichnet wird. In Unternehmen ohne Betriebsbuchhaltung wird die Ergebnisrechnung in die Finanzbuchhaltung verlagert. Die Kalkulation ist dagegen stets eine selbständige Organisationseinheit.

Übungsfragen

14. Welche Kalkulationsverfahren würden Sie als Kostenrechner einer Brauerei, einem Hersteller von elektrischen Haushaltsgeräten bzw. einem Produzenten chemischer Produkte vorschlagen?
15. Worin sehen Sie die Unterschiede zwischen der Jahres- und der kurzfristigen Erfolgsrechnung in ihrer Verwendungsmöglichkeit für die Geschäftsleitung?

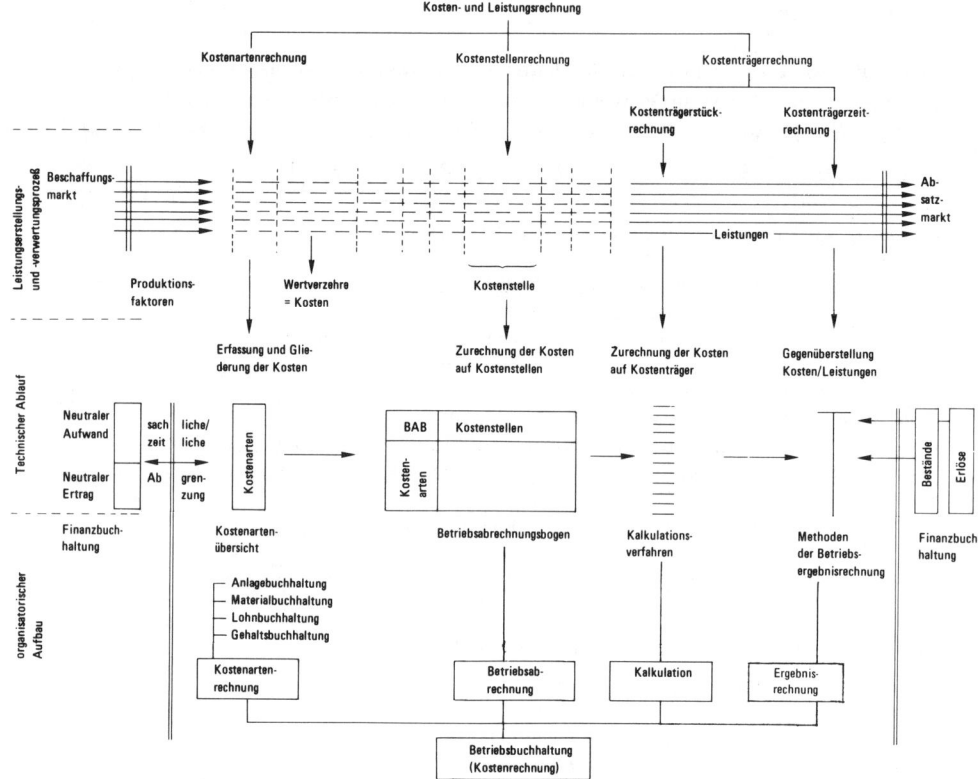

Abb. 27: Aufbau und Ablauf der Kosten- und Leistungsrechnung

IV. Zusammenwirken der Teilbereiche der Kostenrechnung

Die Kosten- und Leistungsrechnung ist ein Führungsinstrument, das der Kontrolle und Steuerung der betrieblichen Abläufe dient. Dazu ist es erforderlich, die im Rahmen des Betriebsprozesses entstehenden Kosten und Leistungen zu erfassen, darzustellen und auszuwerten. Diese Aufgaben werden in den drei Teilgebieten der Kostenarten-, Kostenstellen- und Kostenträgerrechnung erfüllt. Die Kosten- und Leistungsrechnung wird ihrem instrumentellen Charakter dann bestmöglich gerecht, wenn sowohl der technisch bedingte Ablauf wie auch der organisatorische Aufbau entsprechend abgestimmt gestaltet sind (vgl. Abb. 27).

Literatur zum zweiten Kapitel

Schmalenbach, E.: Kostenrechnung und Preispolitik, 8. Aufl., 1963.
Rieper, B., Waldmann, J.: Programmierte Einführung in das betriebliche Rechnungswesen, 1972.
Böhrs, H.: Funktionale Kostenkalkulation, 1973.
Kalveram, W.: Betriebsabrechnung, 1973.
Kalveram, W.: Kostenrechnung 1973.
Böckel, J.-J., Hoepfner, F. G.: Moderne Kostenrechnung, 2. Aufl., 1974.
Schönfeld, H.-M.: Kostenrechnung I, 7. erweiterte Aufl., 1975.
Bottler, J.: Kurzfristige Erfolgsrechnung, 1975.
Buggert, W.: Technik der Kosten- und Leistungsrechnung, 1975.
Burg, K., Kargl, H., Seifert, M.: Istkostenrechnung — Kostenstellenrechnung, 1975.
Torspecken, H.-D.: Kosten- und Leistungsrechnung, 1976.
Frantz, K.: Die Grundlagen einer betriebswirtschaftlichen Kosten- und Leistungslehre, 1977.
Hantke, H.: Traditionelle Verfahren der Kostenrechnung, 1977 (I).
Vormbaum, H.: Kalkulationsarten und Kalkulationsverfahren, 4. Aufl., 1977.
Zimmermann, W.: Betriebsliches Rechnungswesen, 1978.
Wedell, H.: Aufgaben, Instrumente, Verrechnungstechnik, 2. Aufl., 1980.
Ebert, G.: Einführung in die Kosten- und Leistungsrechnung, Repetitorium, in: Neue Betriebswirtschaft, Heft 3 ff., 1981.
Gau, E.: Praxis der Kosten- und Leistungsrechnung, 3 Bände, 1981/1983.
Hummel, S., Männel, W.: Kostenrechnung 1 und 2, 4./3. Aufl., Wiesbaden 1982/83/86.
Ebert, G.: Kostengliederung, in: Managementenzyklopädie, 5. Band, 2. Aufl., 1983, S. 649 ff.
Ellenberger, G.: Betriebliches Rechnungswesen, 1983.
Gau, E.: Praxis der Kosten- und Leistungsrechnung, 3 Bände, 1981/1983.
Castan, E.: Rechnungslegung der Unternehmung, 2. Aufl., 1984.
Däumler, K.-D.: Grabe, J., Kalkulationsvorschriften bei öffentlichen Aufträgen, 1984.
Klümper, P.: Grundlagen der Kostenrechnung, 2. Aufl., 1984.
Heinen, E.: Betriebswirtschaftliche Kostenlehre, 6. Aufl., Wiesbaden 1985.
Serfling, K.: Fälle und Lösungen zur Kostenrechnung, 3. Aufl., 1985.
Michel, R.: Torspecken, H.-D.: Grundlagen der Kostenrechnung, 2. Aufl., 1986.
Ebert, G.: Kosten- und Leistungsrechnung, in: Praktisches Lehrbuch Rechnungswesen, 1986.
Schwarz, H.: Kostenrechnung als Instrument der Unternehmensführung, 3. Aufl., 1986.
Kilger, W.: Einführung in die Kostenrechnung, 3. Aufl., 1987.
Haberstock, L.: Kostenrechnung I, 8. Aufl., Hamburg 1987.
Däumler, K.-D.: Grabe, J., Kostenrechnung 1, Grundlagen, 3. Aufl., 1988.
Reschke, P.: Kostenrechnung, 5. Aufl., 1988.
Ebert, G.: Kosten- und Leistungsrechnung im Industriebetrieb, 2. überarbeitete Aufl., 1988.
Weber, H.K.: Betriebswirtschaftliches Rechnungswesen, 3. Aufl., 1988.
Wilkens, K.: Kosten- und Leistungsrechnung, 6. Aufl., 1988.
Haberstock, L.: Grundzüge der Kosten- und Erfolgsrechnung, 4. Aufl., 1989.
Eisele, W.: Technik des betrieblichen Rechnungswesens, 4. Aufl., 1990.
Jost, H.: Kosten- und Leistungsrechnung, 6. Aufl., 1992.
Ebert, G. (Hrsg.): Handbuch des Controlling, Loseblattwerk, 8. Aufl., Landsberg 2000.

Drittes Kapitel:
Aufbau der modernen Kostenrechnung

Lernziel

Das dritte Kapitel behandelt den Aufbau der modernen Kostenrechnung. Dazu erfährt der Leser zunächst die Entwicklungsgeschichte. Er soll daraus erkennen, daß die derzeit bekannten Kostenrechnungssysteme auf das Streben nach einer Verbesserung der Kontrollfähigkeit bzw. nach zusätzlichen Entscheidungshilfen zurückzuführen sind.

I. Allgemeine Entwicklung

Der im 2. Kapitel dargestellte Gesamtaufbau der Kosten- und Leistungsrechnung hat sich historisch nach der verbindlichen Einführung der Finanzbuchhaltung zu Ende des 19. Jahrhunderts entwickelt. Dabei war von Anfang an für die Ergebnisermittlung eine Kostenartenrechnung erforderlich. Der zunehmende Wettbewerb erzwang sehr bald eine Kalkulation, die in ihrer differenzierten Form ohne Stellenrechnung nicht möglich ist. Mit der Einführung des Betriebsabrechnungsbogens gewann die Stellenrechnung zusätzlich eine Eigenbedeutung für die Kontrolle der Kosten. Damit war der Umfang der Kostenrechnung mit den drei Teilbereichen erreicht, wie er über Jahrzehnte bis heute im wesentlichen unverändert geblieben ist. Die inhaltliche Gestaltung der Kostenrechnung hat in dieser Zeit jedoch einschneidende Veränderungen erfahren. Diese beziehen sich einmal auf die Art und Weise, in der die Kostenarten-, Kostenstellen- und Kostenträgerrechnung durchgeführt werden. Damit ist die Frage der *Kostenrechnungssysteme* angesprochen. Zum anderen hat sich durch eine ständig erweiterte Aufgabenstellung ein Wandel dahingehend vollzogen, daß die Kostenrechnung heute als *Managementinstrument* im Sinne eines Kontroll- und Steuerungssystems verstanden wird.

II. Kostenrechnungssysteme

Ein *Kostenrechnungssystem* stellt ein spezifisches Abrechnungsverfahren zur Gewinnung von Vorgabe- und Kontrollinformationen zum Zwecke der Steuerung der Wirtschaftlichkeit dar. Es setzt sich aus den Grundelementen der Kostenarten-, Kostenstellen- und Kostenträgerrechnung zusammen, „die in einer integrierten Interdependenz zueinander stehen. Der Abrechnungsgang verläuft nach einem jeweils eindeutigen Programm, wodurch eine klare Abgrenzung zwischen verschiedenen Varianten von Kostenrechnungssystemen möglich ist" (*G. Ebert*, Managementenzyklopädie, 2. Aufl., S. 700).

Die Entwicklung der Kostenrechnungssysteme läßt sich bis zum Beginn dieses Jahrhunderts zurückverfolgen. Die entscheidenden Impulse kamen vornehmlich aus der amerikanischen Wissenschaft und Praxis, wobei jedoch die spezifischen deutschen Beiträge nicht übersehen werden dürfen. Es lassen sich zwei Entwicklungsrichtungen unterscheiden. Einmal waren alle Bemühungen darauf gerichtet, die *Kontrollfähigkeit* der Kostenrechnung zu verbessern. Zum anderen ging es aber auch um die Gewinnung zusätzlicher *Entscheidungshilfen,* um in einer Wirtschaft mit zunehmender Konkurrenz und verschärften Konjunkturbewegungen bestehen zu können.

A. Ausbau der Kontrollfähigkeit

Kontrollieren bedeutet das Vergleichen zweier Situationen. Es kommt jedoch nur dann zu einem sinnvollen Ergebnis, wenn die jeweiligen Tatbestände miteinander vergleichbar sind. So stellen z.B. Birnen keinen Kontrollmaßstab für Äpfel dar. Aber auch der Vergleich Apfel mit Apfel ist nicht immer befriedigend, wie das nachfolgende Beispiel zeigt. Soll etwa die Apfelernte 2000 beurteilt werden, so kann dies auf dreifache Weise geschehen. Einmal lassen sich die Äpfel von 2000 an denjenigen aus dem Vorjahr 1999 messen. Das Ergebnis dieses Zeitvergleichs hängt wesentlich von der letztjährigen Ernte ab und sagt daher im Prinzip wenig aus, da die unbeeinflußbaren Faktoren des letzten Jahres (Wetter) mit dem laufenden Jahr nicht übereinstimmen. Eine Verbesserung der Kontrolle mit Hilfe eines Vergangenheitsmaßstabes kann nun dadurch erreicht werden, daß ein fiktiver „Durchschnittsapfel" für die vergangenen drei Jahre gebildet wird. Dieser Maßstab ist durch die Nivellierung von den besonderen Zufallseinflüssen der einzelnen Jahre befreit. Dennoch haftet auch diesem Vergleich eines Ist- mit einem Normalapfel ein großer Nachteil an. Wird in jedem Jahr beim Düngen des Baumes der gleiche Fehler begangen, so wirkt sich dies auf die Apfelernte aus. Das Ausmaß des Bearbeitungsmangels kann solange nicht erkannt werden, wie sich das Fehlverhalten wiederholt. Der optimale Vergleichsmaßstab für den Apfel 2000 ist damit weder Apfel 1999 noch der Durchschnittsapfel vergangener Jahre. Erforderlich ist vielmehr ein „Wunschapfel" 2000, der unter den zu erwartenden Wetterbedingungen herauskommen sollte. Abweichungen zwischen dem Soll 2000 und dem Ist 2000 sind dann, soweit nicht unbeeinflußbar, weil wetterbedingt, auf mangelnde Bearbeitung, d.h. auf Unwirtschaftlichkeiten zurückzuführen.

Mit diesem einfachen Beispiel soll die Problematik der Kontrolle aufgezeigt werden. Es läßt sich voll auf betriebliche Situationen übertragen, wenn man den Apfel durch die Kosten einer Kostenstelle oder eines Kostenträgers ersetzt. So können am Ende einer Periode die eingetretenen Wertverzehre erfaßt (Istkosten) und mit der entsprechenden Situation aus der Vorperiode verglichen werden. Bei diesem reinen Zeitvergleich (*Ist/Ist-Vergleich*) wird dann z. B. für ein bestimmtes Produkt festgestellt, daß die Selbstkosten gestiegen oder gefallen sind. Dieses Ergebnis ermöglicht die generelle Erkenntnis, daß fallende Selbstkosten von Vorteil und steigende Selbstkosten von Nachteil sind. Eine genaue Analyse der eingetretenen Abweichung ist jedoch nicht möglich. So kann z.B. die rückläufige Tendenz darauf zurückzuführen sein, daß negative Einflüsse des Vorjahres wie außergewöhnliche Rohstoffpreise oder eine besonders geringe Auslastung weggefallen sind. Die zunächst positiv beurteilte Kostensenkung hätte jedoch viel höher ausfallen müssen und ist daher unzureichend. Umgekehrt kann auch eine als negativ angesehene Kostensteigerung durchaus positiv gewertet werden, wenn sie unter ungünstigen Absatzbedingungen aufgrund eines erzielten Produktivitätsfortschrittes verhältnismäßig gering ausfällt. Der Istwert des Vorjahres wie auch der Istwert des laufenden Jahres stellen Ergebnisse dar, die jeweils unter verschiedenen Bedingungen zustande kommen. Es ist damit nicht festzustellen, ob und welche Unwirtschaftlichkeiten in den Kosten enthalten sind. Vorjahreswerte sind daher als Vergleichsmaßstab weitgehend ungeeignet und eine entsprechende Kontrolle besitzt einen geringen Aussagewert.

Ein wesentlicher Schritt zur Verbesserung der Kontrollfähigkeit der Kostenrechnung war die Einführung von Normalkosten. Es handelt sich dabei um von Zufälligkeiten befreite Durchschnittswerte aus der Vergangenheit. Sie ermöglichen einen *Normal/Ist-Vergleich* mit dem Vorteil, daß der Kontrollmaßstab von außergewöhnlichen Einflüssen befreit ist. Die Abweichungsanalyse kann damit Zufallsbedingungen im Istwert aufzeigen. Die Normalkosten haben jedoch den Nachteil, daß sie aufgrund ihres Vergangenheitsbezuges weiterhin mit Unwirtschaftlichkeiten behaftet sind, die durch den Normal/Ist-Vergleich nicht aufgedeckt werden können.

Die Bildung von Normalkosten kann daher als Übergangsphase zur Einführung von Plankosten angesehen werden. Diese speziell für den zu kontrollierenden Zeitraum entwickelten Wertverzehre stellen von vermeidbaren Unwirtschaftlichkeiten befreite Sollgrößen dar, die unter den Bedingungen der laufenden Periode erwartet werden. Mit Hilfe der Abweichungen im *Soll/Ist-Vergleich* lassen sich Unwirtschaftlichkeiten erkennen und ihre Wiederholung vermeiden.

Die erste Entwicklungslinie der Kostenrechnung ist damit durch den Ansatz von *Kosten unterschiedlichen Charakters*, d.h. durch ihren jeweils differierenden Zeit- und Objektbezug gekennzeichnet. Die daraus abgeleiteten Kostenrechnungssysteme werden als *(1)* Istkostenrechnungen,

      (2) Normalkostenrechnungen bzw.

      (3) Plankostenrechnungen

bezeichnet. Dabei war es lange Zeit unbestritten, daß die Istkostenrechnung im Mittelpunkt steht und die Normalkostenrechnung bzw. Plankostenrechnung nur zur Verbesserung der Kontrolle ergänzend dazu aufgebaut wurde. In der Praxis zeigt es sich jedoch, daß eine Istkostenrechnung in absolut reiner Form nicht realisierbar ist. So können z.B. die tatsächlichen Abschreibungswerte einer Maschine erst ermittelt werden, wenn diese außer Betrieb gesetzt wird. Außerdem beruht jede Vorkalkulation auf geschätzten Fertigungszeiten, die dann in aller Regel nicht voll eintreffen. Daher sind die in den Betrieben realisierten und als Istkostenrechnungen bezeichneten Systeme zum Teil mit Normalkosten durchsetzt.

Vor allem die Wissenschaft geht jedoch zunehmend davon aus, daß die Plankostenrechnung den eigentlichen Mittelpunkt der Kostenrechnung bildet. Sie gibt die erstrebenswerten und erreichbaren Wertverzehre als Sollkosten vor und ist damit die eigentliche Basis für die Kostenarten-, Kostenstellen- und Kostenträgerrechnung. Nur für Vergleichszwecke sowie aus Bewertungsgründen werden am Ende einer Periode die Istwerte ermittelt. Damit wird die Istkostenrechnung zur Ergänzungsrechnung für die Plankostenrechnung. In der Praxis hat sich diese Verschiebung der Gewichte bisher nur wenig durchgesetzt, weil die Planung der Kosten relativ aufwendig ist und entsprechend qualifizierte Mitarbeiter voraussetzt. Mit dem verstärkten Einsatz entsprechend geschulter Kostenrechner und der weiteren Verbreitung der EDV wird sich dieser Trend jedoch wohl beschleunigen.

B. Erweiterung der Entscheidungshilfen

Die zweite Richtung der Weiterentwicklung der Kostenrechnungssysteme setzt am Ablauf des Verrechnungsganges an. Auslösende Faktoren waren einmal der durch den zunehmenden Wettbewerb entstandene generelle Bedarf an zusätzlichen *Entscheidungshilfen* sowie die spezielle Suche nach einer für die Unterbeschäftigung geeigneten *Preisuntergrenze*.

Das traditionelle Abrechnungssystem ist bis dahin dadurch gekennzeichnet, daß die Kosten nach ihrer Erfassung voll über die Stellen auf die Träger überwälzt werden. Dieser Tatbestand wird durch die Begriffe *Vollkosten-* oder *Überwälzungsrechnung* gekennzeichnet. Kostenverrechnungen dieser Art sind mit mehreren systemimmanenten Mängeln behaftet. Zunächst werden die zeitbedingten, also beschäftigungsunabhängigen fixen Kosten durch ihre Zurechnung auf die Leistungen proportionalisiert. Dies führt zu Über- oder Unterdeckungen, wenn mehr oder weniger Produkte hergestellt und/oder verkauft werden als im voraus geplant. Der Grund liegt darin, daß die fixen Kosten, wie z.B. Abschreibungen für Gebäude und Maschinen, Mieten und Gehälter usw. bei unveränderter Kapazität grundsätzlich unabhängig von der Zahl der erstellten Leistungen anfallen. Eine *Proportionalisierung* durch die Zurechnung auf die Kostenträger widerspricht ihrer Definition, nach der sie zeitabhängig und beschäftigungsunabhängig sind. So beträgt die kalkulatorische Abschreibung einer Drehmaschine bei einem Wiederbeschaffungspreis von DM 20.000,– und 10jähriger Nutzungsdauer pro Jahr (= zeitbezogen)

DM 2.000,—. Dabei spielt es keine Rolle, ob die mögliche Laufzeit von 1.600 Stunden pro Jahr (= 32.000 Stück) erreicht wird (= beschäftigungsunabhängig). Wird zu Beginn des Jahres eine volle Auslastung und damit die Produktion von 32.000 Stück geplant, so ergibt die Zurechnung der fixen Abschreibungen einen Kostenanteil von DM —,0625 pro Stück. Diese Proportionalisierung widerspricht dem Verursachungsprinzip. Wird beispielsweise zum Jahresende festgestellt, daß nur 16.000 Stück hergestellt wurden, so hat sich der Gesamtwert des verbrauchten Fertigungsmaterials als proportionale Kosten ebenfalls halbiert, der Wert der Abschreibung ist jedoch unverändert geblieben. Die Zurechnung der zeitabhängigen Abschreibung auf die Leistungseinheiten führt bei Abweichung von der geplanten Fertigungszahl in diesem Falle zu einer Unterdeckung von 16.000 · 0,0625 = 1.000,—.

Ein weiterer Systemmangel der Vollkostenrechnung liegt in der mehrfachen *Schlüsselung* der Gemeinkosten. Ausgangspunkt aller Vollkostenrechnungen ist die Einteilung der gesamten Wertverzehre des Unternehmens in Einzel- und Gemeinkosten. Während die Einzelkosten auf direktem Weg dem Kostenträger zugerechnet werden, gelangen die bezüglich mehrerer Kostenträger gleichzeitig anfallenden Gemeinkosten auf indirektem Weg über die Kostenstellenrechnung auf das Produkt. Werden auf einer Drehmaschine mehrere unterschiedliche Produkte gefertigt, so sind die DM 2.000,— Abschreibungskosten auf die jeweiligen Kostenträgerarten zu verteilen. Dies geschieht mit sogenannten Kostenschlüsseln. Im vorliegenden Beispiel könnte die angefallene Fertigungszeit für die einzelnen Produktarten als Schlüssel dienen. Dies erscheint auf den ersten Blick als eine absolut „gerechte" Vorgehensweise. Bei genauerer Betrachtung zeigt sich jedoch, daß die Beanspruchung der Maschine und damit ihre Abnutzung nicht allein zeitabhängig sind. Vielmehr spielen dabei z.B. auch die unterschiedlichen Materialarten, der jeweilige Genauigkeitsgrad der Bearbeitung usw. eine Rolle. Kostenschlüsselungen sind daher stets nur mehr oder weniger, d.h. relativ genau und führen in jedem Falle zu Verzerrungen bei der Kostenzurechnung.

Die volle Überwälzung aller Kosten bis auf den Kostenträger führt außerdem dazu, daß die Vollkostenrechnung ein insgesamt *schwerfälliges System* darstellt. Dies wirkt sich besonders bei manueller bzw. auch bei mechanisierter Abwicklung der Kostenrechnung dadurch aus, daß die erforderlichen Zahlen für bestimmte Entscheidungen oft zu spät vorliegen. Mit dem verstärkten Einsatz der EDV kann dieser Mangel jedoch zunehmend überwunden werden.

Die systemimmanenten Mängel bringen es mit sich, daß die Vollkostenrechnung in bestimmten Situationen keine befriedigenden Entscheidungshilfen geben kann. Dies wurde schon frühzeitig besonders bei der Frage erkannt, ob bei nicht ausgelasteten Kapazitäten auch Aufträge angenommen werden sollen, die unter den Selbstkosten liegen. Der Vollkostenrechner wird bei einem Preis unter den Selbstkosten eine Ablehnung empfehlen, „weil ein solcher Auftrag dem Unternehmen Verlust bringt". Diese Aussage ist jedoch objektiv unrichtig, da sie auf der Vorstellung beruht, daß bei Nichtproduktion auch die fixen Kosten vermeidbar sind. Abschreibungen, Mieten, Versicherungsprämien, Gehälter usw. fallen jedoch unabhängig davon an, ob produziert wird oder nicht. Voraussetzung ist allerdings, daß die Kapazität unverändert bleibt, was bei kurzfristigen Auslastungsschwankungen in der Regel der Fall ist. Durch die Ablehnung eines Auftrages werden nur solche Kosten vermieden, die unmittelbar mit dem Produkt entstehen. Dies sind die variablen oder vermeidbaren Kosten wie z.B. das Fertigungsmaterial oder der Akkordlohn. Daraus ergibt sich, daß durch den Marktpreis die vermeidbaren, d.h. die unmittelbar mit dem Produkt anfallenden Kosten unbedingt gedeckt werden müssen. Liegt der Preis darüber, so wird er, auch wenn die Selbstkosten zunächst nicht erreicht werden, dazu beitragen, einen Teil der dem Unternehmen entstehenden fixen Kosten mit abzudecken und damit den Verlust zu vermindern bzw. den Gewinn zu erhöhen. Die kurzfristige Preisuntergrenze liegt also bei den variablen Kosten pro Stück. Um diesen Wert zu erhalten, dürfen dem Kostenträger nur die von ihm verursachten beschäftigungsabhängigen, variablen Kosten zugerechnet werden. Da diese nur einen Teil der gesamten Kosten des Unternehmens darstellen, spricht man dann von einer *Teilkostenrechnung*. Wesensbedingte Voraussetzung für die Durchführung von Teilkostenrechnungen ist damit die Aufspaltung der Wertverzehre in fixe und variable Kosten.

Entwicklungsgeschichtlich war die Anwendung des Teilkostengedankens zunächst auf die Kostenträgerrechnung begrenzt. Als Ausgangspunkt dient dabei der Marktpreis, der vor allem in Zeiten der Unterbeschäftigung fest vorgegeben und damit vom Unternehmen unbeeinflußbar ist. Von den insgesamt für ein Produkt erzielten Erlösen werden die direkten Kosten abgezogen. Der verbleibende Rest ist der Beitrag, den das Produkt dem Unternehmen zur Deckung für die nicht leistungsbezogenen, also fixen Kosten erbringt. Diese Art von Kostenträgerrechnung ist im wesentlichen eine Ergebnisrechnung und keine Kalkulation.

Im weiteren Verlauf der Entwicklung wurde die Teilkostenvorstellung auch auf die Kostenstellenrechnung übertragen. Dazu trug wesentlich die Erkenntnis bei, daß der Kostenstellenverantwortliche kurzfristig nur auf die variablen Kosten Einfluß nehmen kann. Letztlich ist die Teilkostenrechnung zu einem umfassenden Kostenrechnungssystem geworden, das in der Kostenartenrechnung mit der Aufspaltung der Wertverzehre in fixe und variable Anteile beginnt, den Kostenstellen und Kostenträgern nur die variablen Kosten zurechnet und die fixen Kosten zeitabhängig in der Ergebnisrechnung ansetzt.

Vollkostenrechnungen und Teilkostenrechnungen unterscheiden sich auch in der grundsätzlichen Orientierung voneinander. Die Vollkostenrechnung, die in ihrer Entwicklung weitgehend durch den Industriebetrieb und speziell durch den Maschinenbau geprägt wurde, ist in ihrem Ablauf *fertigungsorientiert*. Die durch den Einsatz der Produktionsfaktoren entstehenden Wertverzehre werden erfaßt, gegliedert, über die Stellen den Trägern zugerechnet und abschließend zur Berechnung des Ergebnisses zusammengefaßt. Im Gegensatz dazu ist die Teilkostenrechnung im wesentlichen *marktorientiert*. Ihre Entwicklung wurde besonders durch Industriebetriebe mit Massenfertigung sowie durch Handelsbetriebe bestimmt. Die Vergleichbarkeit der Produkte mehrerer Unternehmen läßt nur eng begrenzte Einflußmöglichkeiten auf die Marktpreise zu. Diese müssen damit weitgehend als feste Ausgangsdaten akzeptiert werden. Darauf basiert in der Teilkostenrechnung der bestimmende Einfluß der Kostenträgerrechnung, an der sich die innerbetrieblichen Situationen orientieren und ausrichten müssen.

Zusammenfassend kann festgestellt werden, daß sich die Kostenrechnungssysteme einmal nach dem Zeitbezug der angesetzten Kosten voneinander abgrenzen lassen. Es können vergangenheitsorientierte einperiodige Istkosten, vergangenheitsorientierte mehrperiodige Normalkosten bzw. zukunftsorientierte Plankosten zum Ansatz kommen. Als zweites Unterscheidungsmerkmal dient der Umfang der Weiterverrechnung innerhalb und zwischen den Teilbereichen der Kostenrechnung. Dabei ist eine volle Verrechnung im Rahmen der Vollkostenrechnungen bzw. eine teilweise Verrechnung im Rahmen der Teilkostenrechnung möglich.

Danach läßt sich folgende Übersicht über die Kostenrechnungssysteme bilden:

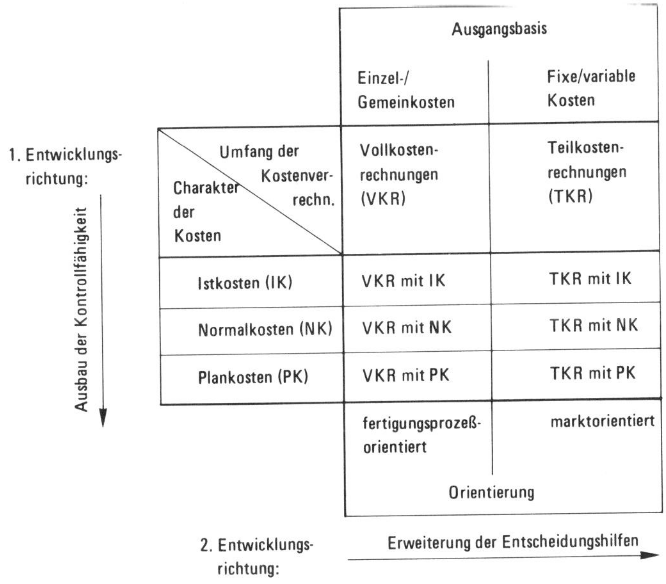

	Ausgangsbasis	
	Einzel-/ Gemeinkosten	Fixe/variable Kosten
Umfang der Kostenver- rechn. / Charakter der Kosten	Vollkosten- rechnungen (VKR)	Teilkosten- rechnungen (TKR)
Istkosten (IK)	VKR mit IK	TKR mit IK
Normalkosten (NK)	VKR mit NK	TKR mit NK
Plankosten (PK)	VKR mit PK	TKR mit PK
	fertigungsprozeß- orientiert	marktorientiert
	Orientierung	

1. Entwicklungsrichtung: Ausbau der Kontrollfähigkeit

2. Entwicklungsrichtung: Erweiterung der Entscheidungshilfen →

Abb. 28: Einteilung der Kostenrechnungssysteme

Eine genauere Betrachtung zeigt allerdings, daß nur das Merkmal der Kostenverrechnung im eigentlichen Sinne systembildend ist, während der Ansatz von Kosten unterschiedlichen Charakters lediglich die Aussage der Kostenrechnung, nicht jedoch ihr System bestimmt. Wir werden daher im weiteren die Vollkosten- und Teilkostenrechnungen sowie ihre jeweiligen Varianten in den Mittelpunkt der Betrachtungen stellen und ihre spezielle Aussagekraft beim Ansatz von Ist-, Normal- oder Plankosten untersuchen.

Übungsfragen

16. Beschreiben Sie die Einteilungskriterien für die Kostenrechnungssysteme.
17. Wie kann die Kontrollfähigkeit der Kostenrechnung verbessert werden?
18. Mit welchen wesentlichen Mängeln sind die Vollkostenrechnungen behaftet?

III. Vollkostenrechnungen

Lernziel

Trotz der erkannten Mängel werden Vollkostenrechnungen weiterhin in der Praxis eingesetzt. Nachfolgend soll der Leser zunächst mit dem generellen Aufbau dieses Abrechnungssystems vertraut gemacht werden. Auf dieser Grundlage lassen sich dann die wesentlichen Unterscheidungsmerkmale der Vollkostenrechnungen mit Ist-, Normal- und Plankosten aufzeigen.

Vollkostenrechnungen können mit Ist-, Normal- und Plankosten durchgerechnet werden. Unabhängig davon lassen sich die Vollkostenrechnungen anhand ihrer gemeinsamen Merkmale im Rahmen des allgemeinen Verrechnungsablaufes kennzeichnen.

A. Allgemeine Merkmale der Vollkostenrechnungen

1. Kostendurchlauf in Vollkostenrechnungen

Die traditionelle Vollkostenrechnung basiert auf einer Unterscheidung der Kosten in *Einzel- und Gemeinkosten.* Jede Kostenart muß danach überprüft werden, ob sie einem Kostenträger direkt zurechenbar ist. Dies ist dann der Fall, wenn ein unmittelbares Verursachungsverhältnis zwischen einem bestimmten Wertverzehr und der Entstehung einer Leistung vorliegt. In diesem Sinne sind das Fertigungsmaterial, der Akkordlohn oder spezielle Verpackungs- und Werkzeugkosten Einzelkosten, da sie der einzelnen Leistung unmittelbar zuordenbar sind. Im Gegensatz dazu stehen die Gemeinkosten, die aus technischen, organisatorischen oder wirtschaftlichen Gründen als verbundene Kosten gleichzeitig für mehrere Leistungsarten anfallen.

Der Durchlauf der Kosten in einer Vollkostenrechnung läßt sich generell wie folgt beschreiben. Die Trennung der Wertverzehre in Einzel- und Gemeinkosten erfolgt im Rahmen der Kostenartenrechnung. Dazu ist eine entsprechende Bearbeitung der Belege erforderlich (Vgl. 2. Kapitel, I, B). Danach trennen sich die Abrechnungswege der Kosten. Die Einzelkosten laufen an der Stellenrechnung vorbei und gehen direkt in die Trägerrechnung ein. Hier werden sie als Verzehr pro Leistungseinheit kalkuliert, bzw. als Gesamtwert pro Periode in das Betriebsergebnis eingestellt. Die Gemeinkosten nehmen dagegen den „Umweg" über die Kostenstellenrechnung. Trotz ihrer „Verbundenheit" für mehrere Kostenträger sollen sie damit kalkulationsfähig, d.h. nach dem Verursachungsprinzip auf einzelne Leistungen zurechenbar gemacht werden. Außerdem lassen sich die Gemeinkosten auf den Stellen bezüglich ihrer Entwicklung kontrollieren. Das Durchschleusen der Gemeinkosten durch den

BAB erfordert eine anteilsmäßige Aufteilung nach dem Verursachungsprinzip. Dabei sind die drei Stufen der Kostenverteilung, Kostenumlage und Kostenzurechnung zu unterscheiden.

Bei der Kostenverteilung lassen sich nur die direkten Gemeinkosten (Stelleneinzelkosten) wie z.B. Gehälter exakt pro Stelle ermitteln. Die indirekten Gemeinkosten (Stellengemeinkosten) wie z.B. Heizkosten können dagegen nur mit Hilfe von Schlüsseln relativ genau verteilt werden. Auch die Umlage der innerbetrieblichen Leistungen wie z.B. der Kosten des Fuhrparks ist nur mit Hilfe von Schlüsselungen möglich. Die Zurechnung der Gemeinkosten auf die Kostenträger erfolgt im Mehrproduktunternehmen mit Hilfe von Zuschlagssätzen bzw. Äquivalenzziffern, die ebenfalls Schlüssel darstellen. Dabei ist zu beachten, daß alle Gemeinkosten mindestens einmal bei der Zurechnung auf die Kostenträger geschlüsselt werden. Indirekte Gemeinkosten werden zweimal geschlüsselt, wenn sie auf Hauptkostenstellen anfallen bzw. dreimal geschlüsselt, wenn sie in Allgemeinen Kostenstellen oder Hilfskostenstellen entstehen (vgl. Abb. 29).

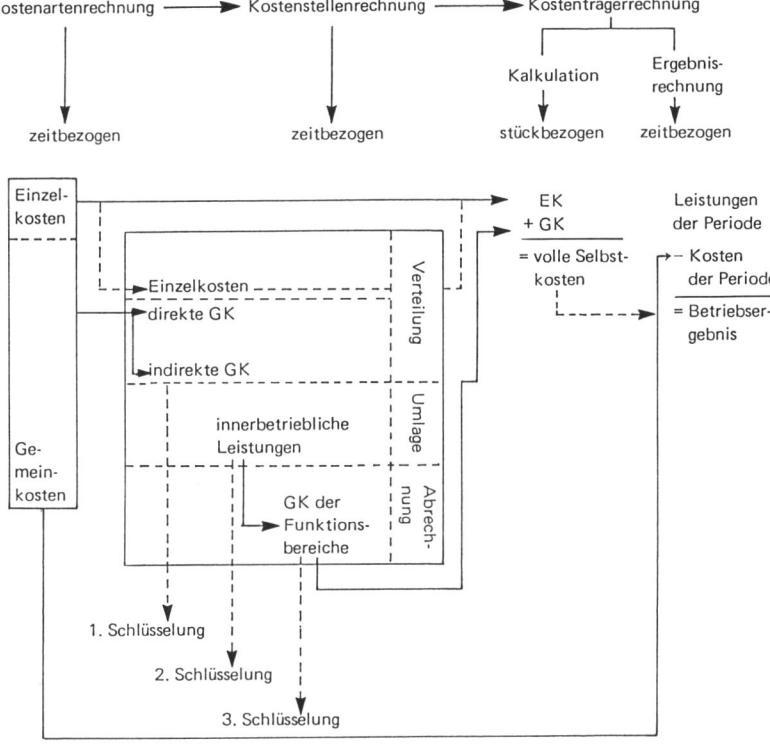

Abb. 29: Kostendurchlauf in der Vollkostenrechnung

Die spezifische Behandlung der Gemeinkosten ist typisch für die Vollkostenrechnung und kann insofern als systembildend bezeichnet werden. Dieser systemimmanente

Tatbestand führt dazu, daß in der Kostenarten-, Kostenstellen-[1] und Kostenträgerrechnung jeweils mit den vollen Kosten gerechnet wird. Daraus ergeben sich auch die wesentlichen Steuerungs- und Kontrollmöglichkeiten der Vollkostenrechnung. Es lassen sich alle Kosten, die eine Stelle verursacht hat, auch dieser Kostenstelle nachweisen. Außerdem können in einer Vor-, Zwischen- oder Nachkalkulation jedem Kostenträger alle durch ihn bedingten Wertverzehre zugerechnet werden. Dieser als Selbstkosten bezeichnete Wert ist die Voraussetzung dafür, daß in der Kostenträgerrechnung verschiedene Nettoergebnisse ermittelt werden können, und zwar für eine Leistungseinheit (1 Stück), für eine Leistungsart (Vielzahl einer Leistungseinheit), für eine Leistungsgruppe sowie für das gesamte Leistungsprogramm. Dabei beinhaltet das nächst höhere Ergebnis jeweils das bzw. die davor liegenden Teilergebnisse. Außerdem wird der Anteil der Teileinheiten am Gesamtergebnis meßbar:

Nettoergebnisse:

stückbezogen Leistungseinheit $: (P_{1/1} - SK_{1/1})$

periodenbezogen

Leistungsart
(= Σ Leistungseinheiten) $: x_{1/1} (P_{1/1} - SK_{1/1})$

Leistungsgruppe
(= Σ Leistungsarten) $: x_{1/1} (P_{1/1} - SK_{1/1}) + x_{1/2} (P_{1/2} - SK_{1/2})$

Leistungsprogramm
(= Σ Leistungsgruppen) $: x_{1/1} (P_{1/1} - SK_{1/1}) + x_{1/2} (P_{1/2} - SK_{1/2})$
$+ x_{2/1} (P_{2/1} - SK_{2/1}) + x_{2/2} (P_{2/2} - SK_{2/2})$

P = Marktpreis
SK = Selbstkosten
x = Menge

2. Funktionsfähigkeit der Vollkostenrechnungen

Die zunehmende Mechanisierung und Automatisierung in allen Betriebsbereichen führt dazu, daß der Anteil der fixen Kosten an den Gemeinkosten ständig zunimmt. Diese Kosten sind definitionsgemäß zeit- oder periodenabhängig und stehen in keiner direkten Beziehung zu der Ausbringungsmenge. In der Vollkostenrechnung werden auch die fixen Kosten auf die einzelne Leistungseinheit überwälzt. Die Höhe der Zurechnung basiert auf einer zu Beginn der Periode festgesetzten Herstellungsmenge. Die Proportionalisierung eines ständig zunehmenden Teiles der Kosten hat für die Vollkostenrechnung zwei wesentliche Konsequenzen. Durch die relative Rückläufigkeit der variablen Gemeinkosten, die für eine Schlüsselung weit besser geeignet sind, da sie mit der Ausbringungsmenge variieren, verschärft sich die Verzerrung durch die Gemeinkostenschlüsselung. Außerdem erhöht sich die Gefahr, daß die durch die Proportionalisierung der fixen Kosten verursachten Über- oder

---

1 Die Einzelkosten können auf die Kostenstellen zugerechnet werden, ohne daß dadurch der verrechnungstechnische Ablauf der Vollkostenrechnung beeinflußt wird.

Unterdeckungen, zumal in Zeiten mit stärkeren Auslastungsschwankungen größeren Umfang annehmen.

Die Zurechnung von verbundenen Kosten (Gemeinkosten) mit Hilfe von Schlüsseln auf die Leistungsarten sowie die Verteilung von periodenbezogenen (fixen) Kosten auf die Leistungseinheiten stellen die wesentlichen Mängel im System der Vollkostenrechnung dar. Dabei lassen sich diese beiden Tatbestände in ihrer Auswirkung nicht genau gegeneinander abgrenzen, weil der größte Teil der fixen Kosten gleichzeitig Gemeinkostencharakter hat. Die systembedingten Eigenheiten der Vollkostenrechnung wirken sich auf ihre Verwendbarkeit als Kontroll- und Steuerungsinstrument nachteilig aus. Der Tatbestand, daß keine Unterscheidung zwischen fixen und variablen Kosten erfolgt, führt bei der Kontrolle der Kosten auf den Stellen dazu, daß der Kostenstellenleiter auch Kosten verantworten muß, die er kurzfristig nicht beeinflussen kann. Der Informationsgehalt der Selbstkosten einer Leistungseinheit ist ebenfalls nur mit Vorbehalt als Orientierungsmaßstab verwendbar, zumal mit zunehmender Differenzierung des Produktionsprogrammes die Ungenauigkeit der Kostenzurechnung steigt. Abschließend muß festgehalten werden, daß die Vollkostenrechnung bei andauernder Unterbeschäftigung keine brauchbaren Entscheidungshilfen bietet. Sie verleitet viel mehr zu einem antizyklischen Verhalten, da durch die Verrechnung der gleichbleibenden fixen Gesamtkosten auf abnehmende Stückzahlen die Selbstkosten steigen, während der Markt zu stagnierenden oder fallenden Preisen neigt. Damit kann sie eine prozyklische Verstärkung der Konjunkturschwankungen bewirken.

Trotz dieser Mängel kann die Vollkostenrechnung nicht generell verworfen werden. Einmal ist festzuhalten, daß der Gesetzgeber noch immer von den Vorstellungen dieses Systems ausgeht, was sich besonders in den Bewertungsvorschriften zeigt. Halb- und Fertigfabrikate sind mit den nach der Vollkostenrechnung zu ermittelnden Herstell- bzw. Herstellungkosten zu bewerten. Außerdem muß bei der Beurteilung dieses Kostenrechnungssystemes berücksichtigt werden, welches Produktionsprogramm in einem Unternehmen gefertigt wird. Dabei sind zwei Merkmale von besonderer Bedeutung und zwar der Umfang der Wiederholung der im Fertigungsprozeß erstellten Leistungen sowie die ökonomisch-technische Verbundenheit der Erzeugnisse. Allgemein kann festgestellt werden, daß sich in Unternehmen mit weitgehender Serien- und Massenfertigung bei relativ hohem Gemeinkostenanteil die Ungenauigkeit der Kostenzurechnung und die mangelnden bzw. die fehlenden Informationshilfen bei kurzfristig erforderlichen Entscheidungen besonders auswirken. Dagegen sind die Aussagen der Vollkostenrechnung in Unternehmen mit tendenzieller Einzelfertigung und entsprechend langfristiger Auftragsbearbeitung wesentlich brauchbarer, da sich hier ihre Mängel durch die eindeutige technische Abgrenzung der Leistungen mit relativ hohem Anteil an Einzelkosten weitgehend vermeiden lassen und die relevanten Entscheidungen mehr mittel- und langfristiger Art sind.

B. Vollkostenrechnung mit Istkosten

Die Vollkostenrechnung mit Istkosten stellt für die Theorie ein Grundmodell und für die Praxis die Ausgangsbasis der Kostenrechnungssysteme dar. Es kommen die tatsächlich entstandenen Wertverzehre einer Periode zum Ansatz, die stets erst nach der Beendigung eines Verzehrsprozesses festgestellt werden können.

Im Mittelpunkt dieses auch als Istkostenrechnung bezeichneten Systems steht die Kostenträgerrechnung. Sie hat jeweils nach Abschluß einer Periode die Selbstkosten der Produktionsleistungen sowie das Betriebsergebnis zu ermitteln. Dazu werden in der Kostenartenrechnung die angefallenen Istkosten erfaßt und in der Kostenstellenrechnung auf die entsprechenden Kostenstellen verteilt und umgelegt. In der *theoretischen Form* einer Istkostenrechnung ist nur eine Nachkalkulation möglich. Der Ansatz von Istzuschlagsätzen führt daher auch zu keinen Über- oder Unterdeckungen, da zum Zeitpunkt der Kalkulation die tatsächliche Ausbringungsmenge feststeht und keine verrechneten Gemeinkosten über eine Vorkalkulation vorliegen.

Es wurde bereits erwähnt, daß eine Kostenrechnung mit ausschließlichen Istkosten nicht praktizierbar ist. So können z.B. die tatsächlichen Abschreibungswerte der Anlagegüter erst nach ihrem Ausscheiden aus dem Produktionsprozeß festgestellt werden. Zu diesem Zeitpunkt ist der dann vorliegende Istwert für viele kostenrechnerische Überlegungen bedeutungslos. Die oben aufgezeigte Form einer Istkostenrechnung kann daher nur als theoretisches Ausgangsmodell verstanden werden. Die in der *Praxis* realisierten „Istkostenrechnungen" beruhen auf wesentlichen Modifizierungen beim jeweiligen Kostenansatz. So werden bei der Ermittlung des Verbrauchs an Fertigungsmaterial und Fertigungslohn zwecks Vereinfachung bei der Kostenberechnung die von der Fertigungsvorbereitung vorbestimmten Mengen und Zeiten und nicht die tatsächlich angefallenen Werte angesetzt. Die Bewertung von Materialien mit häufig schwankenden Preisen erfolgt in der Regel mit Durchschnitts- oder Verrechnungspreisen. Bei den Einzelkosten können damit Preis- und Mengenabweichungen entstehen. Definitionsgemäß sind nur normale Wertverzehre als Kosten zu erfassen. Daher werden z.B. die effektiv angefallenen, oft durch außerordentliche Ereignisse beeinflußten Abschreibungen, Zinsen und Wagnisse durch kalkulatorische Werte, die auf Schätzungen mit Durchschnitts- oder Plancharakter beruhen, ersetzt.

Unabhängig von der Problematik der Ermittlung der Istkosten zeigt eine kritische Betrachtung, daß ihr Ansatz für die Aufgaben der Kostenrechnung als Kontroll- und Führungsinstrument wesentliche Nachteile mit sich bringt. So sind Istkosten als Vergangenheitswerte immer das Ergebnis sehr unterschiedlicher Kosteneinflußgrößen. Die Auswirkungen von Preis- und Beschäftigungsschwankungen, Kapazitäts- und Auftragsveränderungen sowie von wechselnden Unwirtschaftlichkeiten sind im einzelnen meist nicht feststellbar. Diese Zufallseinflüsse machen die Istkostenrechnung als Orientierungshilfe und Maßstab für die Kostenkontrolle weitgehend unbrauchbar. Die Werte für die innerbetrieblichen Leistungen sowie die Zuschlagsätze für die Kalkulation müssen in einer Istkostenrechnung in jeder

Periode neu berechnet werden. Dadurch erhöht sich die Schwerfälligkeit der Kosten-überwälzung und die Ermittlung aktueller Daten wird verzögert. Vorkalkulationen müssen mit Zuschlagssätzen durchgeführt werden, die auf den Istkosten der Vor-periode beruhen. Bei stärkeren Preis- und Beschäftigungsschwankungen führt dies zu Fehlinformationen bei der Preisfindung. Außerdem entstehen Über- oder Unter-deckungen auf den Hauptkostenstellen, die am Ende der Periode festgestellt und mit den Einzelkostenabweichungen auf die Kostenträger nachverrechnet werden müssen, wenn die vollkommene Kostenüberwälzung gewährleistet sein soll.

Trotz dieser Nachteile kann ein Unternehmen nicht auf die Istkostenrechnung verzichten. Sie ist wegen gesetzlicher Vorschriften erforderlich, um die Bewer-tung an Halb- und Fertigfabrikaten durchführen zu können. Außerdem ist dieses System für die Preisermittlung bei öffentlichen Aufträgen vorgeschrieben. Das tatsächliche Betriebsergebnis kann ebenfalls nur durch die Istkostenrechnung fest-gestellt werden. Letztlich ist sie erforderlich für die Durchführung von Normal-oder Soll-Istvergleichen. Bezüglich dem ursprünglich wichtigsten Ziel der Istkosten-rechnung, der Nachkalkulation, sind jedoch Abstriche zu machen.

Vor allem bei der Massen- und Großserienfertigung ist eine wiederholte Nach-kalkulation überflüssig, solange keine grundsätzlichen Veränderungen in der Kosten-struktur eintreten, zumal die Preise in der Regel vom Markt bestimmt werden. Außerdem lassen sich Veränderungen in den Selbstkosten systembedingt nicht auf ihre Ursachen zurückführen. Damit reduziert sich die Bedeutung der Nach-kalkulation weitgehend auf Unternehmen mit Einzelfertigung.

C. Vollkostenrechnung mit Normalkosten

Mit der Entwicklung der Normalkostenrechnung wurde die Absicht verfolgt, die Kalkulationsergebnisse der Istkostenrechnung zu aktualisieren und zu vereinfachen. Dies wird durch die Verwendung von Normalkosten, die von Zufälligkeiten berei-nigte Vergangenheitswerte darstellen, erreicht. Die Normalisierung bezieht sich auf Einzel- und Gemeinkosten und soll Preis- und Mengenveränderungen, Verfah-renswechsel und Beschäftigungsschwankungen in ihren Auswirkungen auf die Kosten ausgleichen. Die Nivellierung beruht auf dem Prinzip der Durchschnittsbildung. Die Istkostenwerte zweier oder mehrerer vergangener Perioden werden addiert und durch die Anzahl der Perioden dividiert. Normalkosten können gebildet werden durch die Normalisierung der Faktorpreise und/oder -mengen sowie des Beschäfti-gungsgrades.

Für die Normalisierung der Einzelkosten Fertigungsmaterial und Fertigungslohn werden feste Verrechnungspreise als statistische Durchschnittswerte gebildet. Es ist jedoch auch möglich, einen Preis, der zu einem bestimmten Zeitpunkt Gültig-keit hat, über mehrere Perioden als Basiswert zu verwenden. Als Faktormengen finden wie in der Istkostenrechnung die durch die Fertigungsvorbereitung vor-gegebenen Akkordzeiten bzw. Materialeinsatzmengen Anwendung. Bei den Gemein-kosten werden in der Regel nicht die einzelnen Kostenarten normalisiert. Da es im wesentlichen um eine Verbesserung der Kalkulation geht, erfolgt lediglich eine Normalisierung der Verrechnungssätze für die innerbetrieblichen Leistungen sowie insbesondere der Zuschlagssätze für die Fertigungs-, Material-, Verwaltungs- und Vertriebsgemeinkosten. Der Ansatz von Normalverrechnungs- und -zuschlagssätzen kann als typisches Merkmal für eine Normalkostenrechnung angesehen werden. Es entstehen damit auf allen Kostenstellen Über- oder Unterdeckungen zwischen Istkosten und den mit Hilfe der Normalverrechnungs- und -zuschlagssätze verrechneten Normalkosten. Einzel- wie Gemeinkostenabweichungen werden in der Regel nicht auf die Kostenträger nachverrechnet, sondern direkt auf das Betriebsergebniskonto übernommen. Damit ist der Grundsatz der vollkommenen Kostenüberwälzung, wie er in der Istkostenrechnung gilt, durchbrochen. Die Normalisierung des Beschäftigungsgrades erfolgt durch den Ansatz einer durchschnittlich erreichten Auslastung.

Die Vorteile der Normalkostenrechnung liegen vor allem in der Vereinfachung und Beschleunigung der Kalkulation. Dies gilt besonders für die Vorkalkulation durch den Ansatz von normalisierten Einzelkosten und Normalzuschlagssätzen für die Gemeinkosten. Nachkalkulationen werden vor allem für Serien- und Massenprodukte weitgehend überflüssig. Außerdem bringt der Ansatz von Normalkosten durch die Ausschaltung unerwünschter Schwankungen eine größere Stetigkeit in die Kostenrechnung, wodurch die Kontrollfähigkeit verbessert wird.

Die aufgezeigten Vorteile haben dazu geführt, daß die Normalkostenrechnung ein weit verbreitetes System der Kostenrechnung darstellt, das oft mit der Istkostenrechnung verwechselt wird. Dennoch muß festgehalten werden, daß dieses System wegen seiner Vergangenheitsorientierung der wichtigen Aufgabe der Kostenkontrolle nicht ausreichend gerecht werden kann. Aus dieser Erkenntnis wurden verschiedene Ansätze entwickelt, um eine Verbesserung im Rahmen der Normalkostenrechnung zu erreichen.

Der erste Schritt war die Anpassung der rein vergangenheitsorientierten Normalkosten an absehbare Preis- und Beschäftigungsveränderungen. Kilger spricht in diesem Zusammenhang von aktualisierten Mittelwerten (W. Kilger, I, S. 41), die tendenziell bereits die Weiterentwicklung zu Planwerten andeuten. Diese Verbesserungen der Aussagefähigkeit der Kosten führen zu einer Verringerung der Abweichungen zwischen Istkosten und verrechneten Normalkosten.

Der zweite Ansatz zur Weiterentwicklung der Normalkostenrechnung zielt auf eine weitere Verbesserung der Kontrollfähigkeit ab. Ausgangspunkt war die Erkenntnis, daß Beschäftigungsveränderungen einen großen Einfluß auf die Höhe der Über- und Unterdeckungen haben. Um nun den Anteil der Beschäftigungsabweichungen zu ermitteln, ist es erforderlich, die Kosten in beschäftigungsabhängige und beschäftigungsunabhängige Wertverzehre aufzuteilen. Damit findet die Unterscheidung zwischen fixen und variablen Kosten zusätzlich zu den Einzel- und Gemeinkosten, die weiterhin die Basis für die Kalkulation bilden, Eingang in die Vollkostenrechnung. Die Verwendung der proportionalen Kosten bleibt auf die Stellenrechnung begrenzt. Sie ermöglicht eine verbesserte Anpassung an Beschäftigungsschwankungen. Im Vergleich zwischen Normal- und Istkosten lassen sich außerdem Beschäftigungsabweichungen bestimmen.

Die Bedeutung der Normalkostenrechnung liegt eindeutig in der Vereinfachung und Beschleunigung der gesamten Kostenverrechnung. Dies wird durch den Ansatz normalisierter Einzelkosten, Verrechnungs- und Zuschlagssätze erreicht und wirkt sich insbesondere in der Kalkulation aus. Darauf ist auch die weite Verbreitung der Normalkostenrechnung in der Praxis zurückzuführen. Außerdem erfolgen erste Schritte zur Verbesserung der Kostenkontrolle. Dabei darf jedoch nicht übersehen werden, daß eine ausreichende Analyse der Abweichungen noch nicht möglich ist, da selbst aktualisierte Normalkosten mit Unwirtschaftlichkeiten behaftet sind.

D. Vollkostenrechnung mit Plankosten

Die Entwicklung der Vollkostenrechnung mit Plankosten ist im wesentlichen auf zwei Gründe zurückzuführen. Einmal verlangten die zunehmenden Betriebsgrößen sowie der verschärfte Wettbewerb eine Orientierungshilfe zur besseren Einflußnahme auf die zukünftigen Abläufe im Unternehmen, um die Chancen zu verbessern und die Risiken zu vermindern. Zum anderen benötigte man für eine erfolgreiche Kostenkontrolle leistungsfähige Maßstäbe. Beide Zielsetzungen führten konsequenterweise zum Aufbau der Plankostenrechnung. Zu ihrer Durchführung ist eine integrierte Unternehmensgesamtplanung wesentliche Voraussetzung. Gleichzeitig stellt die Plankostenrechnung jedoch auch einen unabdingbaren Bestandteil der Unternehmensplanung dar, da sie mit Hilfe von Soll-/Istvergleichen eine laufende Plankontrolle ermöglicht.

Die Entwicklung zur Plankostenrechnung erfolgte über die beiden Vorstufen der Standard- und Budgetkostenrechnung.

Die bereits zu Beginn des Jahrhunderts in den USA entwickelte *Standardkostenrechnung* ist vornehmlich auf den Produktionsbereich des Unternehmens ausgerichtet. Unter Standardkosten (standard costs) werden im wesentlichen die auf den Kostenträger bezogenen Plankosten und zwar insbesondere die geplanten Herstellkosten je Leistungseinheit verstanden. „Standards sind sorgfältig bestimmte Maßgrößen zur Erfassung der mengen- oder zeitmäßigen Verbräuche und Leistungen im Betriebsprozeß. Ingenieurmäßige Standards, wie Mengen- und Zeitangaben, müssen durch Bewertung mit Geldwerten in Kosten ausgedrückt werden, um einen Standardkostenbetrag zu schaffen" (*A. Matz*, I, S. 106).

Ausgangspunkt ist damit die Vorgabe von Verbrauchsmengen (Mengengerüst) als technischen Standards, die dann mit Planpreisen (Preisgerüst) bewertet werden, um eine Wirtschaftlichkeitskontrolle im Fertigungsbereich zu ermöglichen. Die Standardkostenrechnung ist damit in erster Linie auf die Kontrolle der technisch-mengenmäßigen Ergiebigkeit (vgl. *E. Kosiol*, I, S. 601) ausgerichtet. Aufgrund der vorgegebenen technischen Relationen ist eine Planung im Fertigungsbereich verhältnismäßig einfach möglich.

Die *Budget- oder Prognosekostenrechnung* stellt im gewissen Sinne eine Ergänzung der Standardkostenrechnung dar. Sie dient im wesentlichen der ökonomisch-wertmäßigen Ergiebigkeit (vgl. *E. Kosiol*, I, S. 601) und ist auf die Kostenvorgabe je *Kostenstelle* orientiert. Budgetkosten sind damit die für einen bestimmten Zeitraum pro Kostenstelle vorgegebenen Kosten in Form von erwarteten Istkosten. Im Vordergrund stehen der Verwaltungs- und Vertriebsbereich. Als besondere Schwierigkeit ihrer Planung ist zu beachten, daß der Mengenverbrauch weitgehend nur durch Schätzungen bestimmt werden kann, da eindeutige technische Kausalitäten fehlen.

Der Begriff *Plankosten* wurde im Jahre 1925 erstmals durch *M.R. Lehmann* verwendet. Er hat sich als Oberbegriff für zahlreiche andere Bezeichnungen wie Standardkosten, Budgetkosten, Richtkosten, Normkosten, Sollkosten und Vorgabekosten durchgesetzt. Unter Plankosten versteht man Kostenvorgaben, die, losgelöst vom Kostenanfall in der Vergangenheit, den zukünftig zu erwartenden bzw. angestrebten Werteverzehr darstellen. Dazu ist es erforderlich, das erwartete Mengen- bzw. Zeitgerüst, die voraussichtlichen Wertansätze sowie den möglichen Beschäftigungsgrad zu ermitteln. Sie beinhalten damit alle periodenspezifischen Einflüsse und sind frei von erkennbaren und vermeidbaren Unwirtschaftlichkeiten.

Wie bei der Normalkostenrechnung lassen sich auch bei der Plankostenrechnung als Vollkostenrechnung eine starre und eine flexible Variante unterscheiden.

1. Starre Plankostenrechnung

Die starre Plankostenrechnung ermittelt die Plankosten jeweils für eine bestimmte, meist durchschnittliche Planbeschäftigung als Einzel- und Gemeinkosten pro Jahr und verzichtet auf die Zerlegung der Kosten in ihre fixen und proportionalen Teile. Es wird also keine Anpassung der Plankosten an die tatsächlich eingetretenen Beschäftigungsgrade vorgenommen. Der Vergleichsmaßstab für die Istkosten bleibt also starr auf den Planbeschäftigungsgrad bezogen.

Die Planung der Einzelkosten ist unproblematisch. Als Mengengerüst werden die vorgegebenen Daten der Fertigungsvorbereitung verwendet. Die Bewertung erfolgt mit erwarteten Planpreisen. Die Gemeinkosten werden auf der Grundlage des Beschäftigungsgrades in Form von Planbezugsgrößen wie Ausbringungsmengen, Fertigungszeiten usw. in den einzelnen Kostenstellen geplant. Durch Vergleich der Plan- mit den Istkosten werden monatlich, quartalsmäßig, halbjährlich und/oder jährlich die Abweichungen festgestellt. Diese lassen sich jedoch nicht exakt auf ihre unterschiedlichen Ursachen analysieren, da Plan- und Istbeschäftigungsgrad nicht übereinstimmen. Es sind bestenfalls Schätzungen über die anteiligen Verbrauchs-, Preis- und Beschäftigungsabweichungen möglich. Damit ist keine ausreichende Kostenkontrolle gegeben.

Für die Vorkalkulation der Produkte werden Planverrechnungssätze zu Vollkosten gebildet. Dazu müssen die Plankosten einer Stelle durch die Planbezugsgröße dividiert werden. Durch Multiplikation des Plankostensatzes mit den tatsächlich erstellten Leistungen ergeben sich die über die Kalkulation der Produkte an den Markt verrechneten Plankosten. Die zwischen den Istkosten und den verrechneten Plankosten entstehende Über- oder Unterdeckung läßt ebenfalls keine Aussage über die Wirtschaftlichkeit zu, da keine Trennung zwischen den variablen und den fixen Kosten vorliegt (vgl. Abb. 30).

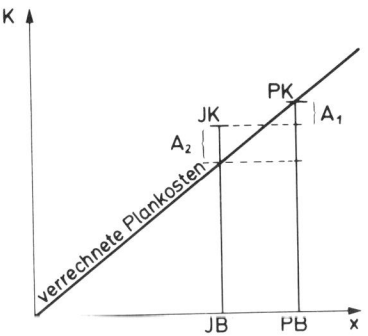

PK = Plankosten
PB = Planbeschäftigung
IK = Istkosten
IB = Istbeschäftigung
A_1 = Verbrauchsabweichung
A_2 = Beschäftigungsabweichung (Über-/Unterdeckung)

Abb. 30: Abweichungsanalyse bei einer starren Plankostenrechnung

Die starre Plankostenrechnung, die in der Literatur auch als eine notwendige Entwicklungsstufe zur flexiblen Plankostenrechnung bezeichnet wird, verwirklicht erstmals den Einsatz von Plankosten als einem effizienten Maßstab für die Istkosten. Allein der Vorgang der Planung von Kosten bietet bereits vielfältige Möglichkeiten des Einblicks in die Betriebsabläufe und damit zur Verbesserung der Wirtschaftlichkeit. Weiterhin zeichnet sich dieses Kostenrechnungssystem durch eine einfache und schnelle Handhabung aus. Diesen Vorteilen stehen jedoch auch schwerwiegende Nachteile gegenüber. So stellen die für einen bestimmten Beschäftigungsgrad ermittelten Plankosten nur einen relativen Maßstab dar, der umso problematischer ist, je mehr die Istbeschäftigung von der Planbeschäftigung abweicht. Die Gesamtabweichung zwischen Plan- und Istkosten hat damit nur geringe Aussagekraft. Da außerdem keine Trennung in fixe und proportionale Kostenanteile erfolgt, kann die Gesamtabweichung auch nicht auf ihre unterschiedlichen Ursachen zurückgeführt werden. Dennoch weist L. *Haberstock* zu Recht darauf hin, daß in bestimmten Teilbereichen des Unternehmens nur diese Form der Plankostenrechnung Anwendung finden kann. Es handelt sich dabei um Stellen im Verwaltungs- und Vertriebsbereich wie z.B. die Planungsabteilung, die Marktforschung, Grundstücks- und Gebäudeverwaltung, für die keine geeigneten Beschäftigungsmaßstäbe als Planbezugsgrößen gegeben sind, so daß lediglich am Jahresende die Istkosten mit den Plankosten als Budgetkosten verglichen werden können. Auch für Betriebe mit langfristiger Auftragsfertigung hat die starre Plankostenrechnung eine gewisse Bedeutung, da hier die Auslastungsschwankungen vergleichsweise gering sind.

145

2. Flexible Plankostenrechnung

Die Weiterentwicklung der starren Plankostenrechnung zur flexiblen Plankostenrechnung verfolgte das Ziel, eine fundierte Kostenkontrolle auf der Grundlage einer entsprechenden Abweichungsanalyse zu ermöglichen. Dazu ist es erforderlich, die starre Bindung der Plankosten an die Planbeschäftigung aufzulösen. Dies geschieht durch die Umrechnung der Plankosten auf die jeweils eingetretene Istbeschäftigung. Die aufgrund der flexiblen Anpassung der Plankosten an die Istbeschäftigung ermittelten Vorgabewerte nennt man *Sollkosten*, da sie als Orientierungsmaßstab Normcharakter besitzen und einen aussagefähigen Vergleichsmaßstab für die Istkosten darstellen. Voraussetzung dafür, daß die einzelnen Kosten je Kostenstelle mit ihrem Sollwert ermittelt werden können, ist die Auflösung der Plankosten in ihre fixen und proportionalen Bestandteile, da im Rahmen gegebener Kapazitätsgrenzen nur die variablen Kostenanteile eine Veränderung durch die Auslastung erfahren. Eine Kostenrechnung, in der eine Anpassung der Plankosten als Sollkosten an die Istbeschäftigung möglich ist, wird als flexible Plankostenrechnung bezeichnet. Sie vollzieht sich in den Stufen der Ermittlung der Basisplankosten, der Soll- und der verrechneten Plankosten sowie der Ermittlung und Analyse der Abweichungen.

a) Ermittlung der Plankosten

Plankosten sind systematisch ermittelte, „konstruierte" Wertverzehre zum Zwecke der Vorgabe und Kontrolle betrieblicher Abläufe. Sie müssen alle periodenspezifischen Kosteneinflußgrößen, die nicht beeinflußt werden können bzw. nicht verändert werden sollen, wie z.B. Faktorpreise bzw. Kapazitäten, beinhalten und sollen frei sein von allen erkennbaren und vermeidbaren Unwirtschaftlichkeiten, wie z.B. Mängel im Arbeitsablauf. Plankosten dienen der Beurteilung von Istkosten und können als Gesamtkosten bzw. als einzelne Kostenarten für das gesamte Unternehmen, einzelne Funktionsbereiche, Kostenstellen bzw. Arbeitsplätze ermittelt werden. Bei der derzeitigen Entwicklung der aktuellen Unternehmensführung dominiert die differenzierte Berechnung von Kostenarten innerhalb einzelner Kostenstellen. Diese werden im Rahmen einer Jahresplanung ermittelt und dann in monatlichen Vorgaben linear bzw. gewichtet konkretisiert. Die Planung vollzieht sich möglichst losgelöst von der Vergangenheit, auf der Grundlage eines exakt bestimmten Mengengerüstes, das aus den Aktivitätenplänen wie z.B. dem Absatz-, Produktions-, Investitionsplan einer integrierten Unternehmensgesamtplanung abgeleitet wird. Die Bewertung erfolgt mit zukünftig zu erwartenden Preisen. Außerdem ist es notwendig, für jede Kostenstelle eine erwartete Planbeschäftigung auf der Basis von Ausbringungsmengen, Fertigungsstunden, Auslastungsgraden usw. als Bezugsgröße für die Kostenermittlung festzulegen. Diese sollte als optimale Beschäftigung im Sinne eines realisierbaren, anzustrebenden Zustandes vorgegeben werden, kann jedoch auch als normale, durchschnittliche, maximale bzw. engpaßbezogene Auslastung den Primärplänen entnommen werden. Hinsichtlich der Planbarkeit wird zwischen den engineered, managed und committed costs unterschieden (vgl. *H.-M. Schönfeld*, II, S. 17 f.).

(1) Kosten, denen eine meßbare Leistung gegenübersteht, so daß Kostenverbrauch und Leistung in einem Kausalitätsverhältnis zueinander stehen, werden als

engineered costs bezeichnet. Dazu zählen der Fertigungslohn und das Fertigungsmaterial, aber auch Stelleneinzelkosten wie der Stromverbrauch je Laufstunde. Das Mengengerüst dieser Kosten kann mit ingenieurmäßigen Verfahren genau ermittelt und den Stücklisten, Zeitaufschreibungen, Produktionsplänen usw. entnommen werden.

(2) Kosten, denen keine meßbare Leistung gegenübersteht, sind entscheidungsabhängige Wertverzehre oder *managed costs.* Im wesentlichen handelt es sich hierbei um Stellengemeinkosten im Material- und Fertigungsbereich, im Verwaltungs- und Vertriebsbereich. Da hier vorwiegend die „Irrationalität des Menschen und des Marktes" *(K. Agthe,* S. 18) vorherrscht, also meist keine objektiven Leistungsmaßstäbe vorliegen, ist die Bestimmung des Mengengerüstes sehr schwierig. Für eine Budgetierung müssen daher entsprechende Leistungsrelationen aufgrund von Erfahrungswerten wie z.B. die Kennziffer Werbekosten je Umsatzeinheit gebildet werden. Damit ist die Einwirkung von Vergangenheitseinflüssen und Unwirtschaftlichkeiten auf die Plankosten nicht mehr ausgeschlossen. Einen Fortschritt stellt die „Zero-base-budgeting-Methode" dar, die auf vergangene Werte verzichtet und eine Kostenplanung auf einer „Nullbasis" versucht. Die Aussagefähigkeit der Abweichungsanalyse bei den managed costs hängt also wesentlich vom Grad der Genauigkeit der Vorgabe ab.

(3) Kosten, die aufgrund zurückliegender Entscheidungen unabänderbar gegeben sind, stellen *committed costs* dar. Sie lassen sich leicht planen, da es sich im wesentlichen um fixe Kosten wie Abschreibungen, Zinsen usw. handelt. Auch diese Wertverzehre müssen einer Kostenkontrolle unterzogen werden, obgleich sie über längere Zeit festliegen und meist nur durch obere Führungsstellen beeinflußt werden können.

Die Plankosten werden in der Regel für einen Zeitraum von einem Jahr ermittelt und monatlich, quartalsweise, halbjährlich und jährlich als Kostenarten je Kostenstelle vorgegeben. Bei der flexiblen Plankostenrechnung wird der Werteverzehr auf der Grundlage einer bzw. mehrerer unterschiedlicher Auslastungen (Stück, Prozent) ermittelt. Man spricht daher auch von der einstufigen bzw. mehrstufigen Kostenplanung. In der Praxis dominiert die einstufige Kostenplanung, die mit Hilfe der *Basisplanbeschäftigung* die *Basisplankosten* festlegt.

Aus der Addition der einzelnen Kostenarten ergeben sich die gesamten Basisplankosten einer Kostenstelle; die Summe aller Stellenplankosten ergibt die Basisplankosten des Unternehmens und zwar getrennt nach fixen und variablen Anteilen (vgl. Abb. 31).

b) Ermittlung der Sollkosten und der verrechneten Plankosten

Im Gegensatz zur starren gibt die flexible Plankostenrechnung nicht die Basisplankosten als Steuerungs- und Kontrollmaßstab vor. Sie bezieht diese Kosten vielmehr auf weitere Beschäftigungen. Plankosten, die auf von der Basisbeschäftigung abweichende, mögliche oder tatsächliche Istbeschäftigungen umgerechnet werden, heißen *Sollkosten.* Sie sollen bei der zugrundeliegenden Beschäftigungssituation erreicht werden. Be-

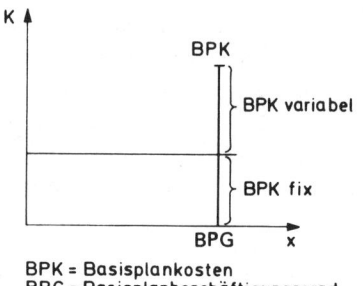

BPK = Basisplankosten
BPG = Basisplanbeschäftigungsgrad

Abb. 31: Ermittlung der Basisplankosten

reits zu Beginn der Planperiode lassen sich Sollkosten für mehrere realisierbare Beschäftigungen vorgeben, um im Sinne einer effizienten Unternehmensführung als Orientierungshilfe zu dienen. Auf jeden Fall werden am Ende der Periode diejenigen Sollkosten als Kontrollmaßstab angesetzt, die der tatsächlich eingetretenen Istbeschäftigung entsprechen.

Die Sollkosten weichen von den Basisplankosten ab, weil die proportionalen Kosten auf eine Beschäftigungsänderung reagieren, während die fixen Anteile unverändert bleiben. Für die praktische Kostenplanung ergibt sich nun die Schwierigkeit, daß ein Teil der variablen Kosten keinen proportionalen sondern einen unterproportionalen (degressiven) Verlauf zeigt. So haben besonders die managed costs teilfixen bzw. teilproportionalen Charakter, weshalb sie auch als *gemischte Kostenarten* bezeichnet werden. Die Genauigkeit der Vorgabe der Sollkosten und damit die Kontrollfähigkeit der Plankostenrechnung hängen damit wesentlich von einer exakten Kostenauflösung ab. Das „Mischverhältnis" wird mit dem Variator erfaßt (vgl. S. 180).

Rechnerisch ergeben sich die Sollkosten aus der Summe der auf die Istbeschäftigung umgerechneten variablen Basisplankosten und den fixen Basisplankosten:

$$SK = BPK_v \cdot \frac{IB}{PB} + BPK_f$$

SK = Sollkosten
BPK = Basisplankosten
IB = Istbeschäftigung
PB = Planbeschäftigung

Unter Verwendung des Variators lassen sich die Sollkosten auch nach folgender, von K. Agthe entwickelten Formel berechnen:

$$SK_x = \underbrace{PK_B \cdot \frac{V}{10} \cdot \frac{M_x}{B}}_{\text{proportionaler Anteil}} + \underbrace{PK_B \cdot \frac{10-V}{10}}_{\text{fixer Anteil}}$$

SK_x = Sollkosten bei Beschäftigung x
PK_B = Basisplankosten
M_x = Istbeschäftigungsmenge x
B = Basisbeschäftigungsmenge
V = Variator

148

Graphisch ergeben sich die Sollkosten durch die Verbindungslinie folgender beider Punkte: Bei einer Beschäftigung von Null entstehen nur fixe Kosten; entspricht die Istbeschäftigung der Basisbeschäftigung, so sind die Sollkosten gleich den Basisplankosten. Der Verlauf aller möglichen Sollkosten wird in einer linearen Kostenkurve dargestellt. Diese Vereinfachung gegenüber einem nicht linearen Kurvenverlauf, der insbesondere auch bei einer mehrstufigen Kostenplanung auftreten könnte, ist vor allem für die Praxis unproblematisch, da sich die Abweichungen der Ist- von der Basisplanauslastung in der Regel in relativ begrenzten Bereichen bewegen (vgl. Abb. 32).

Bei der Plankostenrechnung als Vollkostenrechnung werden die Verrechnungssätze für innerbetriebliche Leistungen sowie die Gemeinkostenverrechnungssätze als Vollkostensätze gebildet. Es erfolgt also keine Trennung nach fixen und proportionalen Anteilen, so daß auch hier in der Kostenträgerrechnung das Vollkostenprinzip mit der Einteilung der Wertverzehre in Einzel- und Gemeinkosten gewahrt bleibt. Bei der Vorkalkulation beruhen die Verrechnungssätze in der Regel auf den Basisplankosten. Sofern am Jahresende die Basisbeschäftigung nicht erreicht wird, ergeben sich Abweichungen zwischen den Basisplankosten und dem auf die Produkte kalkulierten Wertverzehr. Letztere werden als *verrechnete Plankosten* bezeichnet. Es sind die bei der tatsächlich eingetretenen Ausbringung auf die Produkte verrechneten Kosten, deren Deckung über den Preis mindestens erwartet wird. Durch das Vollkostenprinzip entsteht immer dann eine Unterdeckung in Form zu wenig verrechneter fixer Kosten, wenn die Istbeschäftigung die Basisplanbeschäftigung nicht erreicht. Im umgekehrten Fall tritt eine Überdeckung durch zu viel verrechnete fixe Kosten ein.

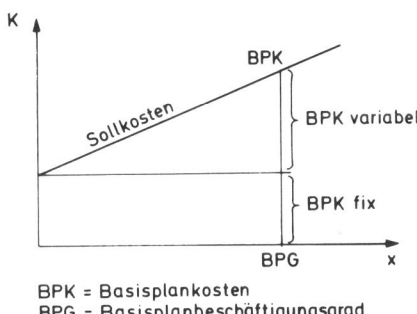

BPK = Basisplankosten
BPG = Basisplanbeschäftigungsgrad

Abb. 32: Ermittlung der Sollkosten

Rechnerisch ergeben sich die verrechneten Plankosten aus der Multiplikation der Basisplankosten je Stück (Plankostenverrechnungssatz) mit der Isterzeugnismenge je Produkt bzw. durch die auf die Istbeschäftigung umgerechneten gesamten Basisplankosten:

$$VPK = BPK \cdot \frac{IB}{PB}$$

VPK = Verrechnete Plankosten

Graphisch wird die Kurve der verrechneten Plankosten einmal durch den Nullpunkt bestimmt, da bei Beschäftigungsstillstand keine Produkte entstehen, auf die Kosten weiterverrechnet werden können; zum anderen entsprechen die verrechneten Plankosten den Basisplankosten, wenn die Ist- der Basisbeschäftigung entspricht. Dabei ist zu beachten, daß die Kurve der verrechneten Plankosten keinen realen, d. h. tatsächlichen Kostenverlauf wiedergibt. Sie ist vielmehr eine fiktive Kostenfunktion, die durch die besondere Verrechnungstechnik der Vollkostenrechnung, nämlich die Proportionalisierung der Fixkosten bei der Zurechnung auf die Kostenträger entsteht (vgl. Abb. 33).

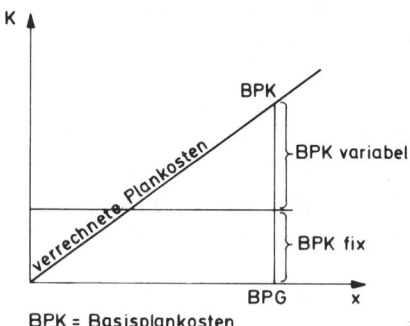

BPK = Basisplankosten
BPG = Basisplanbeschäftigungsgrad

Abb. 33: Ermittlung der verrechneten Plankosten

c) Ermittlung und Analyse der Abweichungen

Primäres Ziel der Plankostenrechnung ist die Verbesserung der ökonomischen Prozesse mit Hilfe der Kostenkontrolle. Wesentliche Grundlage dazu ist die Ermittlung und Analyse der Abweichungen zwischen den geplanten und den tatsächlich eingetretenen Wertverzehren.

aa) *Ermittlung der Abweichungen*

Grundsätzlich lassen sich so viele differenzierte Abweichungen ermitteln, wie es Kosteneinflußgrößen gibt. Dabei ist jedoch zu beachten, daß bei einer kurzfristigen, z.B. monatlichen bzw. quartalsweisen Kostenkontrolle der größere Teil der Kostenbestimmungsgrößen keine bzw. nur vernachlässigbare Veränderungen aufweist. Dies gilt z.B. für das Produktionsprogramm, die Produktionsverfahren, die Intensitäten usw. Kurzfristige Schwankungen sind vor allem bei den Preisen, der Auslastung sowie bei den Unwirtschaftlichkeiten zu erwarten. Die durch diese Einflußfaktoren bedingten Abweichungen werden daher regelmäßig unter Beachtung der Kapazitätsprämisse berechnet. Nach Abschluß der Planperiode müssen zunächst die Istbeschäftigung sowie die Istkosten festgestellt werden. Bei der Ermittlung der Abweichungen wird von der Gesamtabweichung ausgegangen, die entsprechend der wichtigsten Kosteneinflußgrößen in eine Verbrauchs- und in eine Beschäftigungsabweichung aufgeteilt werden kann. Die Verbrauchsabweichung setzt sich wiederum aus einer Preis- und einer Mengenabweichung zusammen. Die Abweichungen werden kostenartenweise bzw. für die Gesamtkosten je Kostenstelle berechnet und können durch Addition für das gesamte Unternehmen zusammengefaßt werden.

150

bzw. für die Gesamtkosten je Kostenstelle berechnet und können durch Addition für das gesamte Unternehmen zusammengefaßt werden.

(1) Die *Gesamtabweichung* einer Kostenstelle bzw. Kostenart ergibt sich aus der Differenz zwischen den Istkosten und den verrechneten Plankosten. Letztere entstehen auf den Allgemeinen- und Hilfskostenstellen aufgrund der Planverrechnungssätze für innerbetriebliche Leistungen, auf den Hauptkostenstellen durch die Plangemeinkostenverrechnungssätze für die Kostenträger (siehe S. 83 f.).

Istkosten
./. verrechnete Plankosten

= Gesamtabweichung

Die Gesamtabweichung gibt die Höhe der Über-/Unterdeckungen einschließlich der Unwirtschaftlichkeiten an. Es erfolgt keine Weiterverrechnung auf die Kostenträger, so daß auch hier das Kostenüberwälzungsprinzip der Vollkostenrechnung innerhalb der Vorkalkulation eine Durchbrechung erfährt. Die Über-/Unterdeckung wird als Korrekturwert des Planergebnisses zur Kontrolle des Istergebnisses verwendet.

Planergebnis
+/− Über-/Unterdeckung

= Istergebnis

Weiter läßt sich aus der Gesamtabweichung erkennen, wieweit die Plan- und Istverrechnungssätze auseinanderliegen. Für die Kostenkontrolle ist die Gesamtabweichung jedoch unbrauchbar, da sie nicht operational ist. Sie beinhaltet bei einer Gesamtkostenbetrachtung verschiedene Kostenarten sowie mehrere Kosteneinflußgrößen wie Preis-, Mengen-, Beschäftigungsveränderungen, die jeweils von unterschiedlichen Stellen zu vertreten sind, so daß sie bestenfalls als Information für die Führungsspitze von Interesse ist.

(2) Die *Verbrauchsabweichung* setzt sich aus Preis- und Mengenabweichungen zusammen. Sie läßt sich als Differenz zwischen den Istkosten und den Sollkosten berechnen:

Istmenge x Istpreis (Istkosten)
./. Sollmenge x Planpreis (Sollkosten)

= Verbrauchsabweichung

Sie kann auch als Summe der je Kostenart ermittelten Preis- und Mengenabweichungen gebildet werden und ist wegen der unterschiedlichen Verantwortlichkeiten dieser Teilabweichungen für Kontrollzwecke weniger geeignet. Außerdem können sich positive und negative Abweichungen überdecken. Soweit keine Preisabweichung entsteht bzw. in der Kostenrechnung nicht ermittelt wird, ist die Verbrauchsabweichung gleich der Mengenabweichung.

(3) *Preisabweichungen* ergeben sich, wenn die Planpreise mit den auf dem Markt entstandenen Beschaffungspreisen nicht übereinstimmen. Sie lassen sich wie folgt berechnen:

      Istmenge x Istpreis   (Istkosten)

./. Istmenge x Planpreis (kontrollfähige Istkosten)

=   Preisabweichung

Beschaffungspreise können in der Regel nur vom Einkauf beeinflußt werden, der damit auch für ihre Höhe verantwortlich ist. Für die Kontrolle der übrigen Kostenstellen sind sie daher unbedeutend. In der Praxis werden zunehmend Preisabweichungen aus der Kostenstellenrechnung herausgehalten. Dies geschieht dadurch, daß den Kostenstellen in der Istrechnung „Kontrollfähige Istkosten" *(H. Hankte,* II, S. 77), d.h. mit Planverrechnungspreisen bewertete Istverbräuche zugerechnet werden. Im Soll-/Ist-Vergleich treten dann keine Preisabweichungen mehr auf. Die Ermittlung von Preisabweichungen beschränkt sich im wesentlichen auf die Einzelkosten. Bei Gemeinkosten werden meist keine Preisabweichungen berechnet, da eine Differenzierung in Mengen und Preise nicht möglich ist wie z.B. bei Abschreibungen, Preisdifferenzen nicht entstehen wie z.B. bei Wasserkosten wegen der längerfristigen Konstanz der Preise oder die Preisabweichungen unbedeutend sind wie z.B. bei Büromaterialkosten.

(4) Die *Mengenabweichung* ergibt sich aus der Differenz zwischen den Sollkosten und den kontrollfähigen Istkosten, also den um die Preisabweichung bereinigten Istkosten:

      Istmenge x Planpreis   (kontrollfähige Istkosten)

./. Sollmenge x Planpreis (Sollkosten)

=   Mengenabweichung

Die Mengenabweichung zeigt an, welcher Mehrverbrauch gegenüber der als wirtschaftlich erachteten Sollmenge eingetreten ist. Ursachen sind z.B. Ausschuß, Verschwendung oder Fehlzeiten, die der Kostenstellenleiter grundsätzlich zu verantworten hat. Dabei ist jedoch zu beachten, daß auch nicht zu vertretende Mehrverbräuche durch schlechten Maschinenzustand, kurzfristige Änderungen des Fertigungsverfahrens, Konstruktionsänderungen, personal- und materialbedingte Abweichungen vorkommen. Die Mengenabweichung ist damit die wichtigste Größe für die Kostenkontrolle in den einzelnen Kostenstellen.

(5) Eine *Beschäftigungsabweichung* entsteht, wenn die Istbeschäftigung von der Planbeschäftigung abweicht. Ursache für Beschäftigungsabweichungen ist die Proportionalisierung von fixen Kosten. Sie kommen daher nur in Vollkostenrechnungen vor. Liegt die Istbeschäftigung unter der Planbeschäftigung, ist also die geplante Kapazitätsauslastung nicht erreicht, so entsteht eine Unterdeckung in Form von „Leerkosten" für die nicht genutzte Kapazität. Es han-

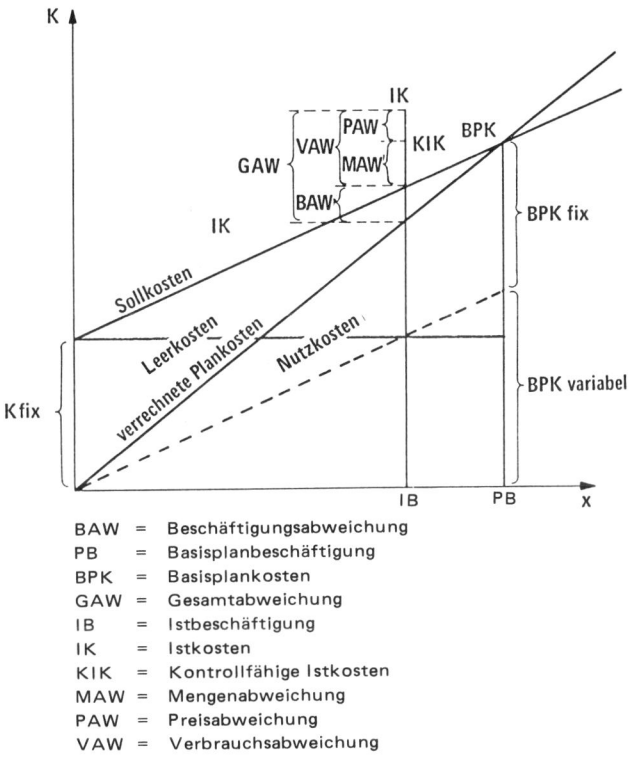

BAW = Beschäftigungsabweichung
PB   = Basisplanbeschäftigung
BPK = Basisplankosten
GAW = Gesamtabweichung
IB   = Istbeschäftigung
IK   = Istkosten
KIK = Kontrollfähige Istkosten
MAW = Mengenabweichung
PAW = Preisabweichung
VAW = Verbrauchsabweichung

Abb. 34: Kostenverhältnisse bei einer flexiblen Plankostenrechnung

delt sich dabei stets um fixe Kosten, die in der Vorkalkulation nicht auf die
Kostenträger verrechnet werden, da die zu Beginn der Periode vorgesehene
Stückzahl nicht erreicht wird. Die auf die Produkte verrechneten Fixkosten
sind die „Nutzkosten". Übersteigt die Istausbringung die Planausbringung, so
werden entsprechend zu viele Fixkosten kalkuliert und es entsteht eine Überdeckung. Die Beschäftigungsabweichung ergibt sich aus der Differenz zwischen
den Sollkosten und den verrechneten Plankosten:

Sollkosten
./. verrechnete Plankosten

= Beschäftigungsabweichung

Beschäftigungsabweichungen können in der Regel nicht von den Kostenstellenleitern
beeinflußt werden. Sie sind durch das Topmanagement verursacht und fallen daher in
deren Verantwortungsbereich.

Nach Schmalenbach lassen sich die gesamten Fixkosten in Nutzkosten und Leerkosten
aufteilen:

$$NK = K_f \cdot \frac{X_{Ist}}{X_{Plan}} \qquad\qquad LK = K_f \cdot \frac{X_{Plan} - X_{Ist}}{X_{Plan}}$$

153

NK = Nutzkosten

LK = Leerkosten

X = Auslastung

Dabei zeigt sich, daß die Leerkosten identisch sind mit der Beschäftigungsabweichung, also durch den Teil der Kapazität verursacht werden, die während einer Periode nicht genutzt wird.

Die Gesamtabweichung sowie die Teilabweichungen lassen sich auch graphisch darstellen (vgl. Abb. 34).

Rechenbeispiel

Für eine Fertigungsstelle eines Industriebetriebes ist ein monatlicher Soll-/Istvergleich durchzuführen. Dazu sind die Gesamtabweichung, die Verbrauchsabweichung als Preis- und Mengenabweichung, getrennt für die Einzelkostenarten sowie für die Summe der Gemeinkosten (bei Gemeinkosten nur Mengenabweichung) sowie die Beschäftigungsabweichung und zwar jeweils in einer Gesamt- und stückbezogenen Berechnung zu ermitteln. Für den Monat Januar liegen folgende *Plandaten* vor:

Beschäftigungsgrad : 500 Stück (100 %)
Fertigungsmaterial : 100 kg à DM 5,–
Fertigungslohn : 250 Stunden à DM 14,–
Gemeinkosten : DM 12.000,– (davon 60 % variabel)

Am Ende des Monats Januar werden folgende *Istwerte* festgestellt:

Beschäftigungsgrad : 400 Stück (80 %)
Fertigungsmaterial : 75 kg à DM 5,20
Fertigungslohn : 210 Stunden à DM 13,80
Gemeinkosten : DM 11.200,– (Kontrollfähige Istkosten)

(1) *Ausgangsdaten* für die Ermittlung der Abweichungen:

		Gesamt	je Stück
Basisplankosten			
(für 500 Stück = 100 %)			
Fertigungsmaterial	(100 · 5)	500,–	1,–
Fertigungslohn	(250 · 14)	3.500,–	7,–
Gemeinkosten		12.000,–	24,–
Summe		16.000,–	32,–
Verrechnete Plankosten			
(für 400 Stück = 80 %)			
Fertigungsmaterial	(80 . 5)	400,–	1,–
Fertigungslohn	(200 · 14)	2.800,–	7,–
Gemeinkosten	(12.000 · 0,80)	9.600,–	24,–
Summe	(32 · 400)	12.800,–	32,–
oder	(16.000 · 0,80)		
Sollkosten			
(für 400 Stück = 80 %)			
Fertigungsmaterial	(80 · 5)	400,–	1,–
Fertigungslohn	(200 · 14)	2.800,–	7,–

154

	Gesamt	je Stück
Gemeinkosten	10.560,—	26,40
[— variabel $(12.000 \cdot 0,6 \cdot 0,8)$	5.760,—	14,40]
[— fix $(12.000 \cdot 0,4)$	4.800,—	12,—]
Summe	13.760,—	34,40

oder

$$SK_X = \left(PK_B \cdot \frac{V}{10} \cdot \frac{M_x}{B}\right) + \left(PK_B \cdot \frac{10-V}{10}\right)^{1)}$$

$$= \left(16.000 \cdot \frac{7}{10} \cdot \frac{400}{500}\right) + \left(16.000 \cdot \frac{10-7}{10}\right)$$

$$= \quad 8.960 \quad + \quad 4.800 = 13.760,—$$

Istkosten
(für 400 Stück = 80 %)

		Gesamt	je Stück
Fertigungsmaterial	$(75 \cdot 5,20)$	390,—	—,975
Fertigungslohn	$(210 \cdot 13,80)$	2.898,—	7,245
Gemeinkosten		11.200,—	28,000
— variabel		6.400,—	16,000
— fix		4.800,—	12,000
Summe		14.488,—	36,220

Kontrollfähige Istkosten
(für 400 Stück = 80 %)

		Gesamt	je Stück
Fertigungsmaterial	$(75 \cdot 5)$	375,—	0,9375
Fertigungslohn	$(210 \cdot 14)$	2.940,—	7,3500
Summe Einzelkosten		3.315,—	8,2875
+ Gemeinkosten		11.200,—	28,0000
= Summe		14.515,—	36,2875

(2) *Berechnung der Abweichungen*

Gesamtabweichung	Gesamt	je Stück
Istkosten	14.488,—	36,22
./. verrechnete Plankosten	12.800,—	32,00
GAW	+ 1.688,—	+ 4,22
Verbrauchsabweichung		
Istkosten	14.488,—	36,22
./. Sollkosten	13.760,—	34,40
VAW	+ 728,—	+ 1,82
Preisabweichung		
(liegt nur für Einzelkosten vor)		
Istkosten	3.288,—	8,2200
./. Kontrollfähige Istkosten	3.315,—	8,2875
PAW/EK	— 27,—	— 0,0675

$$1 \quad V = 10 - \frac{10 \cdot K_{fix}}{Gesamtkosten} = 10 - \frac{10 \cdot 4.800}{16.000} = 7 \quad \text{(vgl. S. 180)}$$

Fertigungsmaterial			
Istkosten		390,–	0,9750
./. Kontrollfähige Istkosten		375,–	0,9375
PAW/FM	+	15,–	+ 0,0375
Fertigungslohn			
Istkosten		2.898,–	7,245
./. Kontrollfähige Istkosten		2.940,–	7,350
PAW/FL	–	42,–	– 0,105
Mengenabweichung (Gesamt)			
Kontrollfähige Istkosten		14.515,–	36,2875
./. Sollkosten		13.760,–	34,4000
MAW	+	755,–	+ 1,8875
Mengenabweichung (Einzelkosten)			
Kontrollfähige Istkosten		3.315,–	8,2875
./. Sollkosten		3.200,–	8,0000
MAW/EK	+	115,–	+ 0,2875
Fertigungsmaterial			
Kontrollfähige Istkosten		375,–	0,9375
./. Sollkosten		400,–	1,0000
MAW/FM	–	25,–	– 0,0625
Fertigungslohn			
Kontrollfähige Istkosten		2.940,–	7,35
./. Sollkosten		2.800,–	7,00
MAW/FL	+	140,–	+ 0,35
Mengenabweichung (Gemeinkosten)			
Kontrollfähige Istkosten		11.200,–	28,00
./. Sollkosten		10.560,–	26,40
MAW/GK	+	640,–	+ 1,60
Beschäftigungsabweichung[1]			
Sollkosten		13.760,–	34,40
./. verrechnete Plankosten		12.800,–	32,00
BAW	+	960,–	+ 2,40

(3) *Zusammenstellung der Abweichungen*

	PAW/EK	– 27,–	– 0,0675
+	MAW/EK	+ 115,–	+ 0,2875
+	MAW/GK	+ 640,–	+ 1,6000
=	VAW	+ 728,–	+ 1,8200
+	BAW	+ 960,–	+ 2,4000
=	GAW	+ 1.688,–	+ 4,2200

---

1 Nutzkosten: $\dfrac{4.800 \cdot 80}{100} = 3.840,-$

Leerkosten: $\dfrac{4.800 \cdot (100 - 80)}{100} = 960,-$

156

NÜSAG										
Kostenstelle:..										

Planbeschäftigung: Geschäftsjahr:
Istbeschäftigung: Monat:
Beschäftigungsgrad:

Nr. Kostenarten	Plankosten		Sollkosten		Istkosten	Abweichungen		
	fix	prop.	prop.	gesamt	gesamt	Monat	%	Σ

Aufgestellt:...

Nürtingen, den .... Genehmigt:...

Abb. 35: Kostenstellenbogen bei Plankostenrechnung

bb) Analyse der Abweichungen

Für eine effiziente Kostenkontrolle genügt es nicht, lediglich die Abweichungen festzustellen. Vielmehr ist es erforderlich, die Ursachen herauszufinden und, soweit eine Verantwortlichkeit vorliegt, auch Begründungen für die Abweichungen zu erhalten. Damit soll erreicht werden, daß Unwirtschaftlichkeiten nicht nur aufgespürt, sondern in Zukunft auch verhindert werden, da erst die *Durchführung* von Maßnahmen zur Verbesserung der Wirtschaftlichkeit führt. Ein solcher Lernprozeß setzt voraus, daß die Ergebnisse der Plankostenrechnung den Kostenstellenleitern auf Ko-

157

stenstellenbögen entsprechend dargeboten werden. Dazu wird für jede Kostenstelle ein Kostenstellenbogen benötigt, mit dessen Aufbau die Planung der Kosten, ihre Vorgabe sowie die Kontrolle im Soll-/Ist-Vergleich möglich ist. Es müssen der Beschäftigungsgrad, die Sollkosten gesamt, fix und variabel, die Istkosten sowie die Abweichungen als wesentliche Daten erfaßbar sein (Vgl. Abb. 35). Durch Zusammenfassung der einzelnen Kostenartenanteile je Stelle lassen sich dann auch die Plankosten für die Kostenartenrechnung ermitteln.

Zur Verbesserung der Wirksamkeit der Kostenkontrolle sollte jeweils zum Ende einer Periode zusammen mit den Vertretern des Rechnungswesens (Controller) eine Kostendurchsprache erfolgen. Die Begründungen für wesentliche Abweichungen sind in einem Erläuterungsbericht festzuhalten.

3. Beurteilung der Plankostenrechnung

Die Plankostenrechnung basiert als Vollkostenrechnung grundsätzlich auf der Einteilung der Wertverzehre in Einzel- und Gemeinkosten und hält an dem Ziel der vollen Kostenüberwälzung fest. Ihr wesentlicher Vorteil gegenüber den bisher dargestellten Kostenrechnungssystemen liegt in der Verwendung von Plankosten als einem auf den Abrechnungszeitraum bezogenen Orientierungs- und Kontrollmaßstab. Der periodeneinheitliche Soll-/Ist-Vergleich gewinnt seine Wirksamkeit zur Aufdeckung von Unwirtschaftlichkeiten jedoch erst in der flexiblen Plankostenrechnung durch die Auflösung der Kosten in fixe und variable Verzehre. Damit können die Sollkosten als objektiver Maßstab für die jeweils erreichte Istbeschäftigung ermittelt werden. Außerdem wird eine Aufspaltung der Abweichungen auf unterschiedliche Kosteneinflußgrößen möglich, die eine wirksame Kostenverantwortlichkeit der Stellenleiter zuläßt.

Während somit die Kostenstellenrechnung wesentlich effizienter wird, gilt dies nicht in gleichem Maße für die Kostenträgerrechnung. Zwar erfahren die insbesondere für die Vorkalkulation benötigten Werte der Einzelkosten, der Verrechnungssätze für die innerbetrieblichen Leistungen sowie die Planverrechnungssätze durch die differenzierte Planung auf den Stellen eine Verbesserung ihrer Genauigkeit. Da jedoch weiterhin mit Plankostensätzen auf Vollkostenbasis gerechnet wird, bleiben die Nachteile der Schlüsselung und Proportionalisierung der fixen Kosten erhalten.

Übungsfragen

19. Beschreiben Sie den Kostendurchlauf bei Vollkostenrechnungen.
20. Worin sehen Sie die Bedeutung einer Ist-, Normal- bzw. Plankostenrechnung auf Vollkostenbasis?

E. Weiterentwicklungen in der Vollkostenrechnung

Die verstärkte Zunahme fixer Gemeinkosten sowie die zunehmende Bedeutung der Plankosten als Kontrollmaßstab und Orientierungshilfe haben zur Entwicklung der Prozeßkostenrechnung sowie des Target Costing geführt. Sie stellen bisher keine umfassenden, neuen Kostenrechnungssysteme dar. Vielmehr können sie als Ergänzungen und Erweiterungen der bekannten Vollkostenrechnungen verstanden werden.

1. Prozeßkostenrechnung

Die fortschreitende Automatisierung und Flexibilisierung des Leistungserstellungsprozesses auf der Basis flexibler, computerintegrierter Produktionssysteme bewirkt eine absolute Zunahme planender, steuernder und koordinierender Tätigkeiten im Unternehmen. In der Folge verändern sich die Kostenstrukturen, d. h. die fixen Gemeinkosten steigen, während vor allem die variablen Lohneinzelkosten stark zurückgehen. Die traditionellen Verfahren der Kostenrechnung werden dieser veränderten Situation immer weniger gerecht. Dies zeigt sich in der Problematik einer effektiven Planung und Kontrolle der Gemeinkosten sowie bei der Verrechnung der Kostenstellenkosten auf die Kostenträger. Bei differierenden Produktmengen, Produktarten und Rüstvorgängen sowie Unterschieden in der Produktkomplexität und im Materialverbrauch kann es zu erheblichen Ungenauigkeiten bei der Ermittlung der Selbstkosten der Erzeugnisse und nachfolgend zu gravierenden Fehlentscheidungen bei der Produktpolitik kommen. Diese Problematik war der wesentliche Ausgangspunkt zur Entwicklung der Prozeßkostenrechnung, für die synonym auch die Bezeichnungen „Vorgangskostenrechnung", „Aktivitätsorientierte Kostenrechnung", „Cost-Driver-Accounting" bzw. „Activity-Based-Accounting" verwendet werden.

a) Wesen und Ziel der Prozeßkostenrechnung

Die Prozeßkostenrechnung dient vor allem der Verbesserung der Wirtschaftlichkeitskontrolle in den Bereichen mit überwiegend dispositiven Tätigkeiten, wie z. B. Forschung und Entwicklung, Beschaffung, Logistik, Arbeitsvorbereitung, Verwaltung und Vertrieb. Die Kosten werden daher nicht mehr nur kostenartenweise den Stellen zugeordnet. Vielmehr erfolgt darüber hinaus eine Zurechnung auf unterschiedliche *Prozesse* als neuen Kontrollobjekten in den Stellen. Außerdem soll die Genauigkeit der Kostenverrechnung auf die Kostenträger gesteigert werden. Dazu ist eine Verbesserung der verursachungsgerechten Kalkulation erforderlich, in der neben den bekannten Verrechnungssätzen prozentualer bzw. zeitbezogener Art zusätzlich auch Prozeßkostensätze zum Ansatz kommen.

b) Aufbau einer Prozeßkostenrechnung

Die Prozeßkostenrechnung wird derzeit in der Praxis nur als Kostenstellen- und Kostenträgerstückrechnung (Kalkulation) durchgeführt. Eine umfassende prozeßorientierte Artenrechnung sowie eine prozeßorientierte Kostenträgerzeitrechnung (Betriebsergebnisrechnung) finden nicht statt. Voraussetzung hierfür wäre die vollkommene Erfassung aller Kosten in einer Prozeßartenrechnung, was zu schwierig und aufwendig erscheint.

(1) Kostenstellenrechnung in der Prozeßkostenrechnung

Die prozeßorientierte Kostenstellenrechnung setzt eine kostenartenorientierte Stellenrechnung voraus. Sie umfaßt die Abrechnungsschritte:

– Analyse und Erfassung der Prozesse,
– Kostenverteilung auf die Teilprozesse,
– Kostenumlage von leistungsmengenneutralen auf leistungsmengeninduzierte Prozesse,
– Ermittlung der Verrechnungssätze.

Ausgangspunkt der Prozeßkostenrechnung bildet eine *Analyse* der als Tätigkeiten, Aktivitäten bzw. Prozesse bezeichneten Leistungen, die in den indirekten Bereichen erbracht werden. Dabei wird zwischen den kostenstellenbezogenen *Teilprozessen* und den kostenstellenübergreifenden *Hauptprozessen* unterschieden. Die Hauptprozesse entstehen durch die Zusammenfassung mehrerer sachlich zusammenhängender Teilprozesse verschiedener Kostenstellen. Sie dienen vor allem der besseren Identifikation der sogenannten Kostenantriebskräfte (cost driver), die hinter den Prozessen stehen und als Bezugs- bzw. Maßgrößen deren Quantifizierung für Planungs- und Verrechnungszwecke ermöglichen. Außerdem erleichtern die Hauptprozesse die Prozeßkalkulation. Die Prozesse können generell nach dem Kriterium ihres Verhaltens in bezug auf ihre Reaktion bezüglich der Veränderung des Leistungsvolumens eingeteilt werden. Entsprechend wird zwischen abhängigen (mengenvariablen) und unabhängigen (mengenfixen) Prozessen unterschieden. Die abhängigen Prozesse werden als leistungsmengeninduzierte (lmi), die unabhängigen Prozesse als leistungsmengenneutrale (lmn) Prozesse bezeichnet. Die jeweils erkannten, eindeutig gegeneinander abgrenzbaren Teilprozesse sind zu erfassen. Die *Erfassung* beinhaltet die Bezeichnung der Prozesse (z.B. Angebote einholen), die Festlegung der Maßgrößen (z.B. Anzahl der Angebote), die Ermittlung der Prozeßmengen pro Zeiteinheit (z.B. Stück pro Monat) sowie die Bestimmung der erforderlichen Personalkapazität (z.B. Anzahl der Mitarbeiter in Mannjahren).
Eine Tätigkeits- bzw. Prozeßanalyse kann bottom-up oder top-down durchgeführt werden. Die Zielsetzung einer bottom-up-Prozeßanalyse liegt in der Schaffung von Transparenz in den jeweiligen Kostenstellen durch eine umfassende Analyse aller Tätigkeiten und Prozesse. Als Vorgehensweise hat sich folgender Ablauf bewährt:

1. Ermittlung aller Tätigkeiten in den Kostenstellen;
2. Zusammenfassung der Tätigkeiten zu Prozessen;
3. Zuordnung der jeweiligen Prozesse zu den Produkten (vgl. Abb. 36).

160

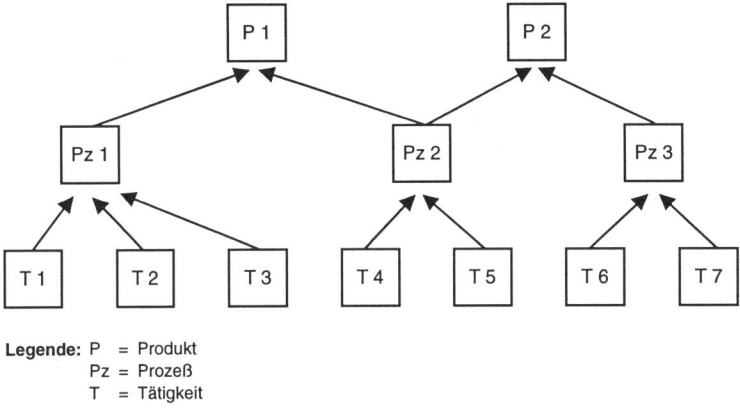

Legende: P = Produkt
         Pz = Prozeß
         T = Tätigkeit

Abb. 36: Bottom-up-Prozeßanalyse

Die Zielsetzung einer top-down-Prozeßanalyse liegt in der Bestimmung der produktrealisierenden Prozesse sowie im Aufbau einer Prozeßhierarchie. Als Vorgehensweise hat sich folgender Ablauf etabliert:

1. Erstellung eines Produkt-Prozeß-Plans;
2. Aufteilung der produktrealisierenden Prozesse in relevante Unterprozesse und Tätigkeiten (vgl. Abb. 37).

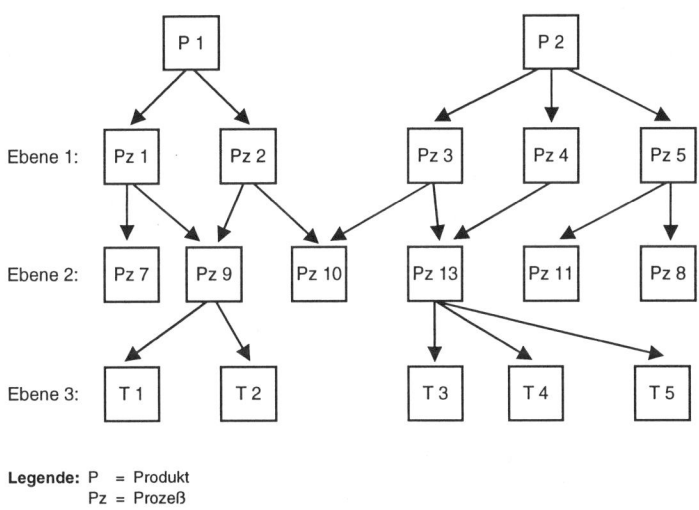

Legende: P = Produkt
         Pz = Prozeß
         T = Tätigkeit

Abb. 37: Top-down-Prozeßanalyse

Durch eine Verbindung der top-down- mit der bottom-up-Prozeßanalyse gelingt es, die nicht unmittelbar produktrealisierenden Prozesse in den Kostenstellen zu identifizieren. In der Abbildung 38 wird ersichtlich, daß der Prozeß Nr. 8 nur top-down, aber nicht bottom-up zur Realisierung des Produktes Nr. 2 benötigt wird.

161

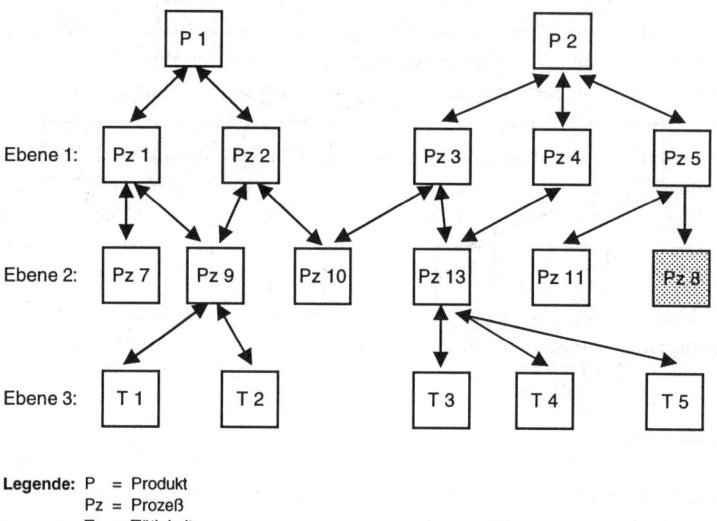

Abb. 38: Down-up-Prozeßanalyse

Generell kann die Prozeßanalyse sowohl mit der bottom-up- als auch mit der top-down-Methodik begonnen werden. Es hat sich jedoch gezeigt, daß mittels der top-down-Vorgehensweise bessere und zielgerichtetere Ergebnisse schneller erreicht werden können. Die *Kostenverteilung* auf die Teilprozesse geht von der Gesamtsumme der Kostenstellenkosten aus. Diese ist dem kostenartenorientierten Betriebsabrechnungsbogen zu entnehmen. Mit entsprechend geeigneten Verteilungsschlüsseln, in der Regel auf der Basis der Kapazitäten, werden die Gesamtkosten der Stelle auf die einzelnen Teilprozesse zugerechnet. Dazu sind die Gesamtkosten der Stelle durch die Gesamtkapazität zu dividieren und der Faktor je Kapazitätseinheit mit der jeweiligen Kapazität je Teilprozeß zu multiplizieren. Daraus ergeben sich die Primärkosten je Teilprozeß.

Die *Kostenumlage* umfaßt die Zurechnung der Kosten der lmn Prozesse auf die lmi Prozesse. Sie ist erforderlich, da eine direkte, verursachungsgerechte Verrechnung der lmn Prozesse auf die Kostenträger nicht möglich ist. Die Sekundärkosten für die lmi Prozesse, also die Umlagekosten je lmn Prozeß lassen sich im Verhältnis der Kapazitäten bzw. der Primärkosten der lmi Prozesse ermitteln. Die Addition der Primärkosten und der Sekundärkosten ergibt die Gesamtkosten je lmi Prozeß.

Die Berechnung des *Kostensatzes je Teilprozeß* erfolgt durch Division der jeweiligen lmi- und lmn-Kosten oder der gesamten Kosten durch die Prozeßmenge. Die Berechnung des *Kostensatzes je Hauptprozeß* macht zunächst die Summierung der Gesamtkosten aller in den Hauptprozeß eingehenden Teilprozesse erforderlich. Je Teilprozeß können entweder nur die lmi-Kosten vor der Umlage oder die lmi- und lmn-Kosten als gesamte Kosten verrechnet werden. Im ersten Fall werden die lmn-Kosten über einen Prozentsatz dem/den Hauptprozessen zugeschlagen. Die jeweiligen Gesamtkosten des Hauptprozesses werden dann durch die Hauptprozeßmenge dividiert.

Die nicht direkt auf Prozesse zurechenbaren *Restgemeinkosten* der Kostenstellen (Gemeinkosten derjenigen Kostenstellen, die aus Gründen der Wirtschaftlichkeit nicht bzw. nur teilweise in Prozesse gegliedert werden) werden in einer kostenstellenübergreifenden Sammelposition erfaßt und mit Hilfe eines konventionellen Zuschlagsatzes verrechnet. Dies kann mit einem summarischen Satz für alle Restgemeinkosten des Unternehmens bzw. mit differenzierten Sätzen für den Material-, Fertigungs- sowie Forschungs- und Entwicklungs-, Verwaltungs- und Vertriebsbereich geschehen. Als Zuschlagsbasis können die Einzelkosten oder lmi Prozeßkosten bzw. die Summe aus beiden Werten oder die Material-, Fertigungs- bzw. Herstellkosten verwendet werden. In die Verrechnungssätze für die Restgemeinkosten können auch die Kosten der lmn Prozesse einbezogen werden. In diesem Falle unterbleibt dann die Umlage der lmn Prozeßkosten auf die lmi Prozesse.

Teilprozesse	Erfassung			Kostenverteilung	Kostenumlage	Verteilung + Umlage	Verrechnungssätze		
	Maßgrößen	Prozeßmengen	Kapazität in MJ	Primärkosten	Sekundärkosten	Gesamtkosten	Imi Prozesse	Imn Prozesse	Imi + Imn Prozesse
Imi Prozesse . . .									
Imn Prozesse . . .									

Abb. 39: Prozeßorientierte Kostenstellenrechnung

(2) Kalkulation in der Prozeßkostenrechnung

Die prozeßorientierte Kostenträgerstückrechnung läßt sich mit Hilfe einer modifizierten Zuschlagskalkulation als Vor- bzw. Nachkalkulation durchführen. Dazu kann das nachfolgende Kalkulationsschema verwendet werden:

(1)   Fertigungsmaterial pro Stück
(2) + (Hauptprozeßkostensatz 1 · Anzahl der Prozesse) : Stückzahl (KTR)
(3) + (Hauptprozeßkostensatz 2 · Anzahl der Prozesse) : Stückzahl
(4)   ·   ·   ·
(5)   ·   ·   ·
(6)   ·   ·   ·
(7) + (Hauptprozeßkostensatz k · Anzahl der Prozesse) : Stückzahl
_____
(8) = Materialkosten ((1)−(7))
(9) + Fertigungslohn pro Stück
(10) + (Hauptprozeßkostensatz k+1 · Anzahl der Prozesse) : Stückzahl
(11) + (Hauptprozeßkostensatz k+2 · Anzahl der Prozesse) : Stückzahl
(12)   ·   ·   ·
(13)   ·   ·   ·
(14)   ·   ·   ·
(15) + (Hauptprozeßkostensatz n   · Anzahl der Prozesse) : Stückzahl
(16) + Sondereinzelkosten der Fertigung pro Stück
_____
(17) = Fertigungskosten ((9)−(16))
(18) = Herstellkosten pro Stück ((8)+(17))
(19) + Restgemeinkosten in % von (18)
(20) + (Hauptprozeßkostensatz n+1 · Anzahl der Prozesse) : Stückzahl
(21) + (Hauptprozeßkostensatz n+2 · Anzahl der Prozesse) : Stückzahl
(22)   ·   ·   ·
(23)   ·   ·   ·
(24)   ·   ·   ·
(25) + (Hauptprozeßkostensatz z   · Anzahl der Prozesse) : Stückzahl
(26) + Sondereinzelkosten des Vertriebs pro Stück
_____
(27) = Selbstkosten pro Stück

Bei einer differenzierten Berechnung der Restgemeinkosten sind diese jeweils den Positionen Fertigungsmaterial, Fertigungslohn und/oder Herstellkosten bzw. den Material-, Fertigungs- und/oder Herstellkosten zuzurechnen.

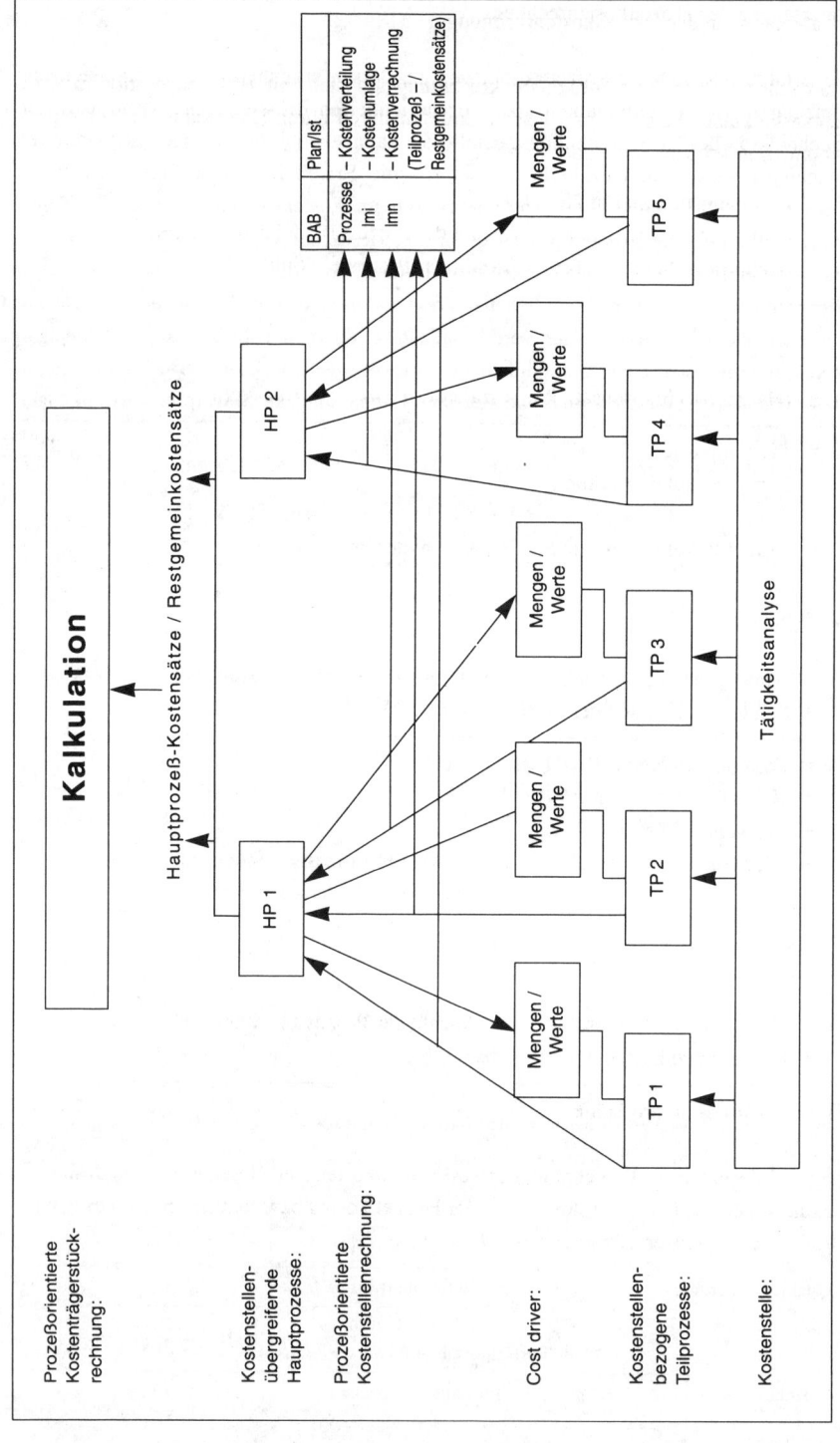

Abb. 40: Ablauf der Prozeßkostenrechnung

c) Beurteilung der Prozeßkostenrechnung

Erste Erfahrungen mit der Prozeßkostenrechnung lassen erkennen, daß sie eine sinnvolle Ergänzung zur bisher dominanten kostenartenorientierten Erfassung und wertorientierten Verrechnung in der Kostenrechnung darstellt. Sie kann sowohl mit Ist- wie mit Plankosten durchgeführt werden und ermöglicht insofern eine Erweiterung und Verbesserung der Kontrolle der Wirtschaftlichkeit, vor allem auch im kostenstellenübergreifenden Sinne. Daraus resultieren eine Erhöhung der Kostentransparenz, ein effizienterer Ressourcenverbrauch sowie eine verbesserte Kapazitätsauslastung, vor allem in den, der klassischen Kostenrechnung nur schwer zugänglichen indirekten Bereichen mit überwiegend dispositiven Tätigkeiten. Der Übergang von der wertbezogenen auf die mengenbezogene Verrechnung in der Kalkulation steigert die Genauigkeit der stückbezogenen Kostenverrechnung, was in Zeiten verschärften Wettbewerbs eine flexiblere Anpassung an Marktpreisschwankungen ermöglicht.

Als Nachteile der Prozeßkostenrechnung sind ihre bisherige Begrenzung auf die Stellenrechnung und Kalkulation, ihre überwiegende Beschränkung auf repetitive Verwaltungstätigkeiten mit geringen Entscheidungsspielräumen, mehrfache Schlüsselungen und Proportionalisierungen sowie der vergleichsweise hohe Arbeitsaufwand zu nennen.

Rechenbeispiel:

a) Führen Sie eine prozeßorientierte Stellenrechnung mit einer Kostenverteilung, Kostenumlage (lmn-Kosten) und Bildung der Verrechnungssätze (lmi, lmn und lmi + lmn) durch.

Kostenstelle: Einkauf
Fertigungsmaterialkosten: DM   5.000.000,–
Materialgemeinkosten: DM   450.000,–
Kapazität in Mannjahren: 5

durchgeführte Prozesse	Bezugsgröße	Prozeßmenge	MA in MJ
Angebote einholen	Anzahl Angebote	1.000	1,5
Bestellungen durchführen	Anzahl Bestellungen	3.000	3,0
Abteilung leiten und sonstige Verwaltungstätigkeiten			0,5
Summe			5

b) In weiteren Kostenstellen wurden folgende zusätzliche Teilprozesse mit den entsprechenden lmi + lmn-Verrechnungssätzen ermittelt:

Kostenstelle	Teilprozeß (TP)	Verrechnungssatz
Lager	Material einlagern	100.—
Qualitätssicherung	Produkte überprüfen	80.—
Fertigungssteuerung	Auftrag steuern Fertigungsablauf koordinieren	60.— 120.—
Vertrieb	Produkte verpacken	90.—

In der Kostenstelle Disposition wurde aus Gründen der Wirtschaftlichkeit keine prozeßorientierte Auflösung der Kosten vorgenommen. Die Materialgemeinkosten betragen DM 100.000,–.

Die einzelnen Teilprozesse sind wie folgt zu Hauptprozessen zusammenzufassen:

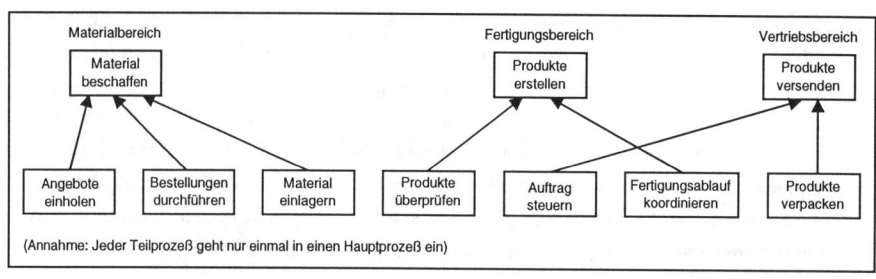

Ermitteln Sie in einer Prozeßkalkulation die Selbstkosten pro Stück für Produkt A unter Verwendung der Hauptprozeßkostensätze bzw. des Restgemeinkostensatzes, wenn folgende weitere Werte vorliegen:

Fertigungsmaterialkosten:	DM/Stück	10,–
Fertigungslohn:	DM/Stück	13,–
SEK der Fertigung:	DM/Stück	11,–
SEK des Vertriebs:	DM/Stück	7,–
Produzierte Menge:	Stück	10.000

Anzahl der Hauptprozesse
für Produkt A: Material beschaffen 20
Produkte erstellen 300
Produkte versenden 100

Lösung zu a):

lfd. Nr.	durchgeführte Prozesse	Bezugsgröße	Prozeßmenge	MA in MJ
Pz 1	Angebote einholen	Anzahl Angebote	1.000	1,5
Pz 2	Bestellungen durchführen	Anzahl Bestellungen	3.000	3,0
Pz 3	Abteilung leiten und sonstige Verwaltungstätigkeiten			0,5
Summe				5

lfd. Nr.	Kostenverteilung	Kostenumlage	Gesamtkosten	Verrechnungssätze		
				lmi	lmn	lmi + lmn
Pz 1	135.000,–	15.000,–	150.000,–	135,–	15,–	150,–
Pz 2	270.000,–	30.000,–	300.000,–	90,–	10,–	100,–
Pz 3	45.000,–					
Summe	450.000,–	45.000,–	450.000,–			

Lösung zu b):

Ermittlung der Hauptprozeß- und Restgemeinkostensätze:

— Hauptprozeßkostensatz (HPK-Satz) 1:

	Kostensatz des Teilprozesses „Angebote einholen"	:	150,—
+	Kostensatz des Teilprozesses „Bestellungen durchführen"	:	100,—
+	Kostensatz des Teilprozesses 1	:	100,—
=	HPK-Satz 1	:	350,—

— Hauptprozeßkostensatz (HPK-Satz) 2:

	Kostensatz des Teilprozesses 2	:	80,—
+	Kostensatz des Teilprozesses 4	:	120,—
=	HPK-Satz 2	:	200,—

— Hauptprozeßkostensatz (HPK-Satz) 3:

	Kostensatz des Teilprozesses 3	:	60,—
+	Kostensatz des Teilprozesses 5	:	90,—
=	HPK-Satz 3	:	150,—

— Restgemeinkosten-Satz (RGK-Satz): $\dfrac{100.000}{5.000.000} \cdot 100 = 2{,}0\,\%$

Kalkulationsschema:

	Fertigungsmaterial:		10,–
+	Restgemeinkosten:	$\dfrac{10{,}-\ \cdot\ 2}{100} =$	0,20
+	Hauptprozeßkosten Materialbereich:	$\dfrac{350\ \cdot\ 20}{10.000} =$	0,70
=	Materialkosten:		10,90
+	Fertigungslohn:		13,–
+	Hauptprozeßkosten Fertigungsbereich:	$\dfrac{200\ \cdot\ 300}{10.000} =$	6,–
+	SEK der Fertigung:		11,–
=	Fertigungskosten:		30,–
=	Herstellkosten pro Stück (HK + FK):		40,90
+	Hauptprozeßkosten Vertriebsbereich:	$\dfrac{150\ \cdot\ 100}{10.000} =$	1,50
+	SEK des Vertriebs:		7,–
=	Selbstkosten pro Stück:		49,40

2. Target Costing

a) Wesen und Zielsetzung des Target Costing

Target Costing ist ein in den 70er Jahren in Japan entwickeltes Instrument der Kostenplanung und -kontrolle. Als wesentliches Merkmal kann die Ableitung von Plankosten aus einer längerfristigen Marktbeobachtung bezeichnet werden. Target Costs werden, im Gegensatz zur traditionellen unternehmensinternen Orientierung, aus den zukünftigen Preisvorstellungen der Nachfrager für ein Produkt abgeleitet. Mit Hilfe der extern orientierten Target

Costs bzw. Zielkosten wird die Möglichkeit geschaffen, wettbewerbsfähige Produkte zu entwickeln und zu produzieren bzw. vorhandene, nicht mehr wettbewerbsfähige Produkte und Produktionsprozesse zu verbessern.

b) Aufbau des Target Costing

Das Target Costing wird in folgenden Abrechnungsschritten durchgeführt:

- Ermittlung der Target Costs
- Durchführung der Kostenkontrolle

(1) Ermittlung der Target Costs

Die Ermittlung der Target Costs basiert auf der Bestimmung des *Target Price,* der *Allowable Costs* und der *Drifting Costs.* Zur Ermittlung der Zielkosten können mehrere Verfahren angewendet werden, die in drei Gruppen eingeteilt sind:

- Substraktionsmethoden: market into company und out of competitor;
- Additionsmethoden: out of company, out of standard costs und out of value chains;
- Gegenstromverfahren: into and out of company.

Der *Target Price* ist der durch die Marktforschung ermittelte, in einer weiteren Zukunft unter Berücksichtigung des Grades der zu erwartenden Wettbewerbsintensität erzielbare Preis für ein Produkt. Als Marktforschungsmethoden, die im Rahmen des Target Costing zum Einsatz kommen, sind zu nennen:

a) Direkte Kunden-Befragung;
b) Indirekte Kunden-Befragung:
    – Conjoint-Measurement-Analyse (CJM),
    – Analytic-Hierarchy-Process (AHP);
c) Hand-am-Markt-Forschung;
d) Expertenbefragung;
e) Lead-user-Befragung (Workshops mit Präferenzkunden).

Die Conjoint-Measurement-Analyse als wesentliche Methode des Target Costing geht davon aus, daß der Kunde in einer realen Situation nicht allein nach einem Kriterium die Kaufentscheidung trifft, sondern immer eine Abwägung zwischen verschiedenen Merkmalen und Funktionen eines Produktes vornimmt. Deshalb werden möglichst alle Eigenschaften gleichzeitig betrachtet und bewertet, um die Kundenanforderungen und den Zielpreis des Gesamtprodukts zu bestimmen. Der Ablauf einer CJM-Analyse läßt sich in folgende Schritte untergliedern:

a) Festlegung der einzubeziehenden Merkmale;
b) Festlegung der Ausprägung für jedes Merkmal;
c) Design des Fragebogens und Durchführung der Befragung;
d) Berechnung der Präferenzfunktion/der Teilnutzwerte;
e) Addition der Teilnutzwerte zu einem Gesamtnutzwert.

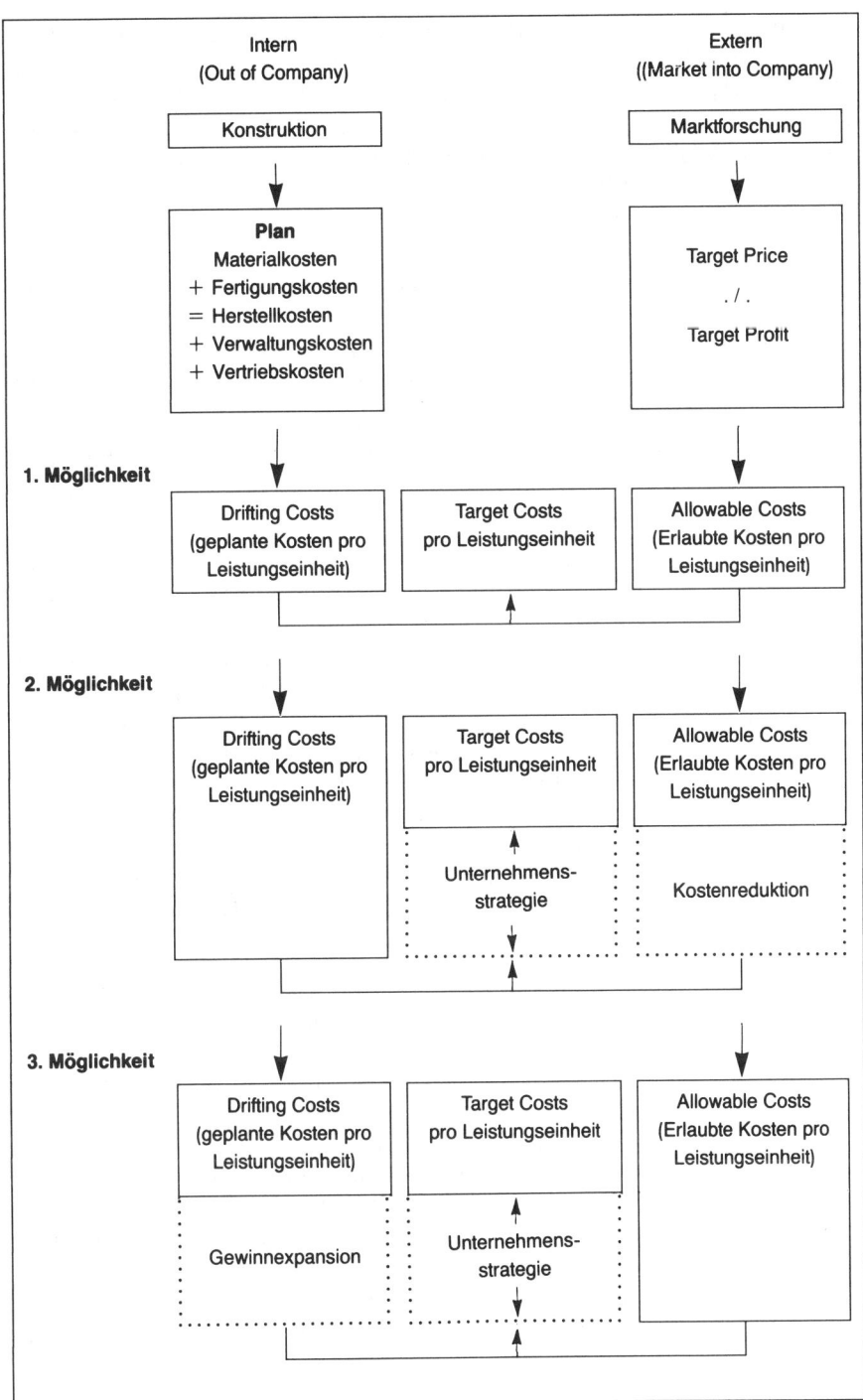

Abb. 41: Ermittlung der Target Costs

171

Auf der Basis der Ergebnisse der CJM-Analyse können mehrere Preis-Absatz-Funktionen abgeleitet werden. Mit deren Hilfe ist der konkrete Target Price eines Produktes unternehmensspezifisch festzulegen. Er stellt im Sinne des Market into Company den Ausgangspunkt der Zielkostenfindung dar. Durch den Abzug einer angestrebten *Gewinnmarge* (Target Profit) vom Target Price werden nach der Subtraktionsmethode die *Allowable Costs* berechnet. Sie sind die vom Markt maximal erlaubten Kosten pro Leistungseinheit. Neben der Bestimmung der Allowable Costs erfolgt die Ermittlung der *Drifting Costs*. Sie entstehen nach der traditionellen Additionsmethode als Standard- bzw. Plankosten je Leistungseinheit. Grundlage sind die vorhandenen bzw. geplanten betrieblichen Strukturen und Prozesse. Ihrem Wesen nach basieren sie auf einem kurzfristigen Planungshorizont mit überwiegend interner (out of company) Orientierung.

Die Ableitung der Target Costs kann in oligopolistischen Märkten wie folgt vorgenommen werden:

1. Möglichkeit: Die Allowable Costs entsprechen in ihrer Höhe den Drifting Costs (AC = DC). Die Target Costs werden dann in gleicher Höhe festgelegt (TC = AC = DC).

2. Möglichkeit: Die Allowable Costs sind niedriger als die Drifting Costs (AC < DC). Die Kostendifferenz zwischen den Drifting Costs und den Allowable Costs beschreibt das Feld einer möglichen bzw. erforderlichen Kostenreduktion. In Abhängigkeit von der jeweiligen Unternehmensstrategie lassen sich die Target Costs wie folgt berechnen:
   – Kostenführerschaft: TC = AC
     volle bzw. weitgehende Wahrnehmung der Kostenreduktion;
   – Nischenführerschaft: DC > TC > AC
     aufgrund einer Spezialisierung im Angebotsbereich teilweise Wahrnehmung der Kostenreduktion;
   – Qualitätsführerschaft: TC = DC
     aufgrund einer Produktdifferenzierung vollständiger bzw. weitgehender Verzicht auf eine Kostenreduktion.

3. Möglichkeit: Die Allowable Costs sind höher als die Drifting Costs (AC > DC). Die Kostendifferenz zwischen den Drifting Costs und den Allowable Costs beschreibt das Feld einer möglichen Gewinnexpansion. In Abhängigkeit von der jeweiligen Unternehmensstrategie lassen sich die Target Costs wie folgt berechnen:
   – Kostenführerschaft: TC = DC
     volle bzw. weitgehende Wahrnehmung der Gewinnexpansion;
   – Nischenführerschaft: AC > TC > DC
     aufgrund einer Spezialisierung im Angebotsbereich teilweise Wahrnehmung der Gewinnexpansion;
   – Qualitätsführerschaft: TC = AC
     aufgrund einer Produktdifferenzierung vollständiger bzw. weitgehender Verzicht auf eine Gewinnexpansion.

Target Costing Prozeß
(im Gesamtüberblick)

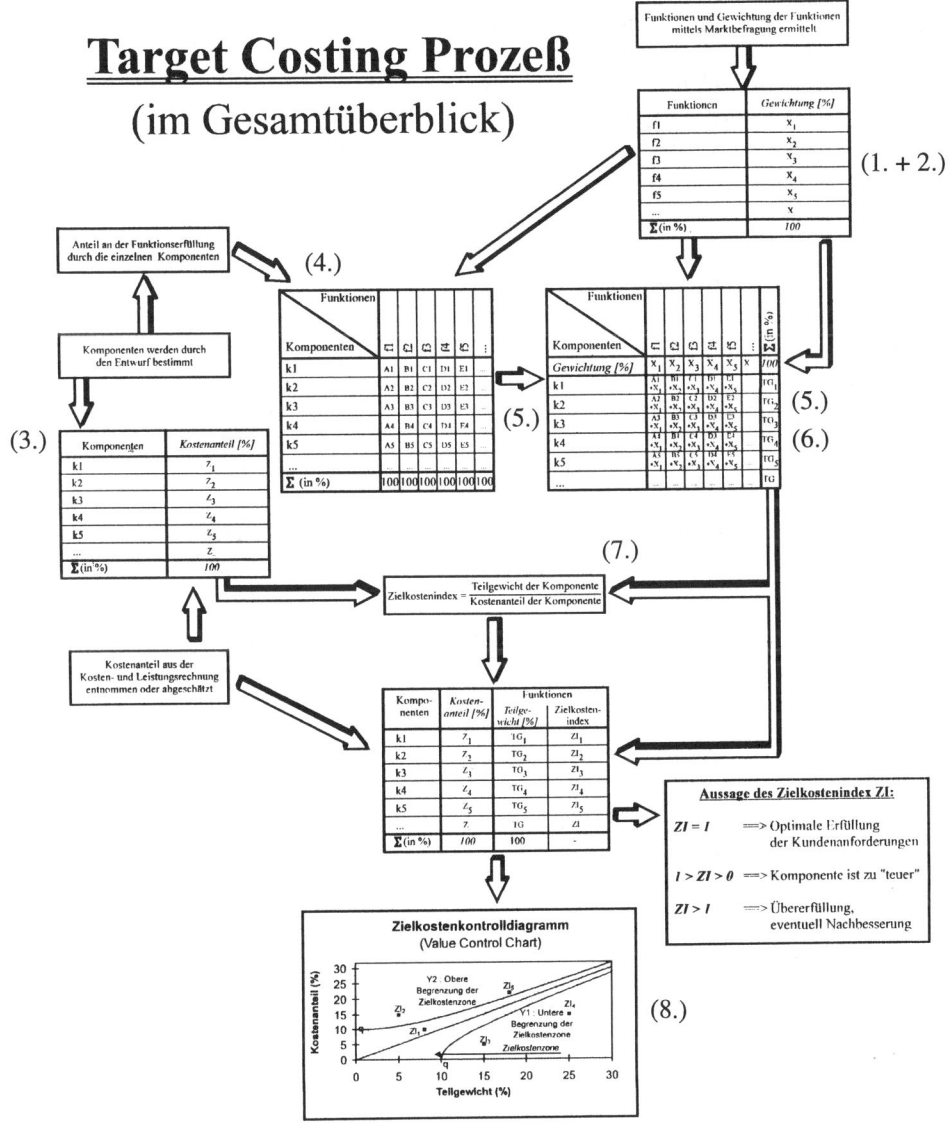

Abb. 42: Der Target Costing Prozeß im Gesamtüberblick

Quelle: Riek, O.: Target Costing in der Produktgestaltung, Diplomarbeit, FH Nürtingen 1996,
S. 49

(2) Durchführung der Kostenkontrolle

Eine effiziente Kostenkontrolle mit Hilfe des Target Costing macht eine Spaltung der Zielkosten sowie eine Überprüfung ihrer Erreichung erforderlich.

Unter der Zielkostenspaltung wird die Aufteilung der für ein Produkt ermittelten Target-Selbstkosten verstanden. Sie vollzieht sich nach *Tanaka* in folgenden Schritten (vgl. Abb. 42):

1. Bestimmung der Funktionsstruktur des Produkts;
2. Gewichtung der Produktfunktionen (Summe 100%);
3. Ermittlung der Produktkomponenten und deren Kostenanteile (Summe 100%);
4. Bestimmung des Realisierungsanteils einzelner Komponenten an den jeweiligen Produktfunktionen;
5. Ermittlung der relativen Kundenbedeutung einer Komponente; dies gelingt durch eine Relativierung des Realisierungsanteils der jeweiligen Komponente mit der entsprechenden Funktionsgewichtung der Kunden;
6. Berechnung des Teilgewichts (Wichtigkeit) einer Komponente an der Gesamtfunktion des Produkts; dies erfolgt durch Bildung der Quersumme je Komponente;
7. Ermittlung des Zielkostenindex je Komponente; dies gelingt via Division des Teilgewichts durch den Kostenanteil der Komponente;
8. Erstellung eines Zielkostenkontrolldiagramms.

Die beschriebenen Schritte werden mit Hilfe der Funktions-/Komponentenmethode umgesetzt. Im Idealfall entspricht die Gewichtung der Komponentenkosten der Gewichtung der Funktionskosten. Liegt die Gewichtung der Kosten einer Komponente über dem Gewicht der entsprechenden Funktion, besteht ein Kostenreduktionsproblem. Im umgekehrten Falle ergibt sich ein Kostenspielraum für eine höherwertige Ausführung einer vom Kunden besonders geschätzten Funktion. Die Zielkostenspaltung kann auch mit Hilfe der Vektorenrechnung durchgeführt werden.

Die Kostenkontrolle im Target Costing dient der *Überprüfung der Zielkostenerreichung*. Dazu werden die geplanten den realisierten Zielkosten gegenübergestellt. Als Abweichungen dieser mehrdimensionalen Soll-/Ist-Vergleiche sind Kostenunter- bzw. Kostenüberschreitungen sowie Kostengleichheit möglich.

c) Beurteilung des Target Costing

Das Target Costing zeigt durch die Gegenüberstellung der Allowable Costs und der Drifting Costs die Notwendigkeit zu Struktur- und Technologieveränderungen *aus dem Markt* heraus auf. Zur Erreichung der Target Costs sind u.a. folgende Kostenreduzierungsmaßnahmen möglich:

– Optimierung der Produktionsstruktur durch die Vermeidung eines verschwenderischen Produktdesigns sowie die hinreichende Verwendung von Standardmodulen (Reengineering);
– Optimierung des Produktionsprozesses durch Aggregation von Arbeitsvorgängen, Vermeidung von Fehlern und Wartezeiten (Reengineering);

- Verminderung von Fremdbezugskosten durch den Einbezug von Zulieferern in die frühen Phasen der Produktentwicklung (Simultaneous Enginceering);
- Qualitätsmanagement mit den Methoden Quality Function Deployment (QFD), Fault Tree Analysis (FTA) und Failure Mode and Effect Analysis (FMEA);
- Lebenszyklusorientierte Produkteinführung durch Time Based Management (TBM);
- Optimierung von Produkten, Methoden und Prozessen durch Benchmarking;
- Verringerung der Fertigungstiefe durch eine intensive Zusammenarbeit von Entwicklung, Konstruktion und Arbeitsvorbereitung bei der Entstehung neuer Teile.

Die Vorgabe der Targets bezieht sich dabei neben den Einzelkosten (Material, Lohn) vor allem auf die Gemeinkosten in den indirekten Bereichen, in denen hohe Rationalisierungspotentiale vermutet werden. In Kombination mit der Prozeßkostenrechnung wird es möglich, durch die Analyse von Teilprozessen in einzelnen Kostenstellen sowie einer Strukturierung der abteilungsübergreifenden Abläufe das Rationalisierungspotential transparent zu machen. Außerdem kann die Prozeßkostenrechnung das Target Costing bei der Bestimmung der Produktselbstkosten unterstützen. Durch die Integration der Prozeßkostenrechnung in das marktorientierte Zielkostenmanagement wird die Wahrscheinlichkeit erhöht, daß die Markterfordernisse, die über das Target Costing kostenseitig in das Unternehmen gelangen, erfüllt werden können.

Das Target Costing kann derzeit nicht als ein umfassendes Kostenrechnungssystem verstanden werden, stellt jedoch eine wesentliche Ergänzung und Erweiterung im Bereich der Kostenplanung dar. Die Hauptprobleme liegen dabei in einer hinlänglich vertretbaren Vorhersage des Target Price sowie einer ausreichend genauen Ableitung der Target Costs. Weiterhin ist die funktions- und komponentenorientierte Auflösung der Target Costs aufwendig und schwierig zugleich.

IV. Teilkostenrechnungen

Lernziel

Die moderne Kostenrechnung wird vor allem durch die Teilkostenrechnungen bestimmt. Der Leser soll nachfolgend zunächst deren generellen Abrechnungsverlauf kennen lernen und sich danach mit den für die Praxis derzeit bedeutendsten Systemvarianten vertraut machen.

Die Entwicklungsgeschichte der Teilkostenrechnungen kann bis zum Beginn des 20. Jahrhunderts zurückverfolgt werden. Ihr Unterschied zu den Vollkostenrechnungen liegt, wie bereits dargestellt wurde, nicht im Charakter der angesetzten Kosten. Vielmehr handelt es sich um ein völlig anderes Abrechnungssystem, das ebenfalls mit Ist-, Normal- oder Plankosten durchgeführt wird.

A. Allgemeine Merkmale der Teilkostenrechnungen

1. Kostentheoretische Grundlagen der Teilkostenrechnungen

Der kostentheoretische Ausgangspunkt der Teilkostenrechnungen ist die Einteilung der Wertverzehre in fixe und variable Kosten. Im Gegensatz dazu geht die Vollkostenrechnung von Einzel- und Gemeinkosten aus. Diese beiden Unterscheidungsmöglichkeiten der Kosten sind nicht deckungsgleich. So können Einzelkosten variable Kosten sein wie z. B. das Fertigungsmaterial, aber auch fixe Kosten in Form von Abschreibungen einer Spezialmaschine, die nur für ein Produkt verwendbar ist. Gleichermaßen gibt es sowohl fixe (z.B. Mieten) wie auch variable (z.B. Stromkosten) Gemeinkosten. Damit entsprechen im Mehrproduktunternehmen die fixen Kosten nicht den Gemeinkosten bzw. die variablen Kosten nicht den Einzelkosten.

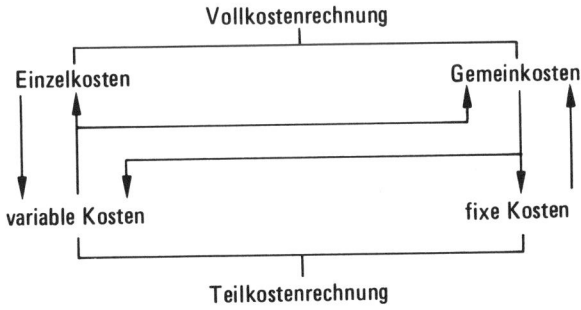

Da die beiden Einteilungen nicht deckungsgleich sind, führen sie in der Vollkostenbzw. in der Teilkostenrechnung jeweils zu andersgearteten Abrechnungsergebnissen.
Die Unterscheidung der Kosten nach fix und variabel erfolgt nach der Reaktion auf
Beschäftigungsveränderungen. Bei linearem Kostenverlauf können unter der Bezeichnung variabel proportionale, unter- und überproportionale Kosten verstanden werden. Die unter- bzw. überproportionalen Kosten sind *Mischkosten*, die
sich aus proportionalen und fixen Kostenanteilen zusammensetzen. Da in der Teilkostenrechnung die fixen Kosten verrechnungsmäßig anders behandelt werden als

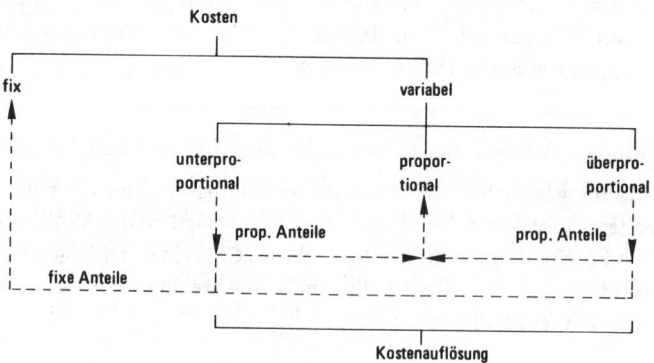

die proportionalen Kosten, müssen die Mischkosten in ihre jeweiligen Bestandteile
aufgelöst werden, wenn die Genauigkeit der Teilkostenergebnisse nicht beeinträchtigt werden soll. In der Praxis interessieren dabei vor allem die sehr häufig vorkom-
menden unterproportionalen Kosten, wie z.B. Strom- oder Telefonkosten, deren
Fixanteil u.a. durch die Grundgebühren bestimmt wird.

Zur Spaltung der Kosten werden die mathematische, die graphische und die buchtechnische Methode unterschieden.

(1) Die älteste Form der Kostenauflösung ist die von E. Schmalenbach entwickelte
mathematische Methode. In einer Grenzbetrachtung werden die Differenzko-
sten zwischen zwei Istbeschäftigungsgraden ermittelt. Diese Mehrkosten haben
rein proportionalen Charakter. Über einen proportionalen Kostensatz pro
Stück lassen sich dann die gesamten proportionalen Kosten für jede Beschäftigungssituation berechnen.

Formel für die mathematische Kostenauflösung:

$$\frac{K_2 - K_1}{X_2 - X_1} = \frac{\Delta K}{\Delta X} = k' \quad \begin{aligned} K_f &= K_1 - k'X_1 \\ &= K_2 - k'X_2 \end{aligned}$$

K_1 = Gesamtkosten bei Ausbringungsmenge X_1
K_2 = Gesamtkosten bei Ausbringungsmenge X_2
k' = Proportionale Stückkosten
K_f = Fixe Gesamtkosten

Rechenbeispiel:

Monat	1 Ausbringung Stück	2 Differenz Stück	3 Kosten DM	4 Differenz DM	5 Proport. Kosten DM/St. (4:2)	6 Proport. Kosten DM (5 · 1)	7 Fixe Kosten DM (3—6)
Januar	1.000		16.000,-			10.000,-	6.000,-
		200		2.000,-	10,-		
Februar	1.200		18.000,			12.000,-	6.000,-

(2) Die *graphische Methode* der Kostenauflösung geht von möglichst vielen Beschäftigungs- und Kostenwerten in der Vergangenheit aus. Diese Werte werden in Form eines Streupunktdiagramms in einem Koordinationskreuz festgehalten, dessen Vertikale die Kostenhöhe und dessen Horizontale die Beschäftigung erfaßt. Durch die Streupunkte wird graphisch eine Trendgerade (Regressionsgerade) gezogen, für die als geometrischer Ort die Summe der Abstände aller Punkte ein Minimum darstellt. Der Schnittpunkt der Trendkurve mit der vertikalen Achse des Diagramms bezeichnet die Höhe der fixen Kostenanteile.

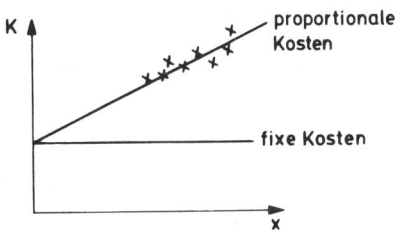

Dieses in der Praxis sehr häufig angewendete Verfahren wird dann problematisch, wenn die Streupunkte innerhalb eng begrenzter Beschäftigungsschwankungen liegen und dabei relativ stark voneinander abweichen. Anstelle der nur ungenau zu bestimmenden Trendgerade wird dann auf der Grundlage des Verfahrens der „kleinsten Quadrate" eine Regressionsgerade bestimmt.

(3) Die mathematische wie die graphische Kostenauflösung gehen jeweils von Vergangenheitswerten aus. Dies ist vor allem auch für Kostenrechnungen mit Plankosten eine nachteilige Ausgangssituation.

Die *buchtechnische Methode* untersucht daher, weitgehend losgelöst von den Istwerten, jeden geplanten Kostenbetrag innerhalb einer Kostenstelle daraufhin, „ob seine Entstehung ganz oder zum Teil auch dann gerechtfertigt ist, wenn die Beschäftigung der betreffenden Kostenstelle . . . . . . gegen Null tendiert" (*W. Kilger*, I, S. 378), ohne daß die Kapazität verändert wird. Die so ermittelten Wertverzehre sind geplante fixe Kosten. Die darüber hinausgehenden Kostenanteile verändern sich mit dem Beschäftigungsgrad ohne besondere dispositive Maßnahmen und sind damit proportionale Kosten. Die buchtechnische Kostenspaltung eignet sich besonders bei Kostenarten, deren Mengengerüst eindeutig bestimmbar ist.

(4) Das Ergebnis der Auflösung einer Mischkostenart kann durch den *Variator* festgehalten werden, um für zukünftige Perioden eine Kostenauflösung überflüssig zu machen. Diese Kennziffer läßt sich wie folgt berechnen:

$$V = 10 - \frac{10 \cdot \text{fixer Kostenanteil}}{\text{Gesamtwert der Kostenart}}$$

oder:

$$V = 10 \cdot \frac{\text{proportionaler Kostenanteil}}{\text{Gesamtwert der Kostenart}}$$

Rechenbeispiel:

Durch eine buchtechnische Kostenauflösung wird festgestellt, daß bei einem Gesamtwert von DM 10.000.– Instandhaltungskosten ein Fixkostenanteil von DM 4.000.– entsteht. Wie hoch ist der Variator dieser Kostenart?

$$V = 10 - \frac{10 \cdot 4.000}{10.000} = 6$$

Der Variator beinhaltet folgende Aussagen:

(1) er gibt den Anteil der proportionalen Kostenbestandteile an einer Kostenart an; ein Variator von 6 bedeutet, daß 60 % dieser Kostenart proportional sind;
(2) er gilt immer nur für einen bestimmten Ausgangsbeschäftigungsgrad; für jeden abweichenden Beschäftigungsgrad besteht eine neue Relation zwischen unverändertem Fixkostenanteil und verändertem Gesamtwert der Kostenart;
(3) er beschreibt die prozentuale Änderung einer Kostenart bei einer Beschäftigungsänderung um 10 %; in obigem Beispiel steigen (fallen) die gesamten Instandhaltungskosten um 6 %, wenn die Beschäftigung um 10 % erhöht (gesenkt) wird.

Die Skala der Variatoren reicht von 0 bis 10. Je nach Proportionalitätsgrad bedeuten Variator 0 = fixe Kostenart, Variator 10 = proportionale Kostenart sowie die Variatoren zwischen Null und Zehn = Mischkostenart.

Die Teilkostenrechnungen beruhen damit auf der Einteilung der Wertverzehre in fixe und proportionale Kosten. Außerdem wird für alle möglichen Kostensituationen ein linearer Kostenverlauf unterstellt. Dies führt zu konstanten Grenzkosten, so daß die Beziehung:

variable Kosten = proportionale Kosten = Grenzkosten

gilt, die der nachfolgenden Darstellung der Teilkostenrechnungen zugrunde liegt.

2. Verrechnungstechnischer Ablauf der Teilkostenrechnungen

Auch die Teilkostenrechnungen gehen von der Einteilung der Kostenrechnung in eine Kostenarten-, Kostenstellen- und Kostenträgerrechnung aus.

aa) Die *Kostenartenrechnung* ist so zu gestalten, daß alle spezifischen Rechnungszwecke in der Kostenstellen- und -trägerrechnung erreicht werden können. Wichtige Voraussetzung dazu ist neben der Erfassung des Gesamtwertes der Kostenarten die Aufteilung in fixe und proportionale Anteile auf der Grundlage der Kostenauflösung. Um die Funktionsfähigkeit der Kostenartenrechnung zu verbessern, sollte neben der Gliederung der Kostenarten auch ihre mögliche Zuordnung auf Stellen und Träger dargestellt werden. Die Kostenartenrechnung wird damit zu einer „Grundrechnung", die als „universell auswertbare Zusammenstellung" (*P. Riebel*, I, S. 135) eine Auswertung für alle Ziele und Zwecke der Kostenrechnung gewährleistet.

bb) Die *Kostenstellenrechnung* ist in Teilkostenrechnungssystemen so angelegt, daß pro Kostenstelle neben dem Gesamtwert einer Kostenart auch die fixen und proportionalen Anteile aufgezeigt werden. Es handelt sich dabei jedoch nicht um ein systembildendes Merkmal, da auch der Betriebsabrechnungsbogen in der flexiblen Plankostenrechnung auf Vollkostenbasis diesem Aufbau entspricht. Dies gilt grundsätzlich auch für die Verteilung der Kostenarten auf die Stellen. Systembestimmend ist jedoch die weitere Behandlung der fixen Kosten. Sie werden nicht mehr, wie in der Vollkostenrechnung üblich, über Umlagen und Zuschlagssätze auf die Produkte weitergewälzt, sondern gehen von den Stellen als Gesamtwert in die Ergebnisrechnung ein. Die Proportionalisierung der fixen Kosten wird somit aufgegeben und es erfolgt eine definitionsgemäße Behandlung als zeitabhängige Wertverzehre. Auch auf eine Verteilung und Schlüsselung der fixen Kosten auf die Stellen kann verzichtet werden, da eine direkte Übernahme aus der Arten- in die Kostenträgerzeitrechnung möglich ist. Werden die fixen Kosten auf die Stellen verteilt, so erfüllen sie primär eine Informations- und keine Kontrollfunktion, da sie in der Regel kurzfristig nicht beeinflußbar sind. Die Verrechnungssätze für innerbetriebliche Leistungen sowie die Sätze für die Zuschlagskalkulation beinhalten in jedem Falle nur noch variable Kosten. Das Problem der Schlüsselung reduziert sich bei der Verteilung auf die indirekten Gemeinkosten. Auch bei der Umlage der innerbetrieblichen Leistungen und der Bildung der Zuschlagssätze werden nur noch variable Kosten geschlüsselt. Durch die Vermeidung der Fixkostenproportionalisierung entstehen in der Stellenrechnung keine Über- oder Unterdeckungen mehr durch zuviel oder zuwenig auf Kostenträger verrechnete Fixkosten. Es fallen also auch keine Beschäftigungsabweichungen an, da die verrechneten proportionalen Kosten stets mit den Sollkosten übereinstimmen. Die Kostenkontrolle beschränkt sich damit auf die beeinflußbaren variablen Kosten. Negative Abweichungen zwischen Soll- und Istkosten sind dann stets auf Unwirtschaftlichkeiten zurückzuführen, soweit die Preisabweichungen eliminiert sind.

cc) Die wesentliche Besonderheit der Teilkostensysteme kommt in der *Kostenträgerrechnung* zum Ausdruck. Im Mittelpunkt steht dabei die *Ergebnisrechnung*. Sie wird als retrograde Rechnung mit Hilfe des Umsatzkostenverfahrens in Staffelform dargestellt.

Das Ergebnis wird in zwei Schritten als kombinierte Produkt- und Unternehmensrechnung ermittelt. Sie beginnt – im Unterschied zu den Vollkostenrechnungen – mit dem differenzierten Ausweis der Erlöse je Kostenträger und setzt davon die variablen Kosten je Produkt ab. Die Differenz zwischen Erlösen und variablen Kosten wird als *Deckungsbeitrag* bezeichnet. Es ist der Wert, mit dem die einzelne Leistungsart dazu beiträgt, fixe Kosten des Unternehmens zu decken und ein Ergebnis zu erzielen.

Der Deckungsbeitrag stellt ein Bruttoergebnis dar und darf nicht mit dem in der Vollkostenrechnung ermittelten Gewinn je Kostenträger verwechselt werden. In der Teilkostenrechnung ist es also nur möglich, einen kostenträgerbezogenen Deckungsbeitrag festzustellen, nicht jedoch ein Nettoergebnis in Form von Gewinn/Verlust je Produkteinheit bzw. je Produktart:

Deckungsbeitrag je Produkteinheit:

> Bruttoergebnis = Deckungsbeitrag = (Preis ./. variable Kosten pro Stück)

Deckungsbeitrag je Produktart:

> DB = (Preis · Absatzmenge) ./. (variable Kosten pro Stück · Absatzmenge)

Der zweite Teil der Kostenträgerrechnung ist unternehmensbezogen. Es werden zunächst die Deckungsbeiträge der einzelnen Produktarten zusammengefaßt. Von diesem Gesamtdeckungsbeitrag des Unternehmens können dann die fixen Kosten abgesetzt werden.

Bei positiver (negativer) Differenz entsteht ein Betriebsgewinn (Betriebsverlust):

> Betriebsergebnis = Gesamtdeckungsbeitrag ./. fixe Kosten

Daraus ergibt sich das nachfolgende Grundschema für die Ergebnisrechnung in Teilkostensystemen:

Produkte	A B C D E	Summe	
(1) Erlöse	x x x x x	x	1. Stufe:
(2) ./. Variable Kosten	x x x x x	x	Produktorientierte Zeitrechnung
(3) = Deckungsbeitrag	x x x x x	x	2. Stufe:
(4) ./. Fixe Kosten		x	Unternehmensorientierte
(5) = Betriebsergebnis		x	Zeitrechnung

Abb. 43: Ergebnisrechnung in Teilkostensystemen

Bei der Durchführung der Ergebnisrechnung wird außerdem deutlich, daß nur im ersten Teil Kosten nach dem Verursachungsprinzip zugerechnet werden. Da es sich ausschließlich um variable Wertverzehre handelt, liegt ein Kausalitätsverhältnis sowie eine Proportionalität zwischen Kosten und Kostenträger vor. Im zweiten Teil der Ergebnisrechnung wird dagegen auf eine Zurechnung der Kosten auf Leistungseinheiten verzichtet. Diese Vorgehensweise entspricht der Anwendung des Kostentragfähigkeitsprinzips. Durch Gegenüberstellung von Deckungsbeitrag und fixen Kosten wird festgestellt, inwieweit die Produkte in der Lage sind, die kapazitätsbedingten, periodenabhängigen Kosten zu tragen.

Das Betriebsergebnis der Teilkostenrechnung stimmt mit dem Betriebsergebnis der Vollkostenrechnung nur überein, wenn keine Bestandsänderungen eintreten. Dies ist auf die unterschiedlichen Wertansätze für die Halb- und Fertigfabrikate zurückzuführen. Die Teilkostenrechnung bewertet die Bestände zu variablen, die Vollkostenrechnung zu vollen Herstell- bzw. Herstellungskosten. Dies führt zu einem erfolgsneutralen Ansatz der Bestandsveränderungen in der Teilkostenrechnung, deren Ergebnis allein durch die Absatzmengen und Preise bestimmt wird. In der Vollkostenrechnung wirken sich dagegen die erstellten Leistungen, auch soweit sie nicht verkauft wurden, auf das Betriebsergebnis aus. Die Teilkostenrechnung kann daher als verkaufsorientiert, die Vollkostenrechnung als produktionsorientiert bezeichnet werden. Das Betriebsergebnis nach dem Teilkostenprinzip fällt bei überwiegenden Bestandsminderungen besser, bei überwiegenden Bestandsmehrungen schlechter als in der Vollkostenrechnung aus. Die Aussage der Teilkostenrechnung ist betriebswirtschaftlich höher einzustufen, da der Abbau von Beständen grundsätzlich dem Aufbau vorzuziehen ist.

Die *Kalkulation* hat in der Teilkostenrechnung nicht die gleiche Bedeutung wie in der Vollkostenrechnung. Unabhängig von den zur Anwendung kommenden Verfahren der Divisions- oder Zuschlagskalkulation werden die Kostenträger nur mit beschäftigungsabhängigen Kosten belastet. Dazu gehören neben den direkt zurechenbaren Einzelkosten die variablen Gemeinkosten, die durch entsprechende Prozentsätze zugeschlagen werden. Für eine einfache Zuschlagskalkulation ergibt sich folgendes Schema:

(1)   Fertigungsmaterial pro Stück in DM
(2) + variable Materialgemeinkosten in % von *(1)*
(3) + Fertigungslohn pro Stück in DM
(4) + variable Fertigungsgemeinkosten in % von *(3)*

(5) = variable Herstellkosten in DM pro Stück
(6) + variable Verwaltungsgemeinkosten in % von *(5)*
(7) + variable Vertriebsgemeinkosten in % von *(5)*
(8) + Sondereinzelkosten des Vertriebs in DM pro Stück

(9) = variable Selbstkosten in DM pro Stück

Die variablen Selbstkosten pro Produkt sind im Gegensatz zu den Selbstkosten in der Vollkostenrechnung unabhängig von der Ausbringungsmenge, da sie keine fixen Kosten enthalten. Eine Veränderung der Auslastung wirkt sich nicht auf die Stückkosten aus. Die variablen Selbstkosten stellen eine neue Preisuntergrenze dar, wobei die Differenz zwischen Voll- und Teilselbstkosten einen zusätzlichen Spielraum für die Entscheidung über die Annahme von Aufträgen erbringt.

In den Bereichen Verwaltung und Vertrieb fallen in der Regel nur geringe bzw. keine beschäftigungsabhängigen Kosten an. Die Teilkostenkalkulation reduziert sich daher meist auf die Ermittlung der variablen Herstellkosten, die auch für die Bestandsbewertung benötigt werden.

Mit dem Verzicht der Zurechnung der fixen Kosten auf die Kostenträger wird das Prinzip der vollständigen Kostenüberwälzung ausdrücklich aufgegeben. Darin liegt ein weiterer fundamentaler Systemunterschied zwischen Vollkosten- und Teilkostenrechnungen.

Der generelle Kostendurchlauf bei Kostenrechnungssystemen auf Teilkostenbasis läßt sich damit schematisch wie folgt darstellen (vgl. Abb. 44):

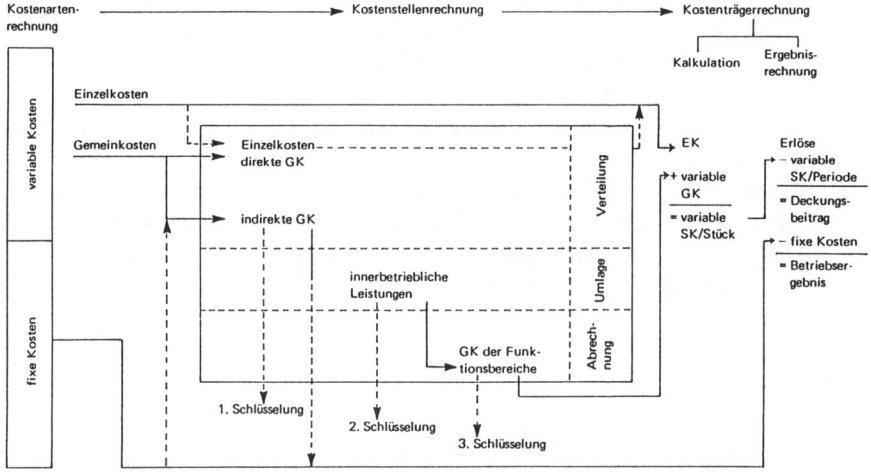

Abb. 44: Kostendurchlauf in der Teilkostenrechnung

3. Wesen des Deckungsbeitrages

Der *Deckungsbeitrag* ist die wesensbestimmende Größe der Teilkostenrechnung. Als Differenz zwischen Preis und variablen Kosten kann er negativ, null bzw. positiv sein (DB $\gtreqless$ 0). Bei einem negativen Beitrag deckt der Preis die variablen Kosten nicht, d.h. die vermeidbaren Kosten liegen über dem Preis. Ist der Deckungsbeitrag gleich Null, so sind zwar die variablen Kosten realisiert, das Nettoergebnis bleibt jedoch weiterhin negativ. Erst ein positiver Deckungsbeitrag trägt dazu bei, die stets vorhandenen fixen Kosten teilweise oder voll abzudecken. Ist er kleiner als der Fixkostenblock, entsteht dem Unternehmen ein Verlust, ist er gleich den Fixkosten, ist das Ergebnis Null. Ein positives Ergebnis wird dann erzielt, wenn der Deckungsbeitrag größer ist als die fixen Kosten. Ein positiver Deckungsbeitrag enthält damit stets fixe Kosten sowie einen Verlust bzw. Gewinn, sofern er nicht genau den periodenabhängigen Wertverzehren entspricht. Der Deckungsbeitrag ist die Verbindungsgröße zwischen der produktbezogenen und der unternehmensbezogenen Ergebnisrechnung. Für die erstere stellt er das Ergebnis der Differenz zwischen Erlös und variablen Kosten, für die letztere die Ausgangsbasis zur Ermittlung des Nettoergebnisses aus der Differenz Gesamtdeckungsbeitrag abzüglich fixe Kosten dar.
Es können folgende Arten von Deckungsbeiträgen, die in einer hierarchischen Zuordnung zueinander stehen, berechnet werden:
(1) Deckungsbeitrag eines Produktes pro Einheit,
(2) Deckungsbeitrag einer Produktart pro Periode,
(3) Deckungsbeitrag einer Produktgruppe pro Periode,
(4) Deckungsbeitrag des Gesamtbetriebes pro Periode.
Der Deckungsbeitrag je Produkteinheit ist stückbezogen und gehört damit in die Kostenträgerstückrechnung. Im Gegensatz dazu sind die übrigen Deckungsbeiträge periodenbezogen und damit Teil der Ergebnisrechnung. Aufbauend auf den Stückbeitrag entstehen alle weiteren Deckungsbeiträge jeweils als Summe aus der Vorstufe. Diese Deckungsbeitragshierarchie (vgl. Abb. 45) kann, wie weiter unten noch aufgezeigt wird, zusätzlich differenziert werden.
Die Ermittlung der Deckungsbeiträge bringt in besonderem Maße die Marktverbundenheit der Teilkostenrechnung zum Ausdruck. Der Einfluß des Absatzmarktes erfolgt über die Nettoerlöse, deren Wert durch den erzielten Preis pro Stück sowie durch die Absatzmenge bestimmt wird. Die Höhe der zweiten relevanten Größe, der variablen Kosten, hängt bezüglich der Herstellkosten weitgehend vom Beschaffungs-

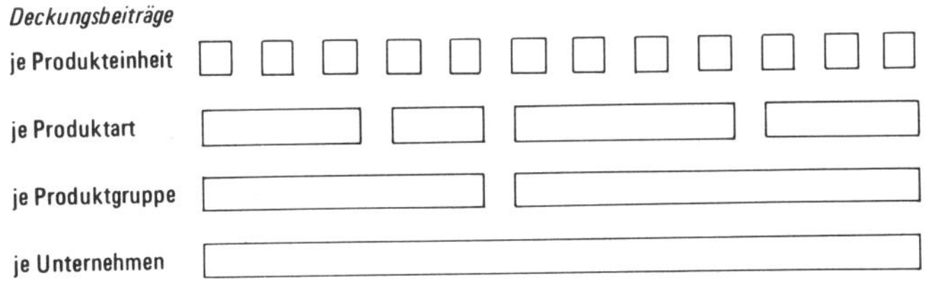

Abb. 45: Hierarchie der Deckungsbeiträge

markt bzw. bei den Vertriebskosten weitgehend vom Absatzmarkt ab. Daraus resultiert auch die große Ähnlichkeit der Deckungsbeitragsrechnung mit der Spannenrechnung im Handel (vgl. *K. Mellerowicz*, I, S. 125). Die Handelsspanne soll alle internen Kosten decken und außerdem einen Überschuß ermöglichen.

4. Beurteilung der Teilkostenrechnungen

Die Teilkostenrechnung verfolgt im wesentlichen die Zielsetzung, Fehler und Schwächen der Vollkostenrechnung, die insbesondere auf der Behandlung der fixen Kosten beruhen, zu überwinden. Ausgangspunkt und Impuls ihrer Entwicklung waren „die Verbesserung der Erfolgsanalyse und die Gewinnplanung einschließlich der hiermit verbundenen absatzpolitischen Entscheidungen" (*W. Kilger*, I, S. 109). Dabei werden grundsätzlich gleichbleibende Kapazitäten ohne Engpaßsituationen unterstellt, d. h. die für unternehmerische Entscheidungen allein relevanten Wertverzehre sind die proportionalen Kosten. Daraus resultiert die grundsätzlich *kurzfristige* Betrachtungsweise der Teilkostenrechnungen.

Aber auch Teilkostensysteme sind nicht frei von Schwächen. So werden folgende *Mängel* geltend gemacht:

(1) sie liefern *keine* allgemein anerkannten Ansätze für die *Bewertung der Bestände*;
(2) es fehlt eine Grundlage für die *langfristige Preispolitik* im Sinne einer vollen Kostendeckung;
(3) es besteht die latente *Gefahr von Preissenkungen*, da den Produkten nur variable Kosten zugerechnet werden;
(4) es kommt zur *Schlüsselung* von variablen Gemeinkosten.

Entwicklungsgeschichtlich werden für die Teilkostenrechnung zwei Ausgangspunkte genannt. Einmal ist dies der mehr theoretische Ansatz von E. Schmalenbach mit seiner Ableitung von Grenzkosten zu Ende des 19. Jahrhunderts. Zum anderen kamen Anfang der 30-Jahre vor allem in den USA aus der Praxis zunehmende Bemühungen auf, das Fixkostenproblem besser zu lösen. Daraus haben sich als eigenständige, geschlossene Kostenrechnungssysteme auf Teilkostenbasis das Direct costing (Direktkostenrechnung), die Fixkostendeckungsrechnung, die Relative Einzelkostenrechnung und die Grenzplankostenrechnung entwickelt.

B. Direct costing

Die Direktkostenrechnung entstand in den USA. Sie beruht auf der Erkenntnis, daß es kurzfristig sinnvoll sein kann, bei Unterbeschäftigung auf die Deckung der Vollkosten zu verzichten und an Stelle einer Stillegung des Unternehmens besser eine teilweise Deckung fixer Kosten zu erreichen. Dazu ist eine neue Preisuntergrenze erforderlich, die zumindest alle durch die Herstellung eines Produktes direkt verursachten (vermeidbaren) Kosten deckt. Der Ausdruck „direkt" bedeutet also, daß den Leistungen nur solche Kosten zugerechnet werden, die mit der Auslastung variieren, d.h. für die eine unmittelbare Beziehung zwischen Kosten- und Beschäftigungsänderung besteht. Es handelt sich dabei um variable, proportionale bzw. Grenzkosten, die sowohl Einzel- wie auch Gemeinkosten sein können. Der Begriff direkt beinhaltet also die Reaktion auf eine Beschäftigungsänderung und nicht – wie in der Vollkostenrechnung – die Möglichkeit der unmittelbaren Zurechnung auf eine Bezugsbasis; außerdem können fixe Kosten ebenfalls direkt auf Kostenträger oder Kostenstellen zurechenbar sein. Für die Direktkostenrechnung werden auch die Begriffe Grenzkostenrechnung, Marginal costing, Proportionalkostenrechnung, Deckungsbeitragsrechnung oder Blockkostenrechnung verwendet, da die fixen Kosten in einem Block in das Ergebnis eingehen.

1. Kostenartenrechnung im Direct costing

Auch im Direct costing basiert die Kostenartenrechnung auf der Einteilung der natürlichen Kosten nach dem Kostenartenplan. Im Gegensatz zur Vollkostenrechnung werden die Kostenarten jedoch in fixe und variable Wertverzehre unterteilt. Die Praxis behandelt die gemischten Kostenarten aus Vereinfachungsgründen häufig als proportionale Kosten. Dies geht zu Lasten der Genauigkeit der Aussagen der Direktkostenrechnung, da fixe Kostenanteile proportionalisiert werden. Es empfiehlt sich daher eine Spaltung der Mischkosten mit Hilfe der Methoden der Kostenauflösung in ihre fixen und proportionalen Bestandteile. Das Ergebnis kann mit Variatoren festgehalten werden.
Die Auflösung der gemischten Kosten läßt sich weiter verbessern, wenn sie kostenstellenweise vorgenommen wird. Damit ist es möglich, die jeweils unterschiedlichen Beschäftigungseinflüsse der einzelnen Stellen zu berücksichtigen, die für jeden Kostenartenteil zu einem kostenstellenspezifischen Variator führen. Bei dieser Vorgehensweise ergeben sich dann die Werte in der Kostenartenrechnung durch eine Rückrechnung aus der Kostenstellenrechnung.

2. Kostenstellenrechnung im Direct costing

Die Kostenstellenrechnung dient auch im Direct costing einmal der Kontrolle der Kosten am Ort ihrer Entstehung und zum anderen der Aufbereitung der Gemeinkosten für die Kalkulation. Der Aufbau des Betriebsabrechnungsbogens wird jedoch insofern modifiziert, als für jede Kostenstelle drei Spalten erforderlich sind. Außerdem werden in der Horizontalen neben den Kostenstellen zusätzlich Kostenträgergruppen bzw. Kostenträger aufgenommen.
Die Durchführung der Kostenstellenrechnung im Direct costing läßt sich durch folgende Schritte beschreiben:
(1) *Verteilung* der Kostenarten auf die Kostenstellen; dabei wird je Kostenstelle der Gesamtwert sowie der fixe und variable Anteil einer Kostenart ausgewiesen; die indirekten fixen und variablen Stellengemeinkosten müssen *geschlüsselt* werden;

(2) bei der Kostenstellenumlage werden die innerbetrieblichen Leistungen nur mit *variablen* Kosten bewertet und auf die verursachenden Kostenstellen weitergegeben;

(3) für die variablen Material-, Fertigungs-, Verwaltungs- und Vertriebsgemeinkosten werden, bezogen auf die jeweilige Bezugsbasis Fertigungsmaterial, Fertigungslohn bzw. Herstellkosten *Zuschlagssätze* gebildet;

(4) die fixen Kosten auf den Allgemeinen-, Hilfs- und Hauptkostenstellen werden zu einem *Block* zusammengefaßt und direkt in die Betriebsergebnisrechnung übernommen.

Fixe Kosten sind zum überwiegenden Teil kurzfristig nicht beeinflußbar. Aus diesem Grunde kann eine Verteilung auf die Stellen völlig unterbleiben. Andererseits besitzt ihr Ausweis auf den Stellen einen gewissen Informationswert, der längerfristig eventuell zu einem Abbau führt.

Für Zwecke der Betriebsergebnisrechnung werden die direkten Kosten je Kostenträger in einem Anhang zum Betriebsabrechnungsbogen ausgewiesen (vgl. Abb. 46).

3. Kalkulation im Direct costing

Die Kalkulation hat im System der Direktkostenrechnung nicht die gleiche Bedeutung wie in der Vollkostenrechnung, da grundsätzlich von gegebenen Marktpreisen ausgegangen wird. Sie erfüllt daher weitgehend eine Hilfsfunktion für die Betriebsergebnisrechnung, zu deren Durchführung neben den variablen Stückkosten die variablen Herstellkosten für die Bestandsveränderungen benötigt werden.

Kosten-Stellen -Träger	Kostenstellen												Kostenträger			
Kostenarten	K_G	K_v	K_f	K_G	K_v	K_f	K_G	K_v	K_f	K_G	K_v	K_f	A K_v	B K_v	C K_v	D K_v
	I			II			III			IV						

K_G = Kostenart – gesamt
K_v = variabler Anteil einer Kostenart
K_f = fixer Anteil einer Kostenart

Abb. 46: Aufbau eines Betriebsabrechnungsbogens im Direct costing

Die Durchführung der Kalkulation vollzieht sich in zwei Schritten. Zunächst sind die variablen Kosten je Leistung zu ermitteln. Dazu können die traditionellen Verfahren der Divisions- bzw. Zuschlagskalkulation herangezogen werden. Es erfolgt jedoch jeweils nur eine Zurechnung beschäftigungsabhängiger Kosten. Die Wertverzehre werden dann vom Preis je Leistungseinheit subtrahiert. Die Differenz ergibt den Deckungsbeitrag je Produkt.

Bei der *Nachkalkulation* sind der erzielte Preis sowie die tatsächlichen variablen Kosten bekannt. Damit läßt sich auch der effektiv erzielte Deckungsbeitrag ermitteln, der vor allem für die Beurteilung der Ertragsfähigkeit der einzelnen Produkte innerhalb des Vertriebsprogramms herangezogen wird.

Rechenbeispiel:

Nachkalkulation für ein Produkt A im Direct costing bei folgenden Angaben:

FM	4,–		*Variable Kosten je Stück:*		*Stückrechnung nach Direct costing:*	
FL	6,–		FM	4,–	Preis	28,–
SEK der Fertigung	–,60		variable MGK 10 %	–,40	./. variable Kosten	17,80
SEK des Vertriebs	–,80		FL	6,–	Deckungsbeitrag	10,20
variable MGK	10 %		variable FGK 100 %	6,–		
variable FGK	100 %		SEK der Fertigung	–,60		
variable VwGK	–		variable HK	17,–		
variable VtGK	–		SEK des Vertriebs	–,80		
Preis	28,–		variable SK	17,80		

Wesentlich problematischer gestaltet sich die *Vorkalkulation.* Um zu einer Preisvorstellung zu gelangen, werden die voraussichtlichen variablen Kosten sowie der angestrebte Deckungsbeitrag benötigt. Dabei wird der Deckungsbeitrag entsprechend dem Kostentragfähigkeitsprinzip als prozentualer Zuschlag auf die variablen Kosten verrechnet. Er soll die fixen Kosten decken und einen Gewinn ermöglichen. Wie bei der Spannenkalkulation im Handel kann eine „Auf-Hundert-Rechnung" oder eine „Im-Hundert-Rechnung" durchgeführt werden, die beide das gleiche Ergebnis erbringen (vgl. *K. Mellerowicz,* I, S. 115 f.). Bei der *Auf-Hundert-Rechnung* wird ein in der Vorperiode erzielter bzw. für die laufende Periode geplanter Bruttodeckungsbeitrag zu den entsprechenden variablen Kosten in Beziehung gesetzt:

$$\text{Deckungsbeitragszuschlagssatz} = \frac{\text{Bruttodeckungsbeitrag}}{\text{variable Kosten}} \cdot 100 = \%$$

Rechenbeispiel:

Vorkalkulation für ein Produkt A im Direct costing mit Hilfe der Auf-Hundert-Rechnung bei folgenden Angaben:

Variable Kosten	1.780,– (für 100 verkaufte Stück)
Bruttodeckungsbeitrag	1.020,– (für 100 verkaufte Stück)

$$ZS = \frac{1.020}{1.780} \cdot 100 = 57,3 \%$$

Stückrechnung nach Direct costing:
Variable Kosten   17,80
Brutto-Deckungszu-
schlag 57,3 %   10,20
Angebotspreis   28,–

Bei der *Im-Hundert-Rechnung* wird zur Ermittlung eines Deckungsfaktors der Bruttodeckungsbeitrag auf die erzielten bzw. geplanten Nettoerlöse bezogen:

$$\text{Deckungsfaktor} = \frac{\text{Bruttodeckungsbeitrag}}{\text{Nettoerlös}}$$

Durch die Umrechnung mit Hilfe des Faktors $\frac{1}{1-d} \cdot 100$ läßt sich ein Deckungszuschlagssatz gewinnen.

Rechenbeispiel:

Vorkalkulation für ein Produkt A im Direct costing mit Hilfe der Im-Hundert-Rechnung bei folgenden Angaben:
Nettoerlöse   2.800,– (für 100 verkaufte Stück)
Variable Kosten   1.780,– (für 100 verkaufte Stück)
Bruttodeckungsbeitrag 1.020,– (für 100 verkaufte Stück)

$$d = \frac{1.020}{2,800} = 0,364 \qquad \frac{1}{1-0,364} \cdot 100 = 157,3 \%$$

Stückrechnung nach Direct costing:
Angebotspreis = variable Kosten · Deckungszuschlagssatz
              = 17,80 · 157,3 % = 28,–

Beide Formen der Vorkalkulation müssen vor allem für Unternehmen mit Einzelfertigung als wenig befriedigend bezeichnet werden. Hier kommt die starke Marktorientierung der Direktkostenrechnung besonders zum Ausdruck, da jeweils Vorstellungen bezüglich der Marktpreise erforderlich sind.

4. Betriebsergebnisrechnung im Direct costing

Die charakteristische Eigenheit der Teilkostensysteme kommt insbesondere in der Betriebsergebnisrechnung zum Ausdruck. Zur Darstellung sind alle bekannten Verfahren und Formen möglich, wenngleich in der Regel das Umsatzkostenverfahren in retrograder Staffelform Anwendung findet.

aa) Das Betriebsergebnis wird in zwei Schritten ermittelt. Die erste Stufe umfaßt die *produktbezogene Ergebnisrechnung*. Sie stellt im engeren Sinne die eigentliche Deckungsbeitragsrechnung dar. Ausgangspunkt bildet der Bruttomarkterlös, der, vermindert um die Erlösschmälerungen, zum Nettoerlös führt. Von diesem werden die variablen Kosten der verkauften Produkte abgezogen. Diese setzen sich aus den variablen Herstellkosten zuzüglich den variablen Vertriebskosten der jeweils abgesetzten Leistungen zusammen. Die Differenz zwischen' dem Nettoumsatzerlös und der Summe der variablen Kosten für die insgesamt verkauften Leistungen ergibt den Deckungsbeitrag des Produktes nach dem *Umsatzkostenverfahren*:

Produkt A

(1)   Bruttoumsatzerlös
(2) ./. Erlösschmälerungen

(3) =   Nettoumsatzerlös
(4) ./. variable Herstellkosten der verkauften Leistungen
(5) ./. variable Vertriebskosten

(6) =   Deckungsbeitrag je Produkt

Dividiert man die jeweiligen Werte durch die Anzahl der verkauften Stück, so kann dieser Teil der Ergebnisrechnung auch *stück*bezogen durchgeführt werden.

bb) Bei Anwendung des *Gesamtkostenverfahrens* werden vom Nettoerlös zunächst die produktbezogenen variablen Herstellkosten der Periode abgesetzt. Diese sind dann um die Bestandsveränderungen der unfertigen und fertigen Leistungen zu berichtigen. Die Bestände müssen dabei zu variablen Herstellkosten bewertet werden.

Produkt A

(1)   Bruttoumsatzerlös
(2) ./. Erlösschmälerungen

(3) =   Nettoumsatzerlös
(4) ./. variable Herstellkosten der Periode
(5) ./. Bestandsminderungen zu variablen Kosten
(6) +   Bestandsmehrungen zu variablen Kosten
(7) ./. variable Vertriebskosten

(8) =   Deckungsbeitrag je Produkt

An die produktbezogene schließt sich die *unternehmensbezogene Ergebnisrechnung* an. Dazu werden alle erzielten Deckungsbeiträge der verschiedenen Produkte bzw. Produktgruppen zu einem Gesamtdeckungsbeitrag addiert. Diese Summe wird um die in einem Block zusammengefaßten fixen Kosten vermindert. Die Differenz zwischen Gesamtdeckungsbeitrag und fixen Kosten ergibt das Nettoergebnis des Unternehmens:

(7/9) Gesamtdeckungsbeitrag (Deckungsbeiträge Produktarten/Produktgruppen)
(10) ./. fixe Kosten

(11) = Nettoergebnis

5. Besondere Entscheidungshilfen im Direct costing

Die Direktkostenrechnung kann systembedingt wesentliche Entscheidungshilfen für die Unternehmensführung liefern, die in dieser Form in der Vollkostenrechnung nicht möglich sind. Die Begründung liegt in der Aufteilung der Kosten in fix und variabel sowie in der Vermeidung der Zurechnung fixer Kosten auf die Kostenträger. Dies führt zu verbesserten Aussagen der Teilkostenrechnung auf den Gebieten der Preisuntergrenze, Erfolgsplanung und -analyse, Produktauswahl, Investitionsentscheidungen, Verfahrenswahl und Eigenfertigung oder Fremdbezug.

a) Preisuntergrenze

Auf Dauer kann ein Unternehmen nur überleben, wenn über die Preise der verkauften Produkte die vollen Kosten zumindest gedeckt werden. Als Orientierungshilfe dienen die Preisuntergrenzen, die dazu beitragen sollen, Verluste zu vermeiden bzw. zu begrenzen.

Die Vollkostenrechnung ermittelt als Preisuntergrenze die *vollen Selbstkosten* eines Produkts. Dieser Betrag enthält variable und fixe Kostenbestandteile, d.h. von der Auslastung der gegebenen Kapazitäten unabhängige wie abhängige Wertverzehre. Solange ein Unternehmen voll ausgelastet ist, besteht in der Regel keine Veranlassung, Aufträge anzunehmen, die nicht die vollen Selbstkosten decken.

Dies gilt jedoch nicht in Zeiten der Unterbeschäftigung mit tendenziell stagnierenden bzw. rückläufigen Marktpreisen. Wenn ein Unternehmen in dieser Situation auf voller Kostendeckung besteht und Aufträge mit Preisen unterhalb der vollen Selbstkosten ablehnt, wird der Erfolg dadurch nicht verbessert, sondern verschlechtert, da die unabhängig von der Beschäftigung anfallenden fixen Kosten keinerlei Deckung erfahren. Die Direktkostenrechnung bestimmt daher als neue Preisuntergrenze die *variablen Selbstkosten*. Danach muß bei freien Kapazitäten mindestens eine Deckung der vermeidbaren Kosten erzielt werden. Jedes Produkt, dessen Preis über den variablen Stückkosten liegt, erbringt einen Beitrag zur Deckung unvermeidbarer Kosten und eventuell zur Erzielung eines Gewinnes. Der vorübergehende Verzicht auf die volle Deckung der Kosten durch Annahme von Aufträgen, deren Preise über den variablen aber unter den vollen Selbstkosten liegen, mindern den Verlust bzw. erhöhen den Gewinn in Höhe des zusätzlich erzielten Deckungsbeitrages. Dabei muß jedoch beachtet werden, daß ein Teil der fixen Kosten kurzfristig liquiditätswirksam ist, so daß bei zu geringer Fixkostendeckung Liquiditätsprobleme auftreten können.

Die jeweilige Preisuntergrenze für einen Auftrag bzw. ein Produkt wird mit Hilfe der im Punkt IV, B. 3 dargestellten Kalkulationsmöglichkeiten ermittelt.

b) Erfolgsplanung und Erfolgsanalyse

Die Ergebnisrechnung des Direct costing beruht auf den unabhängigen Größen Umsatz (Erlöse), variable und fixe Kosten. Daraus lassen sich der Deckungsbeitrag und das Ergebnis ableiten. Zwischen diesen Werten bestehen folgende Zusammenhänge:

Umsatz = Preis pro Stück · verkaufte Stückzahl

(1) $U = p \cdot x$

Variable Kosten der Periode = variable Stückkosten (Grenzkosten) ·

verkaufte Stückzahl

(2) $K_v = k_v (k') \cdot x$

Deckungsbeitrag = Umsatz ./. variable Kosten

(3) $DB = U - K_v$

oder

(4) $DB = (p \cdot x) - (k_v \cdot x)$

oder

(5) $DB = (p - k_v) \cdot x$

Fixe Kosten der Periode

(6) K_f

Ergebnis = Deckungsbeitrag ./. fixe Kosten

(7) $E = DB - K_f$

oder

(8) $E = (p - k_v)x - K_f$

Aus der Gleichung (8) ergibt sich, daß das Ergebnis eines Unternehmens bei gegebenen fixen Periodenkosten sowie gegebenen variablen Stückkosten allein von der Absatzmenge und dem Marktpreis bestimmt wird. Es zeigt sich also die unmittelbare Abhängigkeit des Ergebnisses vom Absatzmarkt. Um ein in der Planungsphase angestrebtes Ergebnis vorgeben zu können, müssen für die beiden variablen Größen Preis (p) und Menge (x) entsprechende Werte ermittelt werden. Dabei wird unterstellt, daß die variablen Stückkosten sowie die gesamten fixen Kosten kurzfristig konstant sind. Kann auch der Preis als gegeben angenommen werden, ist das Ergebnis allein von der Absatzmenge abhängig.

Nach Abschluß einer Rechnungsperiode läßt sich mit Hilfe der Gleichung (8) auch eine Erfolgsanalyse durchführen. Aufgrund der nunmehr gegebenen Marktwerte (p,x) zeigt sich, inwieweit durch eine mittelfristige Veränderung der intern bestimmten variablen Stückkosten (k_v) und/oder der fixen Kosten (K_f) das Ergebnis beeinflußt werden kann.

Eine spezielle Situation der Ergebnisplanung und -analyse liegt vor, wenn das Ergebnis des Unternehmens Null ist. Nimmt in der Gleichung (8) die Größe E den Wert Null an, dann entspricht der Deckungsbeitrag den fixen Kosten:

(8) $E = (p - k_v) \, x - K_f$

(9) $(p - k_v) \, x = K_f$ (für E = 0)

(10) $DB = K_f$

Dieser Punkt markiert den Übergang des Unternehmens aus der Verlust- in die Gewinnzone bzw. umgekehrt. Er wird als *Deckungspunkt*, toter Punkt, Nutzschwelle, Gewinnschwelle oder Break-even-point bezeichnet.

Durch Umformung der Gleichung (9) läßt sich die Absatzmenge des Deckungspunktes bestimmen:

(9) $x \, (p - k_v) = K_f$

(10) $x = \dfrac{K_f}{p - k_v}$ \qquad bzw. $x = \dfrac{K_f}{db}$, da $p - k_v = db$ (Stückdeckungsbeitrag)

Multipliziert man die so ermittelte Deckungsabsatzmenge mit dem Preis pro Stück, so erhält man den Umsatz des Deckungspunktes. Da bei der Gewinnschwelle der Deckungsumsatz den gesamten Kosten des Unternehmens entspricht, kann man die *Break-even-point-Analyse* auch mit Hilfe folgender Formel durchführen:

$$(11) \quad (p \cdot x) = (k_v \cdot x) + K_f$$

Die Gewinnschwelle läßt sich auch graphisch ermitteln. Dazu werden die Kurven für die fixen und variablen Kosten sowie für die Erlöse in ein Diagramm gezeichnet:

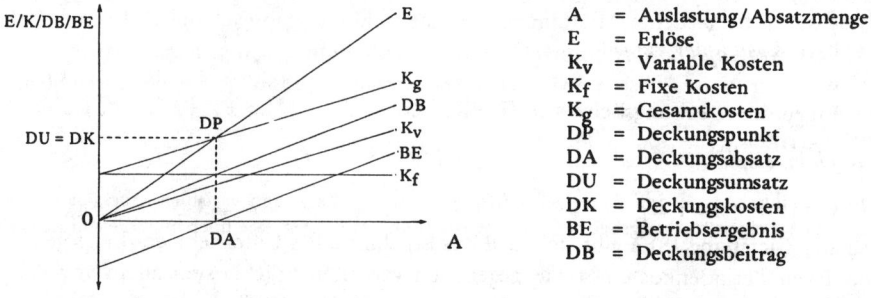

A = Auslastung / Absatzmenge
E = Erlöse
K_v = Variable Kosten
K_f = Fixe Kosten
K_g = Gesamtkosten
DP = Deckungspunkt
DA = Deckungsabsatz
DU = Deckungsumsatz
DK = Deckungskosten
BE = Betriebsergebnis
DB = Deckungsbeitrag

Der Schnittpunkt zwischen der Erlös- und der Gesamtkostenkurve bestimmt den Deckungspunkt, die Deckungsabsatzmenge sowie den Deckungsumsatz. Außerdem können für weitere beliebige Absatzmengen die jeweiligen Ergebnisse abgelesen werden. Dazu sind die Betriebsergebniskurve sowie die Deckungsbeitragskurve einzuzeichnen.

Zu beachten ist, daß die Break-even-point-Analyse unveränderte fixe Kosten und konstante Preise voraussetzt. Sie kommt besonders für das Einproduktunternehmen zu brauchbaren Aussagen. Stellt ein Unternehmen jedoch mehrere Produkte her, so bezieht sich das Ergebnis stets auf die gesamte Betriebsauslastung, da die Fixkosten für die einzelnen Produkte nicht bekannt sind. Der so berechnete Durchschnittswert verliert mit zunehmender Differenzierung des Produktionsprogramms seine Aussagekraft, da er mit unterschiedlichen Absatzmengenkombinationen realisiert werden kann, die aus der Nutzschwellenbetrachtung nicht ableitbar sind.

Rechenbeispiel:

Ein Einproduktunternehmen hat eine Jahreskapazität von 10.000 Stück (100 %). Es fallen pro Jahr DM 81.600.– fixe Kosten an. Die variablen Stückkosten betragen DM 17,80; der Verkaufspreis DM 28.–. Es ist der Break-even-point zu ermitteln.

Rechnerische Lösung:
$$P \cdot x = (k_v \cdot x) + K_f$$
$$28 \cdot x = 17,80 \cdot x + 81.600$$
$$x = 8.000$$

Graphische Lösung:

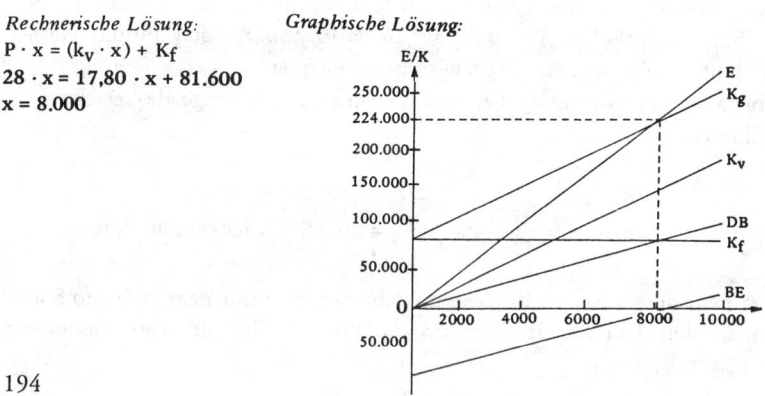

Eine unternehmens- wie vor allem *produktbezogene Analyse* wird möglich, wenn die fixen Kosten außer Ansatz bleiben und als zusätzliche Größe der Deckungsbeitrag herangezogen wird. Danach ergibt sich folgende Beziehung:

Erlöse = variable Kosten + Deckungsbeitrag $(p \cdot x + DB)$ bzw. $x = \dfrac{DB}{db}$

Bei gegebenen Werten für die Größen Preis, variable Stückkosten und Deckungsbeitrag kann die gesuchte Absatzmenge rechnerisch und graphisch mit Hilfe eines *Deckungsbeitragsdiagramms* ermittelt werden. Außerdem lassen sich die Auswirkungen veränderter Preise, Kosten oder Deckungsbeiträge auf die Absatzmenge feststellen.

Rechenbeispiel:

Ein Produkt A soll bei einem Verkaufspreis von DM 28.– und variablen Stückkosten von DM 17,80 einen Deckungsbeitrag von DM 102.000.– erbringen. Wie hoch muß die Absatzmenge für das Produkt A sein?

Rechnerische Lösung:
$p \cdot x = (k_v \cdot x) + DB$
$28 \cdot x = 17,80 \cdot x + 102.000$
$x = 10.000 \text{ Stück}$

oder

$x = \dfrac{102.000}{10,20} = 10.000 \text{ Stück}$

Graphische Lösung:

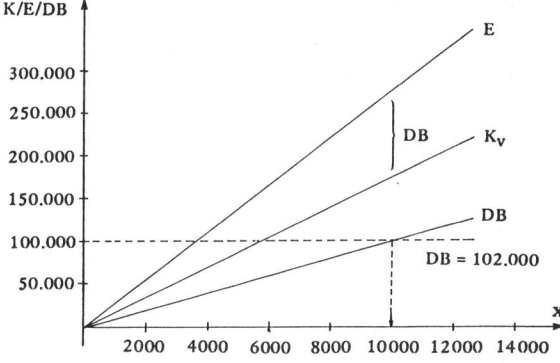

c) Produktauswahl/Programmgestaltung

Die Frage nach der Produktauswahl beinhaltet die Entscheidungen über die Zusammensetzung des Produktionsprogramms. Ausgangspunkt ist das angestrebte Gewinnoptimum, das im Rahmen einer gegebenen Kapazitätsauslastung bei unterschiedlichen Markt- und Konjunktursituationen durch Förderung, Einschränkung, Neueinführung oder Einstellung von Produkten erreicht werden soll. Die Lösung des Problems liegt im Anteil am Ergebnis, das ein Produkt erzielt. In der Vollkostenrechnung kann der Gewinn/Verlust pro Produkt aus der Differenz Erlös abzüglich volle Selbstkosten rechnerisch exakt ermittelt werden. Dazu ist jedoch die Proportionalisierung fixer Kosten erforderlich, wodurch die Aussagefähigkeit der Ergebnisse beeinträchtigt wird.

Durch den Verzicht der Zurechnung periodenabhängiger Wertverzehre auf die Kostenträger kommt die Direktkostenrechnung nur zu einem Deckungsbeitrag je Produkt, der fixe Kosten sowie einen Ergebnisbeitrag enthält. Die Auswahl der Produkte erfolgt daher in der Vollkostenrechnung nach dem absoluten Gewinnbeitrag, in der Teilkostenrechnung nach dem absoluten Deckungsbeitrag. Zwischen beiden Kostenrechnungssystemen ergeben sich dabei unterschiedliche Aussagen. Die Erfolgsreihenfolge nach Direktkostenrechnung gibt jedoch die bessere Entscheidungshilfe ab, da die Vollkostenaussage durch die Fixkostenproblematik verzerrt ist.

Der absolute Deckungsbeitrag ist für die Produktauswahl nur solange aussagefähig, wie kein Engpaß vorliegt. Sobald eine Überbeschäftigung eintritt, muß zwischen mehreren alternativen Aufträgen entschieden werden. Als Entscheidungshilfe müssen dann die im Engpaß wirksamen, relativen Deckungsbeiträge herangezogen werden (Berechnung siehe e) Verfahrenswahl).

Zur besseren Beurteilung der einzelnen Produkte lassen sich weiterhin folgende Kennziffern bilden:

$$\text{Proportionaler Satz} \ = \ \frac{\text{Variable Kosten}}{\text{Umsatz}} \cdot 100 = x\,\%$$

$$\text{Proportionaler Faktor} \ = \ \frac{\text{Variable Kosten}}{\text{Umsatz}}$$

$$\text{Deckungsbeitragssatz} \ = \ \frac{\text{Umsatz} - \text{variable Kosten}}{\text{Umsatz}} \cdot 100 = x\,\%$$

$$\text{Deckungsfaktor} \ = \ \frac{\text{Umsatz} - \text{variable Kosten}}{\text{Umsatz}}$$

$$\text{Wirtschaftlichkeitsfaktor} \ = \ \frac{\%-\text{Anteil des Produkt}-\text{Deckungsbeitrags am Unternehmens}-\text{Deckungsbeitrag}}{\%-\text{Anteil der Produkt}-\text{Kapazität an der Unternehmens}-\text{Kapazität}}$$

Rechenbeispiel:

Für die Produktart A betragen die variablen Kosten DM 180.000,– und die Umsatzerlöse DM 300.000,–. Wie hoch sind der proportionale Satz, der proportionale Faktor, der Deckungsbeitragssatz sowie der Deckungsfaktor?

Lösung:

Proportionaler Satz: $\dfrac{180.000}{300.000} \cdot 100 = 60\ \%$

Proportionaler Faktor: $\dfrac{180.000}{300.000} = 0{,}6$

Deckungsbeitragssatz: $\dfrac{300.000 - 180.000}{300.000} \cdot 100 = 40\ \%$

Deckungsfaktor: $\dfrac{300.000 - 180.000}{300.000} = 0{,}4$

Rechenbeispiel:

Für die Produktart A betragen der Deckungsbeitrag DM 400.000,– und die Fertigungszeit 6.000 Stunden; der Unternehmens-Deckungsbeitrag liegt bei DM 8.000.000,–, die gesamte Fertigungskapazität umfaßt 60.000 Stunden. Wie hoch ist der Wirtschaftlichkeitsfaktor?

Lösung:

Wirtschaftlichkeitsfaktor: $\dfrac{\dfrac{400.000}{8.000.000}}{\dfrac{6.000}{60.000}} = \dfrac{0{,}05}{0{,}1} = 0{,}5$

Neben fertigungsbedingten Engpässen können auch absatzorientierte Restriktionen auftreten. Aus den jeweiligen Produktionsmöglichkeiten ist dann die optimale Programmgestaltung auszuwählen. Sie gilt als erreicht, wenn die Aufteilung der Produktionsmengen der einzelnen Produktarten unter Beachtung der Einschränkungen zu einem maximalen Deckungsbeitrag führt.

Rechenbeispiel:

Ein Unternehmen erzeugt die beiden Produkte A und B, die jeweils mit Hilfe der beiden Spezialmaschinengruppen (MG) I und II gefertigt werden. Folgende Daten liegen vor:

Maschinenlaufzeit MG I: 8 Stunden pro Tag
Maschinenlaufzeit MG II: 16 Stunden pro Tag
beide Maschinengruppen arbeiten 20 Tage pro Monat und 11 Monate pro Jahr

Herstellzeiten pro Stück:

Produkte	MG I	MG II
A	0,4 Stunden/Stück	0,2 Stunden/Stück
B	0,25 Stunden/Stück	0,3 Stunden/Stück

Marktrestriktionen:

Produkte	Höchstabsatzmengen pro Jahr	Mindestabsatzmengen pro Jahr
A	3.500 Stück	1.500 Stück
B	4.000 Stück	—

Preise/Kosten:

	Verkaufspreis	Variable Kosten
Produkt A	160,–/Stück	110,–/Stück
B	180,–/Stück	138,–/Stück

Ermitteln Sie rechnerisch und graphisch das optimale Produktionsprogramm mit maximalem Deckungsbeitrag pro Jahr.

Lösung:

Ermittlung der maximalen Kapazitäten:

MG I : $8 \cdot 20 \cdot 11 = 1760$ Stunden
MG II: $16 \cdot 20 \cdot 11 = 3520$ Stunden

Ermittlung des Engpasses:

	Maximaler Fertigungszeitbedarf		Minimaler Fertigungszeitbedarf im Engpaß	Maximale Produktionsmengen im Engpaß
	MG I	MG II	MG I	MG I
Produkt A	1.400 Stdn	700 Stdn	600 Stdn	$\frac{1760}{0,4} = 4.400$ Stück
Produkt B	1.000 Stdn	1.200 Stdn	—	$\frac{1760}{0,25} = 7.040$ Stück
Summe	2.400 Stdn	1.900 Stdn	600 Stdn	

MG I stellt bei maximalem Bedarf von 2.400 Fertigungsstunden und tatsächlich vorhandener Kapazität von 1.760 Fertigungsstunden einen Engpaß dar.

Ermittlung der absoluten und relativen Deckungsbeiträge:

	absoluter DB	relativer DB je Stunde im Engpaß
Produkt A	160,– − 110,– = 50,–	$\frac{50}{0,4} = 125,-$
Produkt B	180,– − 138,– = 42,–	$\frac{42}{0,25} = 168,-$

Produkt B erzielt den höheren relativen Deckungsbeitrag und muß daher mit der maximalen Menge, Produkt A mit der verbleibenden möglichen Menge produziert werden:
Für Produkt B sind dies 4.000 Stück (Absatzbeschränkung) mit 1.000 Stunden im Engpaß, so daß 760 Stunden = 1.900 Stück für Produkt A verbleiben.

Ermittlung des maximalen Deckungsbeitrages pro Jahr:

Rechnerische Lösung:

Produkt A $1.900 \cdot 50 = 95.000,-$
        B $4.000 \cdot 42 = 168.000,-$

Maximaler DB $= 263.000,-$

Graphische Lösung:

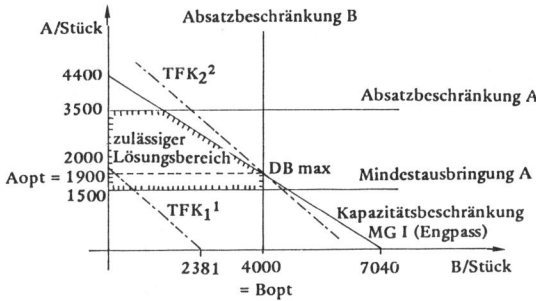

1. Die Transformationskurve TFK_1 stellt alle möglichen Ausbringungskombinationen von Produkt A und Produkt B dar, die zu einem beliebig gewählten Deckungsbeitrag führen (hier: DB = 100.000,–; z. B. A = 0, B = 2.381 bzw. A = 2.000, B = 0).
2. Die Lösungskurve TFK_2 ergibt sich aus der maximal möglichen Parallelverschiebung von TFK_1 nach rechts innerhalb des zulässigen Lösungsbereiches. Der Schnittpunkt zwischen TFK_2 und zulässigem Lösungsbereich stellt das optimale Produktionsprogramm dar.

Die Lösung kann auch mittels der nachfolgend dargestellten Simplex-Methode ermittelt werden.

Symbol-Tabelle

Variable	Bedeutung	Dimension
DB	Deckungsbeitrag	DM
y_A	Leerkapazität MG I	Stunden
y_B	Leerkapazität MG II	Stunden
y_C	nicht ausgenutzte Absatzmenge v. Prod. A	Stück
y_D	nicht ausgenutzte Absatzmenge v. Prod. B	Stück
x_A	Absatzmenge Produkt A	Stück
x_B	Absatzmenge Produkt B	Stück

Zielfunktion:

Max: DB = Erlös − variable Kosten

$$DB = 160 \cdot x_A + 180 \cdot x_B - 110 \cdot x_A - 138 \cdot x_B$$

$$DB = 50 \cdot x_A + 42 \cdot x_B$$

Restriktionen

Nebenbedingungen (NB):

1) MG I : $0,4 \cdot x_A + 0,25 \cdot x_B \leqslant 1760$ Std/Jahr
2) MG II: $0,2 \cdot x_A + 0,3 \quad \cdot x_B \leqslant 3520$ Std/Jahr
3) $x_A \leqslant 3500$
4) $x_A \geqslant 1500$ primale Untergrenze!
5) $x_B \leqslant 4000$

NNB: $x_A, \ x_B \geqslant 0$

Beseitigung der primalen Untergrenze:

$x_{A0} = x_A - 1500$
$x_A \quad = x_{A0} + 1500$

$\longrightarrow$ Einsetzen in NB

4) $x_{A0} \ + \ 1500 \geqslant 1500$
   $x_{A0} \ \geqslant 0$

   NNB: $x_{A0}, \ x_B \geqslant 0$

Umwandlung der Nebenbedingungen in Gleichungen:

1) MG I:

$0,4 \cdot (x_{A0} + 1500) + 0,25 \cdot x_B \leqslant 1760$
$0,4 \cdot x_{A0} + 600 + 0,25 \cdot x_B \leqslant 1760$
$0,4 \cdot x_{A0} + 0,25 \cdot x_B \leqslant 1160$

$y_A + 0,4 \cdot x_{A0} + 0,25 \cdot x_B = 1160$

2) MG II:

$0,2 \cdot (x_{A0} + 1500) + 0,3 \cdot x_B \leqslant 3520$

$y_B + 0,2 \cdot x_{A0} + 0,3 \cdot x_B = 3220$

3) $x_{A0} + 1500 \leqslant 3500$
   $x_{A0} \leqslant 2000$

   $y_C + x_{A0} = 2000$

5) $y_D + x_B = 4000$

Umwandlung der Zielfunktion:

Max: $DB = 50 \cdot (x_{A0} + 1500) + 42 \cdot x_B$
Max: $DB = 50 \cdot x_{A0} + 75000 + 42 \cdot x_B$

Max: $DB - 50 \cdot x_{A0} - 42 \cdot x_B = 75000$

Zusammenstellung der Gleichungen:

ZF: Max: $DB - 50 \cdot x_{A0} - 42 \cdot x_B = 75000$

NB: 1) $y_A + 0,4 \cdot x_{A0} + 0,25 \cdot x_B = 1160$
   2) $y_B + 0,2 \cdot x_{A0} + 0,3 \ \cdot x_B = 3220$
   3) $y_C + x_{A0} = 2000$
   5) $y_D + x_B = 4000$

NNB: $x_{A0}, x_B \geqslant 0$

Simplex-Tableaus:

	$x_{A°}$	x_B	RS
Max: DB	−50	−42	75000
y_A	0,4	0,25	1160
y_B	0,2	0,3	3220
y_C	1	0	2000
y_D	0	1	4000

	y_C	x_B	RS
Max: DB	50	−42	175000
y_A	−0,4	0,25	360
y_B	−0,2	0,3	2820
$x_{A°}$	1	0	2000
y_D	0	1	4000

	y_C	y_A	RS
Max: DB	−17,2	168	235480
x_B	−1,6	4	1440
y_B	0,28	1,2	2388
$x_{A°}$	1	0	2000
y_D	1,6	−4	2560

	y_D	y_A	RS
Max: DB	10,75	125	263000
x_B	1	0	4000
y_B	−0,175	−0,5	1940
$x_{A°}$	−0,625	2,5	400
y_C	0,625	−2,5	1600

$x_A = x_{A0} + 1500 \qquad y_C = 1600 \qquad y_D = 0$

$x_A = 400 + 1500 \qquad y_B = 1940 \qquad y_A = 0$

$x_A = 1900$

$x_B = 4000$

Deckungsbeitrag = 263.000,—

d) Investitionsentscheidungen

Investitionsentscheidungen sind bei der Durchführung von Ersatz-, Rationalisierungs- und Erweiterungsinvestitionen zu fällen. Aber auch die Stillegung bzw. Wiederinbetriebnahme von Fertigungsaggregaten muß bei stärker schwankender Beschäftigung beurteilt werden. Durch die Trennung der Kosten nach ihrer Beschäftigungsabhängigkeit kommt gerade in diesem Bereich die Direktkostenrechnung zu verbesserten Aussagen.

Die in der Praxis noch immer am häufigsten angewendeten Verfahren sind die Kosten- bzw. die Gewinnvergleichsrechnung. Stehen z.B. zwei Maschinen zur Auswahl, so werden zunächst deren jeweilige fixe Kosten pro Periode sowie die variablen Bearbeitungskosten je Leistungseinheit festgestellt. Bei gleicher technischer Leistungsfähigkeit genügt eine *Kostenvergleichsrechnung*, um das kostengünstigere Aggregat zu ermitteln. Liegen jedoch unterschiedlich hohe Ausbringungsmöglichkeiten vor, so empfiehlt sich die Anwendung einer *Gewinnvergleichsrechnung*. In der Regel zeigt sich, daß die Maschinen mit der höheren Produktionsleistung vergleichsweise günstigere variable Stückkosten verursachen und, soweit keine Absatzbegrenzungen vorliegen, vorzuziehen sind, da durch ihren Einsatz höhere Deckungsbeiträge erzielt werden.

Soll bei mehreren vorhandenen Maschinen ein Teil stillgelegt bzw. wieder in den Fertigungsprozeß einbezogen werden, so erscheinen bei einer Vollkostenbetrachtung die älteren Maschinen als die Aggregate mit den günstigeren Kosten, da die Anschaffungswerte und damit die fixen Kosten in der Regel niedriger sind als bei den neueren Anlagen. Die neueren Maschinen sind jedoch durch den technischen Fortschritt in der Regel leistungsfähiger. Sie verursachen daher geringere variable Stückkosten und erbringen höhere Deckungsbeiträge, so daß sie zuletzt stillzulegen bzw. zuerst wieder in Betrieb zu nehmen sind.

Rechenbeispiel:

	Anlage I	Anlage II
Anschaffungswerte	10.000,—	12.000,—
Nutzungsdauer (Jahre)	4	4
Sonstige fixe Kosten pro Jahr	1.100,—	1.700,—
Variable Kosten je Leistungseinheit	—,40	—,35
Verkaufspreis je Leistungseinheit		
bei 100.000 verkauften Stück	—,45	—,45
bei 110.000 verkauften Stück	—,43	—,43

Kostenvergleichsrechnung

	A I	A II
Produktionsleistung (Stück)	100.000	100.000
Fixe Kosten		
— Abschreibungen	2.500,—	3.000,—
— Sonstige fixe Kosten	1.100,—	1.700,—
Variable Kosten	40.000,—	35.000,—
Kosten pro Jahr	43.600,—	39.700,—

Gewinnvergleichsrechnung

	A I	A II
Produktionsleistung (Stück)	100.000	110.000
Erlöse	45.000,—	47.300,—
./. Variable Kosten	40.000,—	38.500,—
Deckungsbeitrag	5.000,—	8.800,—
./. Fixe Kosten	3.600,—	4.700,—
Erfolg	+ 1.400,—	+ 4.100,—

e) Verfahrenswahl

Kann ein Produkt mittels mehrerer Verfahren erzeugt werden, so stellt sich die Frage nach der kostengünstigsten Alternative. Befindet sich ein Unternehmen in der Unterbeschäftigung, müssen lediglich die variablen Kosten der einzelnen Fertigungsvarianten ermittelt und verglichen werden. Eine Erfassung der fixen Kosten ist nicht erforderlich, da diese bei vorhandenen Aggregaten unabhängig davon anfallen, ob ein Einsatz im Fertigungsprozeß erfolgt oder nicht.

Bei Voll-/Überbeschäftigung werden alle vorhandenen Kapazitäten genutzt. Das Unternehmen ist nunmehr in der Lage, besonders kostengünstige bzw. ertragreiche Aufträge bzw. Produkte bevorzugt zu fertigen. Um hier eine richtige Auswahl zu treffen und die vorhandenen Fertigungsmöglichkeiten optimal auszulasten, werden die *wirksamen* bzw. *relativen Deckungsbeiträge* für den Engpaßsektor ermittelt. Es handelt sich dabei um den Deckungsbeitrag je Leistungseinheit, bezogen auf den knappen Produktionsfaktor. Das den Engpaß darstellende Fertigungsverfahren ist dann vor allem mit dem Produkt auszulasten, das den höchsten wirksamen Deckungsbeitrag erbringt.

Rechenbeispiel:

	Produkt A	Produkt B
Absoluter Deckungsbeitrag	2,25	2,—
Fertigungszeit im Engpaß	15 Minuten	12 Minuten
Wirksamer Deckungsbeitrag je Fertigungsstunde im Engpaß	$\dfrac{2,25 \cdot 60}{15} = 9,-$	$\dfrac{2,00 \cdot 60}{12} = 10,-$

f) Eigenfertigung oder Fremdbezug

Gerät ein Unternehmen in die Unterbeschäftigung, so ist zu überprüfen, ob bisher fremd bezogene Teile nunmehr selbst gefertigt werden sollen. Sofern der Eigenfertigung keine technischen und/oder beschäftigungs-, beschaffungs- oder betriebspolitische Gründe entgegenstehen, ist diese aus Kostenüberlegungen immer dann zu rechtfertigen, wenn die Beschaffungspreise den eigenen variablen Kosten entsprechen bzw. darüber liegen. Der Fremdbezug ist insbesondere bei Vollbeschäftigung in Erwägung zu ziehen, wenn die Beschaffung zu Preisen unterhalb der eigenen variablen Kosten möglich ist.

g) Erfolgsdenken im Verkaufsbereich

Eine umsatzabhängige Entlohnung kann dazu führen, daß Verkäufer, die auf die Preise Einfluß nehmen können, „jeden Umsatz machen". Die Existenz eines Unternehmens wird auf Dauer jedoch allein durch den Erfolg in Form von Gewinn bestimmt. Umsatz, der die Kosten nicht deckt und für den ein Vertreter noch belohnt wird, kann das beschleunigte Ende eines Unternehmens herbeiführen.
Mit der Einführung der Direktkostenrechnung gelingt es in verstärktem Maße, gerade auch im Vertriebsbereich das „Umsatzdenken" durch das „Erfolgsdenken" abzulösen. Neue Orientierungsgröße wird der Deckungsbeitrag, der bei gegebenen fixen Kosten die Höhe des Gewinnes bestimmt. Daher ist es sinnvoll, im Verkaufsbereich eine an den Deckungsbeitrag gekoppelte Vergütung als Anreiz zur dauernden Verbesserung des Ergebnisses einzuführen.

6. Beurteilung des Direct costing

Das Direct costing wurde als Kostenrechnungssystem entwickelt, um bei ständigem Wachstum der Unternehmen und gleichzeitiger Verschärfung der Konkurrenzsituation zusätzlich auftretende Steuerungs- und Kontrollprobleme besser lösen zu können. Der funktionsfähige Wettbewerb ist ein dynamischer Prozeß, der eine größtmögliche Flexibilität für kurzfristige Entscheidungen erfordert. Diesen Ansprüchen an die moderne Unternehmensführung in Unternehmen mit differenzierten Serien- und Massenfertigungsprogrammen wird die Direktkostenrechnung als marktverbundenes, einfach strukturiertes System gerecht. Im Mittelpunkt steht dabei der kurzfristig ermittelbare Deckungsbeitrag, der durch unmittelbare Einwirkung auf die Preise bzw. auf die variablen Kosten stets zu optimieren ist. Die Vorteile durch den Verzicht auf eine Proportionalisierung und damit ungenaue Zurechnung der fixen Kosten werden durch die zunehmende Automatisierung mit immer höheren Bereitschaftskosten noch verstärkt.
Die Direktkostenrechnung hat jedoch auch systembedingte Nachteile. Als Hauptschwäche bezeichnet K. Mellerowicz den komplexen Charakter des Deckungsbeitrags. Dieser beinhaltet gleichermaßen Fixkosten und Erfolg und läßt, bezogen auf das Produkt, keine Aussage über Gewinn bzw. Verlust zu. Der Deckungsbeitrag kann außerdem nur solange als zuverlässige Dispositionsgröße verwendet werden,

wie die darauf beruhenden Entscheidungen nicht zur Beeinflussung der fixen Kosten führen. Es darf also weder zu Kapazitätsveränderungen noch zu Engpaßsituationen mit der Möglichkeit sprungfixer Kosten kommen. Die Erkenntnisse aus dem Deckungsbeitrag als Entscheidungshilfe gelten damit bevorzugt bei Unterbeschäftigung. In solchen Phasen mit einem relativ stabilen Preisniveau bestimmt dann weitgehend die Entwicklung der variablen Kosten die Veränderung des Deckungsbeitrags und des Erfolges.

Die Festlegung der variablen Stückkosten als Preisuntergrenze beachtet nicht, daß auch fixe Kosten wie z.B. Gehälter kurzfristig ausgabewirksam sein können. Die Vernachlässigung dieses Tatbestandes kann zu Liquiditätsschwierigkeiten führen.

Weiterhin ist festzustellen, daß die Durchführung einer Direktkostenrechnung die Kenntnis von Preisen voraussetzt. Soweit diese am Markt realisiert sind, ist ihr Ansatz unproblematisch. Besonders bei neu einzuführenden Produkten sowie für Aufträge in der Einzelfertigung müssen jedoch Annahmen über die wahrscheinlichen Preise gemacht werden, wodurch eine zusätzliche Unsicherheit in die Rechnung hineingetragen wird.

Die kostenträgerneutrale Behandlung der fixen Kosten durch ihre absolute Abgrenzung von den Produkten erschwert eine aussagefähige Vorkalkulation zum Zwecke der Preisfindung. Außerdem können die Halb- und Fertigfabrikate dadurch nicht entsprechend den handels- und steuerrechtlichen Vorschriften bewertet werden.

Die relative Vernachlässigung der fixen Kosten ist auch der Grund dafür, daß das Direct costing für mittel- und langfristige Entscheidungen, die sich auf die Veränderung der Kapazität und damit auf die Bereitschaftskosten auswirken, keine brauchbaren Steuerungshilfen gibt. Hier bietet die Vollkostenrechnung eindeutige Vorteile.

Letzlich muß noch beachtet werden, daß die Genauigkeit der Ergebnisse des Direct costing wesentlich davon abhängt, inwieweit eine exakte Trennung in proportionale und fixe Kosten unter Anwendung der Kostenauflösungsverfahren gelingt.

C. Teilkostenrechnungsvarianten

Um jeweils wesentliche Nachteile im System des Direct costing zu überwinden, wurden unter Beibehaltung der Grundidee der Teilkostenrechnung weitere Kostenrechnungssysteme entwickelt. Die bedeutendsten sind die Schichtkostenrechnung, die Relative Einzelkostenrechnung, die Grenzplankostenrechnung, die Standard-Grenzpreisrechnung, die Fixkostenzuschlagsrechnung und die Fixkostendeckungsrechnung.

1. Schichtkostenrechnung

a) Zielsetzung der Schichtkostenrechnung

Die fortschreitende Mechanisierung und Automatisierung in Fertigung und Verwaltung sowie der durch verstärkten Wettbewerb hervorgerufene Zwang zur Kostensenkung haben zwangsläufig dazu geführt, auch innerhalb der Teilkostenrechnungen den *fixen Kosten größere Aufmerksamkeit* zu schenken.

In der Direktkostenrechnung werden die fixen Kosten nach ihrer Erfassung als einheitlicher Block ausschließlich zur Ermittlung des Ergebnisses herangezogen. Diese Behandlung wird damit begründet, daß die fixen Kosten zeitabhängig und daher weder proportionalisierbar noch kurzfristig beeinflußbar sind. Eine genauere Betrachtung läßt jedoch erkennen, daß die Bereitschaftskosten neben dieser Gemeinsamkeit auch viele unterschiedliche Merkmale besitzen. So haben die fixen Kosten eine differenzierte Beziehung zu den Erzeugnissen bzw. Erzeugnisgruppen. Dies zeigt z.B. ein Vergleich der Abschreibungen für eine Spezialmaschine, auf der nur ein Teil für ein bestimmtes Produkt erzeugt werden kann, mit dem Gehalt des Einkaufsleiters. Außerdem variieren fixe Kosten bezüglich ihrer Zeitgebundenheit. Darin unterscheiden sich z.B. der Lohn eines Hilfsarbeiters mit 14-tägiger Kündigungsfrist und eine Versicherungsprämie bei einjähriger Kündigungszeit. Weiterhin besteht auch bezüglich der Ausgabenwirksamkeit fixer Kosten keine Einheitlichkeit. So ist z.B. eine Mietzahlung monatlich fällig, während kalkulatorische Zinsen auf das Eigenkapital ausgabeunwirksam sind.

b) Schichtung des Fixkostenblocks

Der Fixkostenblock kann damit nach drei Gesichtspunkten aufgelöst werden. Diese sind der Grad ihrer Beziehung zu verschiedenen Zurechnungseinheiten, der Zeitpunkt ihrer Ausgabewirksamkeit sowie die Dauer ihrer jeweiligen Unbeeinflußbarkeit.

aa) Auflösung der Fixkosten nach Zurechnungseinheiten

Die Verteilung der Fixkosten auf unterschiedliche Zurechnungseinheiten bedeutet keinesfalls einen Rückfall in das Vollkostendenken. Hierbei geht es vielmehr um die Frage, wie der gesamte Fixkostenblock zwecks besserer Kontrolle *ohne Schlüsselung* in Teilblöcke aufgelöst werden kann. Im Gegensatz zur Vollkostenrechnung werden dazu neben den Kostenstellen und Kostenträgern weitere Bezugsgrößen herangezogen. Die wichtigsten Aufteilungsmöglichkeiten sind nachfolgend dargestellt.

H. Schwarz unterscheidet zwischen speziellen und allgemeinen Fixkosten. Dazu werden aus dem gesamten Fixblock die den Erzeugnissen bzw. Erzeugnisgruppen zurechenbaren Wertverzehre als spezielle Fixkosten herausgelöst. *P. Heyne* trennt diesen Block weiter auf und differenziert nach Fixkosten der Produkte und Fixkosten der Produktgruppen. Den verbleibenden unverteilten Rest bezeichnet er als Fixkosten des Gesamtbetriebes. *K. Agthe* kommt zu einer Viererteilung, indem er zusätzlich aus den fixen Kosten des Gesamtbetriebes die Kosten für bestimmte Unternehmensbereiche wie Fertigung oder Verwaltung herausnimmt. Er unterscheidet demnach zwischen Erzeugnisfixkosten, Gruppenfixkosten, Bereichsfixkosten und Unternehmensfixkosten.

Die weitestgehende Schichtung bei direkter Zurechnung der Fixkosten schlägt *K. Mellerowicz* vor. Er bildet mit den Kostenstellen innerhalb der Bereiche eine weitere Bezugsebene und erreicht damit ein *fünfstufiges Fixkostenzuschlagsschema:*

(1) *Erzeugnisfixkosten* (z. B. Patentkosten, Maschinen- und Werkzeugkosten für eine bestimmte Produktart);

(2) *Erzeugnisgruppenfixkosten* (z.B. Maschinen- und Gebäudekosten für eine bestimmte Produktgruppe);

(3) *Kostenstellenfixkosten* (z. B. Meistergehälter, Reinigungskosten);

(4) *Bereichsfixkosten* (z. B. Kosten für Produktionsleitung);

(5) *Unternehmensfixkosten* (z.B. Kosten für Unternehmensleitung, Pförtner, Betriebsfeuerwehr).

bb) Auflösung der Fixkosten nach der Ausgabewirksamkeit

Der Fixkostenblock kann weiterhin nach dem Kriterium der Ausgabewirksamkeit einzelner Bereitschaftskosten aufgeteilt werden. Grundsätzlich lassen sich die Fixkosten in ausgabewirksame und nicht ausgabewirksame Fixkosten trennen. Bei den ausgabewirksamen Fixkosten ergeben sich zusätzliche Unterschiede bezüglich der Fristigkeit, so daß folgendes Einteilungsschema möglich ist:

(1) *Kurzfristig ausgabewirksame* Fixkosten (bis zu 1 Monat; z.B. Gehälter, Sozialabgaben);

(2) *Mittelfristig ausgabewirksame* Fixkosten (1-3 Monate; z.B. Mieten, Zinsen);

(3) *Langfristig ausgabewirksame* Fixkosten (über 3 Monate; z.B. Pachten, Steuern);

(4) *Nicht ausgabewirksame* Fixkosten (z.B. kalkulatorische Zusatzabschreibungen).

cc) Auflösung der Fixkosten nach der Zeitgebundenheit

Während die Feststellung der Liquiditätswirksamkeit der Kosten kein ureigenes Gebiet der Kostenrechnung darstellt und daher eigentlich in den Finanzbereich des Unternehmens gehört, ist die Untersuchung der fixen Kosten auf ihre Zeitgebundenheit ein wesentliches Datum für die Kostenkontrolle. Insbesondere in Zeiten der Unterbeschäftigung kann es für ein Unternehmen von existentieller Bedeutung sein, zu wissen, wie viele fixe Kosten in welchem Zeitraum abgebaut werden können. Es bietet sich folgende Einteilung der fixen Kosten entsprechend ihrer Abbaufähigkeit an:

(1) *Kurzfristig abbaufähige* fixe Kosten (innerhalb von 3 Monaten; z.B. Hilfslöhne, Gehälter);

(2) *Mittelfristig abbaufähige* fixe Kosten (bis zu 1 Jahr; z. B. Mietobjekte, Versicherungen);

(3) Langfristig abbaufähige fixe Kosten (über 1 Jahr; z.B. Leasingobjekte);
(4) Nicht abbaufähige fixe Kosten (z.B. Mitgliedsbeiträge bei Kammern).
In der Praxis dürfte diese Untersuchung für die laufende Kostenrechnung zu aufwendig sein. Es empfiehlt sich daher, je nach Bedarf eine statistische Sondererhebung durchzuführen.

c) Abrechnungsverlauf in der Schichtkostenrechnung

Die Schichtkostenrechnung unterscheidet sich von der Direktkostenrechnung durch die Auflösung und differenzierte Verrechnung des Fixkostenblocks. Während dabei die Kostenartenrechnung unverändert bleibt, ergeben sich jedoch für die Kostenstellenrechnung und insbesondere für die Ergebnisrechnung wesentliche Veränderungen im Abrechnungsverlauf.

Im Betriebsabrechnungsbogen muß bei unveränderter vertikaler Einteilung nach Kostenarten in der horizontalen eine Neugestaltung nach den einzelnen Bezugsgrößen erfolgen, denen fixe Kosten zugerechnet werden. Dies sind neben den Kostenstellen und Erzeugnissen, die Erzeugnisgruppen, die Bereiche sowie der Gesamtbetrieb. Innerhalb dieser Schichten kann weiter nach ausgabewirksamen und nicht ausgabewirksamen sowie zusätzlich nach abbaufähigen und nicht abbaufähigen Fixkosten unterschieden werden.

Die Ergebnisrechnung erfährt durch die stufenweise Behandlung der Fixkosten eine wesentliche Erweiterung und damit Verbesserung ihrer Aussagefähigkeit. In der Direktkostenrechnung werden die Fixkosten in einem Betrag vom Deckungsbeitrag abgesetzt. Da nur ein Deckungsbeitrag ermittelt wird, bezeichnet man sie auch als *einstufige* Deckungsbeitragsrechnung. Im Gegensatz dazu ist die Schichtkostenrechnung eine *mehrstufige Deckungsbeitragsrechnung*, in der je nach Anzahl der verrechneten Kostenschichten mehrere Deckungsbeiträge ausgewiesen werden. Diese zusätzlichen Deckungsbeiträge sind dadurch gekennzeichnet, daß sie jeweils nur noch einen Teil der verbleibenden Fixkosten sowie das Ergebnis enthalten.

Das Ergebnis wird in der Schichtkostenrechnung nach folgendem Schema berechnet:

Erlöse
./. Variable Kosten

= Deckungsbeitrag I (Erzeugnisbezogener Deckungsbeitrag; enthält gesamte fixe Kosten + Ergebnis)
./. Erzeugnisfixkosten

= Deckungsbeitrag II (Erzeugnisbezogener Deckungsbeitrag; enthält Erzeugnisgruppen-, Kostenstellen-, Bereichs-, Gesamtbetriebsfixkosten + Ergebnis)
./. Erzeugnisgruppenfixkosten

= Deckungsbeitrag III (Erzeugnisgruppenbezogener Deckungsbeitrag; enthält Kostenstellen-, Bereichs-, Gesamtbetriebsfixkosten + Ergebnis
./. Kostenstellenfixkosten

= Deckungsbeitrag IV (Stellenbezogener Deckungsbeitrag; enthält Bereichs- und Gesamtbetriebsfixkosten + Ergebnis)
./. Bereichsfixkosten

= Deckungsbeitrag V (Bereichsbezogener Deckungsbeitrag; enthält Gesamtbetriebsfixkosten + Ergebnis)

./. Gesamtbetriebsfixkosten

= Ergebnis

Die differenzierte Behandlung der fixen Kosten führt zu einer wesentlichen Erweiterung der Kontroll- und Steuerungsmöglichkeiten mit Hilfe der Teilkostenrechnung. Dies gilt für die Erzeugnisse und Erzeugnisgruppen, denen die von ihnen unmittelbar verursachten fixen Kosten ohne Schlüsselung zugerechnet werden, was vor allem zu einer fundierten Aussage über die Programmgestaltung führt. Zusätzlich kann jedoch auch die Verantwortlichkeit der Stellen- und Bereichsleiter für die fixen Kostenanteile durch den getrennten Ausweis entsprechender Deckungsbeiträge gestärkt werden.

d) Beurteilung der Schichtkostenrechnung

Die Schichtkostenrechnung behebt durch die Auflösung des Fixkostenblocks eine wesentliche Schwäche der Direktkostenrechnung. Die differenzierte Behandlung der fixen Kosten erfolgt dabei ohne jede Schlüsselung. Die Aussagen und damit die Kontroll- und Steuerungsmöglichkeiten im Bereich der Kostenstellen- und Kostenträgerrechnung werden wesentlich verbessert, so daß hier eine eigenständige Variante als weiteres Teilkostenrechnungssystem vorliegt.

2. *Relative Einzelkostenrechnung*

a) Ausgangsbasis der Relativen Einzelkostenrechnung

Die Relative Einzelkostenrechnung wurde von *P. Riebel* entwickelt und im Jahre 1959 erstmals unter dem Titel „Das Rechnen mit Einzelkosten und Deckungsbeiträgen" veröffentlicht. Ausgangspunkt ist die Kritik an den bestehenden Voll- wie Teilkostenrechnungssystemen. *P. Riebel* hält ihnen mangelnde Richtigkeit vor, die vornehmlich durch die Schlüsselung echter Gemeinkosten sowie die Proportionalisierung der fixen Kosten hervorgerufen wird.

„Man verleugnet die Produktionsverbundenheit in den Betrieben, wenn man echte Gemeinkosten aufschlüsselt, und man verleugnet den Charakter der fixen Kosten, wenn man sie künstlich proportionalisiert" (*P. Riebel*, I, S. 35). Demnach sind nach *P. Riebel* alle Entscheidungen, die auf der Grundlage der vollen Kosten der Kostenstellen und -träger getroffen werden, mit größter Wahrscheinlichkeit falsch. Dieser Vorwurf richtet sich vor allem gegen die Systeme der Vollkostenrechnung. Aber auch die Teilkostenrechnungssysteme der Direktkostenrechnung, Schichtkosten- und Grenzplankostenrechnung sind teilweise davon betroffen, da sie die Schlüsselung von variablen Gemeinkosten zulassen.

Die Relative Einzelkostenrechnung kommt ohne jede Aufschlüsselung von verbundenen Kosten sowie ohne die Proportionalisierung von fixen Kosten aus. Damit werden den wichtigsten Bezugsgrößen, den Kostenstellen und Kostenträgern nur Teile der Kosten zugerechnet. Außerdem wird die Ergebnisrechnung als retrograde Deckungsbeitragsrechnung dargestellt, so daß die Relative Einzelkostenrechnung als Teilkostenrechnung bezeichnet werden kann.

b) Theoretische Grundlagen der Relativen Einzelkostenrechnung

Die Relative Einzelkostenrechnung beruht auf zum Teil von P. Riebel entwickelten, speziellen theoretischen Grundlagen. Dazu zählen neben dem entscheidungsorientierten Kostenbegriff die Grundrechnung sowie die differenzierte Deckungsbeitragsrechnung.

aa) Relativierung der Wertverzehre als Einzelkosten

Für P. Riebel sind Entscheidungen die eigentlichen Kosten-, Erlös- und Erfolgsquellen. Demgemäß versteht er unter Kosten „die mit der Entscheidung über das betrachtete Objekt ausgelösten Ausgaben" (*P. Riebel*, I, S. 67). Kosten und Leistungen sind danach immer auf diejenigen Entscheidungen zurückzuführen, die sie veranlaßt haben. Nur dann besteht eine Identität zwischen Kosten und/oder Leistungen und der zugrunde liegenden Entscheidung. Bei der Zurechnung von Kosten und Leistungen auf Bezugsgrößen ist damit stets das *Identitätsprinzip* zu beachten. Die traditionelle Einteilung der Kosten in Einzel- und Gemeinkosten — basierend auf der verursachungsgemäßen Zurechnung auf Kostenträger — sowie in fixe und variable Kosten — basierend auf dem Kosteneinflußfaktor Beschäftigung — ist damit nach P. Riebel zu eng, da es wesentlich mehr Einwirkungsmöglichkeiten gibt. Sie ist außerdem zu einseitig, da die Verwendung einer Vielzahl von Zurechnungseinheiten als Bezugsgrößen zu unterschiedlichen Kostenkategorien führt. Es ist daher eine Relativierung der Kosten bezüglich der vielfältigen Bezugsgrößen und Kosteneinflußfaktoren vorzunehmen.

Entsprechend dem Identitätsprinzip liegt für entscheidungsbedingte Kosten stets eine Bezugsgröße vor, der sie unmittelbar zugeordnet werden können. Somit lassen sich alle Wertverzehre eines Unternehmens als direkt zurechenbare, also als Einzelkosten behandeln. Voraussetzung dazu ist, daß alle Bezugsgrößen in die Kostenrechnung einbezogen und die Einengung auf die Kostenstellen und Kostenträger aufgegeben wird. Die Begriffe Einzel- bzw. Gemeinkosten werden dadurch relativiert, d.h. ob Kosten Einzel- oder Gemeinkostencharakter haben, hängt von der Anzahl der eingesetzten Bezugsgrößen ab. Wird nach dem Identitätsprinzip die jeweils richtige Bezugsgröße ausgewählt, lassen sich alle Kosten eines Unternehmens als relative Einzelkosten zurechnen. Gemeinkosten können nur dann entstehen, wenn Wertverzehre zu einer Bezugsgröße in Beziehung gesetzt werden, mit der keine Identität besteht. So sind z.B. Abschreibungen einer Universalmaschine einer Kostenstelle direkt zurechenbar und damit Einzelkosten, bezüglich eines Kostenträgers sind sie jedoch Gemeinkosten. Dabei können die Einzelkosten sowohl fixe wie variable Kosten sein.

Die traditionellen Bezugsgrößen Kostenplatz, Kostenstelle und Kostenträger reichen für die Relative Einzelkostenrechnung nicht aus. *P. Riebel* nimmt eine wesentliche

Erweiterung dieser Palette vor, indem er z.B. im Fertigungsbereich Kostenstellen-gruppen, Bereiche, Betriebe, Sortenwechsel, Betriebsstörungen oder im Vertriebs-bereich Kunden, Kundengruppen, Kundenanfragen und Kundenaufträge, Kunden-besuche usw. hinzufügt. Die Vielzahl möglicher Bezugsgrößen wird in einer *Bezugs-größenhierarchie* zusammengestellt. Sie ist nach den jeweiligen Rechnungszielen geordnet und erfaßt jede Kostenart an einer bestimmten Stelle als Einzelkosten. „Dabei ist es nicht zweckmäßig, in die ‚Einzelkosten der übergeordneten‘ Bezugs-größen auch die Einzelkosten der ‚untergeordneten‘ Bezugsgrößen einzubeziehen. Die an irgendeiner Stelle in der Bezugsgrößenhierarchie ausgewiesenen Kosten sind dann für die untergeordneten Bezugsgrößen Gemeinkosten." (*P. Riebel*, I, S. 37). Die Begriffe Einzel- und Gemeinkosten sind damit relativiert in Bezug auf eine Vielzahl von Bezugsgrößen. Beziehungen von Kosten und Bezugsgrößen ohne Identität sind zu vermeiden, damit keine Gemeinkosten entstehen. Es liegt dann eine Kostenrechnung mit relativen Einzelkosten vor.

P. Riebel lehnt auch die Schlüsselung der echten Gemeinkosten ab, da selbst bei va-riablen Gemeinkosten sich zwar Schlüssel finden lassen, die dem Prinzip der Propor-tionalität, nicht jedoch dem der Verursachung entsprechen, da keine echte Identität vorliegt. Eine Ausnahme bilden lediglich die unechten Gemeinkosten, die aus Wirt-schaftlichkeitsgründen nicht direkt erfaßt werden. Hier kann ausnahmsweise eine Schlüsselung akzeptiert werden.

P. Riebel erweitert auch die Inhalte der Begriffe fix und variabel in dem er neben der Beschäftigungsänderung die Auftragsgröße, Zahl der Aufträge, Auftragsdauer usw. berücksichtigt. Damit erfahren diese Begriffe ebenfalls eine Relativierung, was P. Riebel durch folgendes Beispiel verdeutlicht: „Z.B. sind die *Entwurfskosten* eines Erzeugnistyps fix in Bezug auf die Zahl der Fertigungsaufträge und die Er-zeugnismenge; sie sind zugleich Einzelkosten des Erzeugnistyps (= der Kosten-trägerart), aber Gemeinkosten der Fertigungsaufträge und der Leistungseinheiten. Die Rüstkosten der Fertigungsaufträge sind proportional zur Zahl der Aufträge, aber fix in bezug auf die Auftragsgröße; sie sind zugleich Einzelkosten der Aufträge, aber Gemeinkosten der Leistungseinheiten." (*P. Riebel*, I, S. 38).

Besondere Bedeutung kommt in der Relativen Einzelkostenrechnung der Zurech-nung der fixen Kosten auf einzelne Zeitabschnitte zu. Es wird unterschieden zwischen:

(1) Periodeneinzelkosten (fixe Kosten, die wie z.B. Gehälter einer Abrechnungs-periode eindeutig zugerechnet werden können);

(2) unregelmäßig anfallenden zeitabhängigen Kosten (z.B. Urlaubslöhne, Weih-nachtsgratifikationen), die nur einem größeren Zeitraum zugerechnet werden können und bezüglich kürzerer Abrechnungsperioden Gemeinkosten sind;

(3) einmaligen oder unregelmäßigen fixen Kosten für im voraus nicht überseh-bare Zeiträume wie z.B. Abschreibungen für Anlageinvestitionen, die für die Abrechnungszeiträume (1) und (2) Gemeinkosten darstellen.

Auch hier würde jede Schlüsselung der Gemeinkosten von (2) und (3) auf (1) bzw. von (3) auf (2) zu einer willkürlichen Verteilung führen.

0	1	2	3	4	5	6	7	8	9	10	11	12	13	14	15	16	17	18	19	20	21	22	23
Zurechnungsobjekte (Bezugsgrößen)	Kostenstellen													Kostenträger								Kostenträger gesamt	Gesamtsumme
Kostenkategorien und Kostenarten	Bereich 1							Bereich 2						Erzeugnisgruppe A					Erzeugnisgruppe B				
	Material		Prod.			Verw.	Vertr.	Material	Prod.		Verw.	Vertrieb		A_1	A_2	A_3	A_4	A_5	B_1	B_2	B_3		
	I	II	I	II	III				I	II		I	II										
1 Provisionen																							
2 Σ umsatzabh. Kosten																							
3 Ausgangsfrachten																							
4 K. d. Auftragsabw.																							
5 Σ v. mehr. Fakt. abh.																							
6 absatzbed. variable K.																							
7 Σ absatzbedingte variable Kosten																							
8 Rohstoffe																							
9 Lizenzen																							
10 Σ erzeugnisbedingte Kosten																							
11 Σ kurzfristig variable Kosten																							
12 Energie																							
13 Büromaterial																							
14 Löhne																							
15 Gehälter																							
16 Steuern																							
17 Zinsen																							
18 Σ kurzfristige nicht variable Kosten																							
19 Σ Perioden-Einzelkosten																							
20 Fremdreparaturen																							
21 Werbekosten																							
22 Beratungskosten																							
23 Σ Perioden-Gemeinkosten																							
24 Σ Ausgabennahe Kosten																							
25 Abschreibungen																							
26 Rückstellungen																							
27 Σ Ausgabenferne Periodengemeinkosten																							
28 Gesamtkosten																							
29 Σ Perioden-Gemeinkosten																							
30 Σ Ausgabennahe, kurzfristige nicht variable Perioden-Einzel- und Gemeinkosten																							

Abb. 47: Grundrechnung

bb) Grundrechnung

In der Relativen Einzelkostenrechnung wird die Aufgabenstellung der traditionellen Kostenstellenrechnung wesentlich erweitert. An die Stelle des Betriebsabrechnungsbogens tritt die Grundrechnung, die als Tabelle einen Überblick über die gesamten relativen Einzelkosten gibt. Sie enthält in der Vertikalen die Kostenarten, die zusätzlich nach Kostenkategorien gegliedert sind. In der Horizontalen wird die Vielzahl unterschiedlicher Bezugsgrößen erfaßt, die als Zurechnungsobjekte in Betracht kommen (vgl. Abb. 47). Dazu muß bereits bei der Kostenerfassung auf den Urbelegen neben der Kostenart die Kostenkategorie sowie die Zurechnungseinheit vermerkt werden. Es lassen sich dann alle Kosten als Einzelkosten zurechnen, sofern nicht bewußt unechte Gemeinkosten geschaffen werden. Eine Überwälzung von Kosten auf der Grundlage von Schlüsselungen ist nicht erforderlich. Dies gilt auch für die innerbetriebliche Leistungsverrechnung. Sie erfolgt nur für meßbare Leistungen, deren Verzehr bei der abnehmenden Kostenstelle direkt erfaßt wird. Die Bereitschaftskosten der abgebenden Stellen sind in bezug auf die erbrachten Leistungen Gemeinkosten, so daß den innerbetrieblichen Leistungen nur die jeweils verursachten variablen Kosten sowie eventuell zusätzlich anfallende fixe Kosten zugerechnet werden dürfen. Bei der empfangenden Stelle muß überprüft werden, welcher Kategorie die zugerechneten Kosten anzulasten sind.

P. Riebel bezeichnet diese Form der Grundrechnung als eine kombinierte Kostenarten-, Kostenstellen- und Kostenträgerrechnung, in der in den Stellen und auf den Trägern nur Einzelkosten ausgewiesen sind, da keine Überwälzung von Gemeinkosten vorgenommen wird (vgl. *P. Riebel*, I, S. 40 f.).

Die Grundrechnung ist Ausgangspunkt und Grundlage für vielfältige Auswertungen. Dazu zählen:

(1) *Kostenstellenbezogene* Kennzahlen zur Kontrolle der Betriebsgebarung und für Dispositionszwecke;

(2) *Kostenträgerbezogene* Kennzahlen für Kosteninformationen;

(3) *Ergebnisbezogene* Kennzahlen für Wirtschaftlichkeitsvergleiche sowie für die Preispolitik.

cc) Differenzierte Deckungsbeitragsrechnung

Zur Ermittlung der ergebnisbezogenen Kennzahlen muß, ausgehend von der Grundrechnung, eine differenzierte Deckungsbeitragsrechnung in retrograder Form erstellt werden. Der Deckungsbeitrag wird dabei als Differenz zwischen dem Erlös und einer bestimmten Kostenkategorie definiert. Der Grad der Aufgliederung der fixen und variablen Gemeinkosten hängt grundsätzlich von der jeweiligen Fragestellung ab. Je nach den vom Erlös abgesetzten Kosten ergeben sich Deckungsbeiträge über die variablen Kosten, über die mit Ausgaben verbundenen Kosten bzw. über die gesamten Erzeugnis-Einzelkosten. Dies gilt entsprechend für die Kostenträgergruppen, Kostenstellen und Kostenstellengruppen sowie für andere Bezugsgrößen wie z.B. Verkaufsbezirke.

Diese Form von Deckungsbeitragsrechnung kann als ein „vieldimensionales, zeitlich fortschreitendes System von Erfolgsdifferenzrechnungen, in denen — vom speziellen zum allgemeinen Untersuchungs- und Entscheidungsobjekt führend — die jeweils einander entsprechenden, auf identische Dispositionen zurückführbaren Erlös- und Kostenteile (relative Einzelerlöse und Einzelkosten) gegenübergestellt werden." (*P. Riebel*, I, S. 270).

c) Beurteilung der Relativen Einzelkostenrechnung

Die Besonderheit des Riebelschen Systems der Einzelkostenrechnung liegt zweifellos in der Relativierung einiger wesentlicher Grundlagen der Kostenrechnung. So versteht er seine Deckungsbeitragsrechnung als einen objektbezogenen, periodenbezogenen oder überperiodischen Ausschnitt aus einer sachlichen und zeitlichen Totalrechnung der Unternehmung (vgl. *P. Riebel*, I, S. 271) und überschreitet damit sowohl inhaltlich wie zeitlich die Grenzen der üblichen Kosten- und Leistungsrechnung. Dies gilt auch für die veränderten Inhalte der wichtigsten Kostenbegriffe. Darauf beruht eine in ihrem Umfang und vor allem in ihrer Aussagefähigkeit erweiterte Kostenrechnung, deren Basis die vieldimensionale Gliederung der

Kosten in Kostenkategorien sowie der Zurechnungseinheiten als Bezugsgrößen sind. Damit werden gleichermaßen die vielfältigen Abhängigkeiten, Zurechnungsmöglichkeiten sowie durch die Ablehnung jeglicher Schlüsselung auch die „Zurechnungs-Unmöglichkeiten" (*H. Hantke*, II, S. 132) aufgezeigt. Als Vorteile ergeben sich daraus der hohe Grad und der Umfang richtiger und genauer kostenrechnerischer Aussagen als Entscheidungshilfen. Die Vermeidung der Kostenschlüsselung sowie der Auflösung der gemischten variablen Kosten bewirkt eine Vereinfachung der Kostenrechnung. Außerdem ermöglicht der Verzicht auf die Schlüsselung echter Gemeinkosten fundierte kostenrechnerische Aussagen bei Kuppelproduktion.

Die Nachteile der Relativen Einzelkostenrechnung zeigen sich besonders bei der Kostenträgerstückrechnung. Sie werden gegenüber anderen Teilkostenrechnungen noch dadurch verstärkt, daß nur Einzelkosten auf die Produkte zugerechnet werden, also auch auf die Zuschlüsselung variabler Gemeinkosten verzichtet wird. Die Vor- bzw. Nachkalkulation verliert damit weitgehend die ihr vor allem in der Vollkostenrechnung zugedachte Preisfindungs- und Kontrollfunktion. Darüber hinaus scheitert die Anwendung der Relativen Einzelkostenrechnung in der Praxis vor allem an der Komplexität des gesamten Systems sowie an der abweichenden Definition eingebürgerter Begriffe des Kostenwesens. So behandelt *P. Riebel* z.B. die Akkordlöhne nicht als variable Einzelkosten, sondern rechnet sie den Bereitschaftskosten einer Stelle zu; Abschreibungen auf Anlagegüter sind, bezogen auf eine Abrechnungsperiode von einem Jahr, Gemeinkosten und damit nicht zurechenbar. Dennoch muß die Relative Einzelkostenrechnung als ein wesentlicher Schritt im Rahmen der Entwicklung der Kostenrechnungssysteme bezeichnet werden, deren Bedeutung für die Praxis mit dem zunehmenden Einsatz der EDV sowie der verbesserten Ausbildung der Kostenrechner zunehmen wird.

3. Grenzplankostenrechnung

a) Ziele und Entwicklung der Grenzplankostenrechnung

Grundsätzlich können alle bisher dargestellten Teilkostenrechnungssysteme mit Ist-, Normal- oder Plankosten durchgeführt werden. Sie sind also bezüglich des Charakters der angesetzten Kosten neutral. Im Gegensatz dazu stellt die Grenzplankostenrechnung den Versuch dar, die Vorteile des Ansatzes von Plankosten mit den Vorteilen des Systems des Direct costing zu verbinden. Die Grenzplankostenrechnung wird daher als konsequente Weiterentwicklung und bisher letzte Entwicklungsstufe im Rahmen der Kostenrechnungssysteme betrachtet (vgl. *W. Kilger*, I, S. 100 ff.).

Die Grenzplankostenrechnung wurde in Deutschland erstmals 1950 von *H.G. Plaut* eingeführt und danach von *W. Kilger* in ihren theoretischen Grundlagen ausführlich dargestellt. Sie entspricht in ihrem Aufbau und ihrer Funktionsweise weitgehend den bereits dargestellten Systemen der flexiblen Vollplankostenrechnung bzw. der Direktkostenrechnung. Es genügt daher, an dieser Stelle nur noch die sich aus dieser Kombination ergebenden Besonderheiten aufzuzeigen.

214

b) Wesentliche Merkmale der Grenzplankostenrechnung

Die wesentlichen Besonderheiten der Grenzplankostenrechnung liegen im Ansatz von Grenzkosten, in der Kostenkontrolle sowie in der Bezugsgrößenproblematik.

(1) Die *Grenzplankosten* werden unter der Annahme linearer Gesamtkosten-verläufe entwickelt (Linearitätsprämisse). Sie stimmen mit den variablen Selbst-kosten der Erzeugnisse überein, solange keine Engpässe auftreten bzw. Kapazi-tätserweiterungen vorgenommen werden müssen (Kapazitätsprämisse). Der Vorteil des Ansatzes von geplanten Grenzkosten ist darin zu sehen, daß nur „auf der Basis einer gründlichen Kostenplanung eine genaue Unterteilung in fixe und proportionale Kosten möglich" (*W. Kilger*, I, S. 100) ist.

(2) Die Grenzplankostenrechnung basiert als Teilkostenrechnung auf der Trennung von fixen und proportionalen Kosten. Im Gegensatz zur flexiblen Vollplankostenrech-nung werden jedoch bei der Bildung von Verrechnungssätzen für innerbetriebliche Leistungen sowie bei der Ermittlung von Zuschlagssätzen entsprechend dem Direct costing nur die proportionalen Kosten berücksichtigt. Damit stimmen die verrech-neten oder kalkulierten Plankosten stets mit den proportionalen Sollkosten überein, d.h. es entfällt die für die Vollkostenrechnung typische Beschäftigungsabweichung (vgl. Abb. 48). Die in der Grenzplankostenrechnung verwendeten Kalkulationssätze sind also von der Beschäftigung unabhängig. In der Ergebnisrechnung werden von den Erlösen die Grenzkosten abgesetzt, um das Grenzergebnis (Deckungsbeitrag) zu ermitteln.

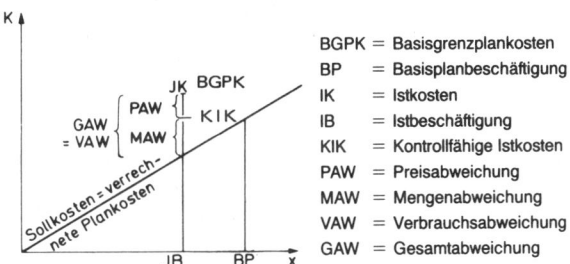

BGPK = Basisgrenzplankosten
BP   = Basisplanbeschäftigung
IK   = Istkosten
IB   = Istbeschäftigung
KIK = Kontrollfähige Istkosten
PAW = Preisabweichung
MAW = Mengenabweichung
VAW = Verbrauchsabweichung
GAW = Gesamtabweichung

Abb. 48: Kostenverhältnisse bei einer Grenzplankostenrechnung

(3) Die Kostenkontrolle erfolgt in der Grenzplankostenrechnung durch die Gegen-überstellung von Soll- und Istkosten. Die derart ermittelte Gesamtabweichung muß zur wirksameren Kostenkontrolle in Teilabweichungen differenziert wer-den. Dabei tritt das Problem der Zurechnung auf, da zwischen den Kostenbe-stimmungsfaktoren Beziehungen funktionaler Art bestehen. „Diese Tatsache führt zu einem Problem, das wir als ‚Abweichungs-Interdependenz' bezeichnen wollen" (*W. Kilger*, I, S. 169).
Ermittelt man die Gesamtabweichung mathematisch, so wird deutlich, daß sie aus drei Komponenten besteht:

- der Mengenabweichung,
- der Preisabweichung,
- der Abweichung 2. Grades.

Die ersten beiden Abweichungskomponenten sind bestimmten Einflußgrößen eindeutig zuzuordnen. Die Abweichung 2. Grades erlaubt keine eindeutige Zuordnung.

Die nachfolgende Darstellung zeigt die Abweichungsaufspaltung.

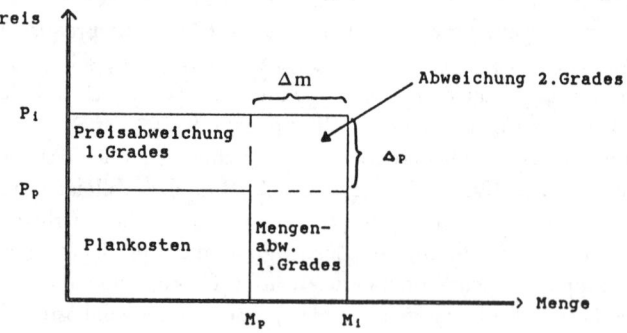

P_p = Planpreis
P_i = Istpreis
M_p = Planmenge
M_i = Istmenge

(4) Von besonderer Bedeutung ist in der Grenzplankostenrechnung die Bestimmung der Bezugsgrößen für die jeweiligen proportionalen Kostenarten in den Kostenstellen. Sie sind Maßgrößen der Kostenverursachung. Die Ermittlung der geeigneten Sollkosten zur Kostenkontrolle sowie genauer Kalkulationssätze setzt die richtige Bezugsgrößenwahl voraus. Die Auswahl erfolgt mit statistischen und analytischen Verfahren.

Unterscheiden sich die Leistungen einer Kostenstelle weder qualitativ noch im Fertigungsprozeß, so spricht man von homogener Kostenverursachung. In diesem Fall reicht eine Bezugsgröße aus. Sind die Leistungen dagegen qualitativ und/oder verfahrensbedingt differenzierbar, so sind mehrere Bezugsgrößen für eine Kostenstelle erforderlich. Diese Problematik macht die Durchführung der Grenzplankostenrechnung in der Praxis besonders anspruchsvoll.

c) Beurteilung der Grenzplankostenrechnung

Die besondere Bedeutung der Grenzplankostenrechnung liegt im Ansatz von Plankosten. Sie wird als eine „folgerichtige Weiterentwicklung der Istkostenrechnung" (H.G. *Plaut*, S. 461) gesehen, die zu keinem grundlegenden Gegensatz zur Istkostenrechnung führt, da die Istkosten identisch sind mit den Plankosten, korrigiert um die jeweiligen Abweichungen. Insofern lassen sich Plankosten und Istkosten, korrigiert durch die Abweichungen, zu einer einheitlichen Kostenrechnung auf der Grundlage von Grenzkosten und dem Deckungsbeitragsprinzip verbinden. Die Grenzplankostenrechnung vereint damit sicherlich einen großen Teil der neueren

Erkenntnisse im Bereich der Kostenrechnung und hat zudem ihre Bewährung in der Praxis bestanden. Als Nachteile verbleiben lediglich die mangelnden Aussagen bei der Angebotskalkulation sowie bei Entscheidungen in der Überbeschäftigung.

Rechenbeispiel

Zahlenbasis: Rechenbeispiel auf Seite 154

Berechnung der Basisgrenzplankosten:

Stück: 500

	Gesamt	je Stück
FM:	500,—	1,—
FL:	3.500,—	7,—
$GK_{var.}$:	7.200,—	14,40
Summe:	11.200,—	22,40

Berechnung der Sollkosten:

Stück: 400

FM:	400,—	1,—
FL:	2.800,—	7,—
$GK_{var.}$:	5.760,—	14,40
Summe:	8.960,—	22,40

Berechnung der Istkosten:

Stück: 400

FM:	390,—	0,98
FL:	2.898,—	7,25
$GK_{var.}$:	6.400,—	16,00
Summe:	9.688,—	24,23

Berechnung der Abweichungen:

1. Gesamtabweichung = Verbrauchsabweichung

	Gesamt	je Stück
Istkosten:	9.688,—	24,23
Sollkosten:	8.960,—	22,40
VAW	728,—	1,83

2. Mengenabweichung

	Gesamt	je Stück
Kontrollfähige Istkosten:	9.715,—	24,28
Sollkosten:	8.960,—	22,40
MAW	755,—	1,88

3. Preisabweichung

Istkosten:	9.688,—	24,23
Kontrollfähige Istkosten:	9.715,—	24,28
MAW	— 27,—	—0,05

4. Standard-Grenzpreisrechnung

a) Auswirkung unterschiedlicher Beschäftigungssituationen auf die Kostenrechnungssysteme

Die von *H.H. Böhm* und *F. Wille* entwickelte Standard-Grenzpreisrechnung soll eine „Allwetter-Kostenrechnung" sein, die sich jeder konjunkturellen Lage anpassen kann. Die beiden Autoren lehnen daher die traditionelle Vollkostenrechnung in der Form der Normalkostenrechnung wie auch die wichtigsten Teilkostenrechnungssysteme in Form des Direct costing sowie der Grenzplankostenrechnung ab. Letztere können im Falle der vollen Ausnutzung der Kapazitäten „genauso in die Irre führen, wie im Falle der Unterausnutzung die Normalkostenrechnung" (*H. H. Böhm, F. Wille* S. 35/36). Als Begründung wird einmal angeführt, daß der Verstoß gegen die Unteilbarkeit verbundener Kosten in der Vollkostenrechnung zu Fehlentscheidungen verleitet. Zum anderen beruht das Direct costing auf einem Teilkostenbegriff, der lediglich die vom Beschäftigungsgrad unabhängigen, durchschnittlichen leistungsproportionalen Wertverzehr umfaßt. Die Grenzkostenrechnungen schließen sich diesem Begriffsinhalt dadurch an, daß lineare Kostenverläufe unterstellt werden, die zu konstanten Grenzkosten führen. Solchermaßen festgelegte Proportionalkosten führen nur solange zu gültigen Aussagen, wie die „Kapazitätsausnutzung die Grenze der Leistungskapazität nicht erreicht hat. Bei ‚Vollbeschäftigung' jedoch endet die Gültigkeit dieser Aussage. Denn dann steigen die Periodenkosten nicht mehr geradlinig weiter, dann sind vielleicht Erweiterungsinvestitionen erforderlich," (*H.H. Böhm, F. Wille*, S. 17) oder es muß eine Umverteilung der bisher erzeugten Produktarten und -mengen erfolgen. Die Proportionalkostenrechnung ist daher eine unvollständige Grenzkostenrechnung.

Die unzureichenden Aussagen der bekannten Voll- wie Teilkostenrechnungen machen daher ein neues Kostenrechnungssystem erforderlich, das die besondere Aufgabe der Steuerung eines erfolgsoptimalen Produktions- und Verkaufsprogramms in begrenzt verfügbaren Produktionskapazitäten ermöglicht. Ein solches Kostenrechnungsverfahren ist die Standard-Grenzpreisrechnung. Sie wird charakterisiert durch die Kostenbewertung mit Grenzpreisen, die auf der Basis der linearen Optimierung im Rahmen einer Standardkostenrechnung zu ermitteln sind.

b) Wesentliche Merkmale der Standard-Grenzpreisrechnung

Die wesentlichen Merkmale der Standard-Grenzpreisrechnung liegen im Ansatz von Standard-Grenzpreisen sowie der darauf aufbauenden Unternehmenssteuerung mit Hilfe einer spezifischen Betriebsabrechnung und Betriebsergebnisrechnung.
aa) Bei einer voll ausgelasteten Teil- oder Gesamtkapazität entsteht die Frage, welche von zwei oder mehreren möglichen Leistungseinheiten bearbeitet werden soll. Die Entscheidung zugunsten eines bestimmten Auftrages bedeutet, daß eine oder mehrere Alternativen nicht zum Zuge kommen. Damit gehen dem Unternehmen entsprechende Erträge bzw. Deckungsbeiträge verloren. Der Nutzenentgang nicht ausgewählter Fertigungsmöglichkeiten in Engpaßsituationen wird als *Opportunitätskosten* bezeichnet. Liegt Vollbeschäftigung vor, so lassen sich die entstehenden Wertverzehre in Form von Grenzkosten oder auch als Grenzertrag bestimmen. Aus dieser Erkenntnis leiten Böhm/Wille die Kosten für eine Teilkapazität, bezogen auf eine entsprechende Bezugsgröße (z.B. Maschinenstunde) als *Leistungsertragssatz* ab. Dieser beinhaltet die proportionalen Leistungskosten als Leistungskostensatz, bzw. die Opportunitätskosten als Leistungserfolgssatz:

Leistungsertragssatz = Leistungskostensatz + Leistungserfolgssatz

Die Leistungserfolgskosten sind *„kalkulatorische Zusatzkosten der Kapazitätsausnutzung* je Belegstunde" *(H.H. Böhm/F. Wille* S. 50) und treten an die Stelle der Verrechnung von kapazitätsbildenden (fixen) Kosten in der Vollkostenrechnung. Als Bezugsgrößen werden jeweils Zukunftswerte in Form geplanter Leistungen bzw. Kapazitäten angesetzt, die sich in der Standardkostenrechnung auf der Basis der gesamten Planung des Fertigungsbereiches ergeben. Die Opportunitätskosten lassen sich in Betrieben mit einem oder mehreren Engpässen nur im Rahmen einer totalen Planung des Produktions- und Absatzprogramms mit Hilfe der mathematischen Programmierung bestimmen.
Verrechnet man die einzelnen Leistungsertragssätze je Fertigungsstelle über die jeweiligen Bezugsgrößen auf ein Produkt, so ergibt sich dessen Standard-Grenzpreis, der den Grenzkosten bzw. dem Grenzertrag entspricht. Er stellt den Einstandspreis dar, zu dem das Produkt an den Vertrieb abgegeben wird.
bb) Die Standard-Grenzpreisrechnung, die sich nach Meinung von *H.H. Böhm/ F. Wille* auf *E. Schmalenbachs* pretiale Betriebslenkung auf der Grundlage des Grenznutzens zurückführen läßt, soll eine *automatische Steuerung* des Unternehmens in den Zustand des *Erfolgsoptimums* gewährleisten. Ist ein Unternehmen unterbeschäftigt, so liegen freie Kapazitäten vor, die keinen „Ausgleich von Deckungsbeitragsteilen zwischen konkurrierenden Verwendungen erforderlich" *(H.H. Böhm/F. Wille* S. 50) machen. Damit ist der Leistungserfolgssatz gleich Null und

der Leistungsertragssatz entspricht dem Leistungskostensatz. In diesem Fall gibt die Fertigung ihre Produkte zu Standard-Grenzpreisen an den Verkauf ab, die lediglich proportionale Kosten enthalten und daher dem Kostenansatz im Direct costing entsprechen. In der Unterbeschäftigung liefert die Fertigung zu niedrigen Preisen an den Verkauf, dem der gesamte Deckungsbeitrag zugerechnet wird und der daher bemüht ist, möglichst viele Aufträge hereinzuholen.

Sobald die Vollauslastung der Kapazität erreicht ist, nimmt der Leistungserfolgssatz einen positiven Wert an. Seine Höhe hängt vom Grad der Knappheit der Stellenleistung im Rahmen der Kapazitätsstruktur, der Programmstruktur und der Bedarfslage ab. Der Leistungserfolgssatz muß durch eine Ertrags- und Erfolgsanalyse im Rahmen einer totalen Planung des Produktions- und Absatzprogramms mit Hilfe einer Programmoptimierungsrechnung bestimmt werden. In dieser Situation hat der Vertrieb nur noch die Aufgabe der Warenverteilung und der Bestellabwicklung. Der Schwerpunkt der unternehmerischen Dispositionen verlagert sich auf die Fertigung mit dem Ziel der optimalen Ausnutzung der voll ausgelasteten Kapazitäten. Damit muß auch der *„Deckungsbeitrag der Unternehmen ganz dem Fertigungsbereich,* und zwar den vollbeschäftigten Teilkapazitäten *als Leistungserfolg zugerechnet"* (*H.H. Böhm/F. Wille* S. 43) werden. Dies entspricht einer Umkehrung der Abrechnungsmethode des Direct costing, bei dem die „ungedeckten Kapazitätskosten des Herstellbereichs aus dem Deckungsbeitrag des Vertriebes, das heißt aus der Überdeckung der festen Vertriebskosten gedeckt werden" (*H.H. Böhm/F. Wille* S. 43).

In der Standard-Grenzpreisrechnung müssen dagegen die „zunächst ganz ungedeckten Kapazitätskosten des Vertriebsbereichs aus den Überdeckungen des Herstellbereiches gedeckt werden" (*H.H. Böhm/F. Wille*, S. 43). Letztlich erfolgt neben der vollen Auslastung auch eine Umschichtung der Fertigung auf Produkte, die den Engpaßbereich relativ schwächer belasten, so daß insgesamt eine Zunahme der totalen Produktivität des Fertigungsbetriebes erreicht wird.

Die *Betriebsabrechnung* der Standard-Grenzpreisrechnung basiert in Anlehnung an *P. Riebel* auf einer Grundrechnung mit direkter Kostenerfassung. Die einzelnen Kostenstellen, die zugleich auch Leistungsstellen sind, können wesentlich umfassender abgerechnet, kontrolliert und gesteuert werden, da neben Kosten- auch Leistungswerte vorliegen (vgl. Abb. 49). Im einzelnen lassen sich eine Kapazitätsrechnung, Arbeitsrechnung, Leistungsrechnung und Erfolgsrechnung durchführen.

Die *Betriebsergebnisrechnung* wird als mehrstufige Deckungsbeitragsrechnung dargestellt, in der vom Umsatz zunächst die Standard-Grenzpreise der Produkte, wie sie von der Fertigung berechnet werden, abzusetzen sind. Daraus ergibt sich eine Spanne, die der Deckung von Vertriebs- und Verwaltungskosten dient. In einer zweiten Stufe werden die direkten Kosten des Marktbereichs abgesetzt. Dies führt zum Deckungsbeitrag des Verkaufs bzw. Verkaufsbeitrag, der monatlich ermittelt wird. Die Kapazitätskosten werden dagegen nur vierteljährlich in einem Block angesetzt und führen dann zum Nettoerfolg pro Quartal (vgl. Abb. 50).

	IST	SOLL	ABWEICHUNG

KAPAZITÄTSRECHNUNG
  Zinsen
  Abschreibungen, fix
  Kleinanschaffungen
  Raumkosten, kalk.

  Kostenabweichung
  Beschäftigungsabweichung
  Gesamt-Abweichung

ARBEITSRECHNUNG
  Gehälter
  Sozialkosten

  Kostenabweichung
  Beschäftigungsabweichung
  Gesamt-Abweichung

LEISTUNGSRECHNUNG
  Instandhaltung
  Ersatzteile
  Energiekosten
  Hilfs- und Betriebsstoffe
  Werkzeuge
  Ausschuß
  Nacharbeit

  Leistungskosten (Verbrauchsabw.)

  Arbeitsnutzkosten (Leistungsabw.)
  Kapazitätsnutzkosten (Leistungsabw.)

  Gesamt-Nutzkosten (Leistungsabw.)

ERFOLGSRECHNUNG
  Leistungsertrag
  Leistungskosten
  Arbeitsnutzkosten
  Kapazitätsnutzkosten

  Stellenerfolg der Leistungsrechnung
  Gesamtabweichung der Arbeitskosten

  Stellenerfolg der Leistungs- und
  Arbeitsrechnung

  Gesamtabweichung der Kapazitätskosten

  Gesamt-Stellenerfolg

Abb. 49: Stellenabrechnung in der Fertigung

		Marktbereich A					Marktbereich B					usw.
		A	B	C	D	E	F	G	H	I	K	
monatlich	Umsatzertrag − Standard-Grenzpreise (der Herstellung)											
	= Spannendeckung − direkte Kosten des Marktbereichs											
vierteljährlich	= Deckungsbeitrag des Verkaufs − Kapazitätskosten											
	= Nettoerfolg											

Abb. 50:
Betriebsergebnisrechnung

221

c) Beurteilung der Standard-Grenzpreisrechnung

Die Standard-Grenzpreisrechnung ist ein System des internen Rechnungswesens, das sich jeder denkbaren Kombination von Beschäftigungs- und Auslastungslagen feinstufig anpassen soll. Als wesentlicher Fortschritt muß der Versuch anerkannt werden, die Schwächen der Teilkostenrechnungssysteme bei Vollauslastung der Kapazitäten aufzuzeigen und zu überwinden. Durch den Ansatz des Leistungserfolgssatzes für voll ausgelastete Fertigungsbereiche entstehen Opportunitätskosten, die zu einer optimalen Auslastung und Programmgestaltung führen.

Der wesentliche Nachteil der Standard-Grenzpreisrechnung liegt in dem Erfordernis der Anwendung der linearen Optimierung. In der Praxis scheitert ihr umfassender Einsatz an der Komplexität der realisierten Fertigungsprogramme. Außerdem fehlen bisher auch weitgehend die personal- und verwaltungstechnischen Voraussetzungen. *H.H. Böhm / F. Wille* schlagen daher vor, daß die Kostenrechner als „Preiskommissare" Quasi-Marktpreise nach bestimmten Faustregeln festsetzen. Danach sollen bei untergenutzten Teilkapazitäten die Leistungserfolgssätze solange gesenkt werden, bis Vollbeschäftigung eintritt. Bei vollgenutzten Teilkapazitäten müssen dagegen die Leistungserfolgssätze steigen, bis der Eintritt der Unterbeschäftigung droht. Diese Vorgehensweise führt zu Ungenauigkeiten, die die Aussagefähigkeit der Standard-Grenzpreisrechnung wesentlich beeinträchtigen.

Weit gravierender ist jedoch der Einwand gegen die theoretische Fundierung dieses Kostenrechnungssystems. Da Opportunitätskosten stets inhärente Bestandteile optimaler Programmgestaltung sind, die selbst Grenzkosten als Daten erfordern, ist die Standard-Grenzpreisrechnung weder theoretisch haltbar, noch praktisch anwendbar (vgl. *W. Kilger*, I, S. 713).

5. *Teilkostenrechnungen mit Vollkosteninformationen*

Insbesondere in der Praxis wird gegenüber den bisher entwickelten Systemen der Teilkostenrechnung immer wieder das Fehlen von Vollkosteninformationen bemängelt. Dies gilt vor allem für den Bereich der Kostenträgerstückrechnung. Die ausschließliche Ermittlung der variablen Stückkosten wird als nicht ausreichend für die Preisfindung, die Produktbeurteilung sowie die Sortimentszusammenstellung betrachtet. In der Literatur liegen inzwischen erste Ansätze vor, im Rahmen von Direktkosten- bzw. Grenzplankostenrechnungen entsprechend modifizierte Kalkulationen durchzuführen. Dazu müssen neben den variablen auch die fixen Kosten den Kostenträgern unter weitgehender Vermeidung der Mängel der Vollkostenrechnung zugerechnet werden. Als wichtigste Varianten sind nachfolgend die Fixkostenzuschlagsrechnung bzw. die Fixkostendeckungsrechnung dargestellt.

a) Fixkostenzuschlagsrechnung

Die Fixkostenzuschlagsrechnung wurde in Anlehnung an die traditionelle Zuschlagskalkulation mit Vollkosten entwickelt. Trotz der methodischen Ähnlichkeit bestehen jedoch wesentliche inhaltliche Unterschiede, da die Zuschlagssätze nur fixe Kosten beinhalten und die jeweiligen Zurechnungsbasen ausschließlich auf variablen Werten beruhen. Als Zuschlagsbasis kommen die proportionalen Kosten bzw. der Bruttogewinn (Deckungsbeitrag) in Betracht (vgl. *W. Kilger*, I, S. 617 f / *H.-M. Schönfeld*, II, S. 71). Außerdem kann mit einem globalen bzw. mit differenzierten Zuschlagssätzen kalkuliert werden.

(1) Bei Verwendung der *proportionalen Kosten* als Zuschlagsbasis ergeben sich folgende Zuschlagssätze:

Globalzuschlagssatz:

Fixkostenzuschlag: $\dfrac{\text{Fixkosten des Unternehmens}}{\text{proportionale Kosten des Unternehmens}} \cdot 100 = \quad \%$

Differenzierte Zuschlagssätze:

Fixkostenzuschlag Materialstellen: $\dfrac{\text{Fixkosten der Materialstellen}}{\text{Grenzmaterialkosten}} \cdot 100 = \quad \%$

Fixkostenzuschlag Fertigungsstellen: $\dfrac{\text{Fixkosten der Fertigung}}{\text{Grenzfertigungskosten}} \cdot 100 = \quad \%$

Fixkostenzuschlag Verwaltung: $\dfrac{\text{Fixe Verwaltungskosten}}{\text{Grenzherstellkosten}} \cdot 100 = \quad \%$

Fixkostenzuschlag Vertrieb: $\dfrac{\text{Fixe Vertriebskosten}}{\text{Grenzherstellkosten}} \cdot 100 = \quad \%$

(2) Der Ansatz des *Bruttogewinns (Deckungsbeitrag)* als Zuschlagsbasis führt zu folgender Berechnung der Zuschlagssätze:

Globalzuschlagssatz:

Fixkostenzuschlag: $\dfrac{\text{Fixkosten des Unternehmens}}{\text{Bruttogewinn (Erlös ./. Grenzkosten)}} \cdot 100 = \quad \%$

Differenzierte Zuschlagssätze:

Fixkostenzuschlag des Herstellbereichs:

$\dfrac{\text{Fixe Kosten des Material- u. Fertigungsbereichs}}{\text{Erlös ./. Grenzkosten}} \cdot 100 = \quad \%$

Fixkostenzuschlag des Verwaltungs- u. Vertriebsbereichs:

$\dfrac{\text{Fixe Kosten des Verwaltungs- u. Vertriebsbereichs}}{\text{Erlös ./. Grenzkosten}} \cdot 100 = \%$

b) Fixkostendeckungsrechnung

Die von *K. Mellerowicz* auf der Grundlage eines amerikanischen Vorbildes aufgebaute Fixkostendeckungsrechnung ist als Direct costing mit Vollkosteninformationen zu verstehen. Sie soll die Vorteile von Vollkostenaussagen in der Kostenstellen- und Kostenträgerrechnung mit den Vorteilen des Direct costing vereinen. Der Grundgedanke ist dabei, die gesamte Kostenstruktur des Kostenträgers sowie seinen Erfolgsanteil aufzuzeigen. Die Kostenzurechnung erfolgt getrennt nach variablen und fixen Kosten. Letztere werden stufenweise auf der Basis von Deckungsbeiträgen nach dem Kostentragfähigkeitsprinzip auf die Leistungen verteilt. Voraussetzung ist die verursachungsgemäße, schlüsselfreie Zurechnung der fixen Kosten auf die jeweiligen Schichten, also unter Vermeidung einer Schlüsselung.

Vor allem die Kostenarten- sowie die Betriebsergebnisrechnung der Fixkostendeckungsrechnung entsprechen den bereits in der Direktkosten- bzw. Schichtkostenrechnung aufgezeigten Darstellungsformen. Nachfolgend werden daher nur die Kostenträgerzeit- und Kostenträgerstückrechnung erläutert (vgl. Abb. 51).

Wesentliche Grundlage der Kalkulation ist in der Fixkostendeckungsrechnung die Betriebsergebnisrechnung. Aus ihr wird ersichtlich, „in welchem Maße durch die Erzeugnisarten und Erzeugnisgruppen die Fixkostenschichten gedeckt und Gewinne erzielt werden" (*K. Mellerowicz*, I, S. 206). Dabei läßt sich das Kostengerüst in retrograder bzw. in progressiver Form darstellen.

aa) Die retrograde Form basiert auf der mehrfach gestuften Erfolgsrechnung in der Schichtkostenrechnung. Ausgehend von den Erlösen der Produkte werden die Kosten schichtenweise in retrograder Form abgesetzt. Ergänzend dazu werden entsprechend dem Tragfähigkeitsprinzip in der Fixkostendeckungsrechnung die Fixkosten je Stufe auf den unmittelbar vorausgehenden Deckungsbeitrag bezogen und in einem Prozentwert ausgedrückt. Die Prozentsätze entstehen innerhalb der einzelnen Schichten differenziert für die jeweiligen Zurechnungseinheiten. Somit lassen sich entsprechend der Anzahl der Produkte, Produktgruppen, Kostenstellen und Kostenstellenbereiche mehrere Prozentsätze ermitteln. Lediglich für die nicht weiter aufteilbaren Unternehmensfixkosten gibt es immer nur einen Wert (vgl. Abb. 52).

Mit Hilfe der Prozentsätze ist es nunmehr möglich, im Rahmen einer Teilkostenrechnung eine Kostenträgerstückrechnung (Kalkulation) als Vollkostenrechnung durchzuführen. Es lassen sich also die vollen Stückkosten sowie ein Nettoergebnis pro Leistungseinheit berechnen. Ausgehend vom Stückerlös werden zunächst die variablen Kosten abgesetzt und der Deckungsbeitrag I ermittelt. Entsprechend den in der Kostenträgerzeitrechnung festgestellten Zurechnungssätzen sind dann nacheinander die Fixkosten jeder Stufe abzusetzen, bis das Nettoergebnis pro Produkteinheit erreicht ist (vgl. Abb. 53).

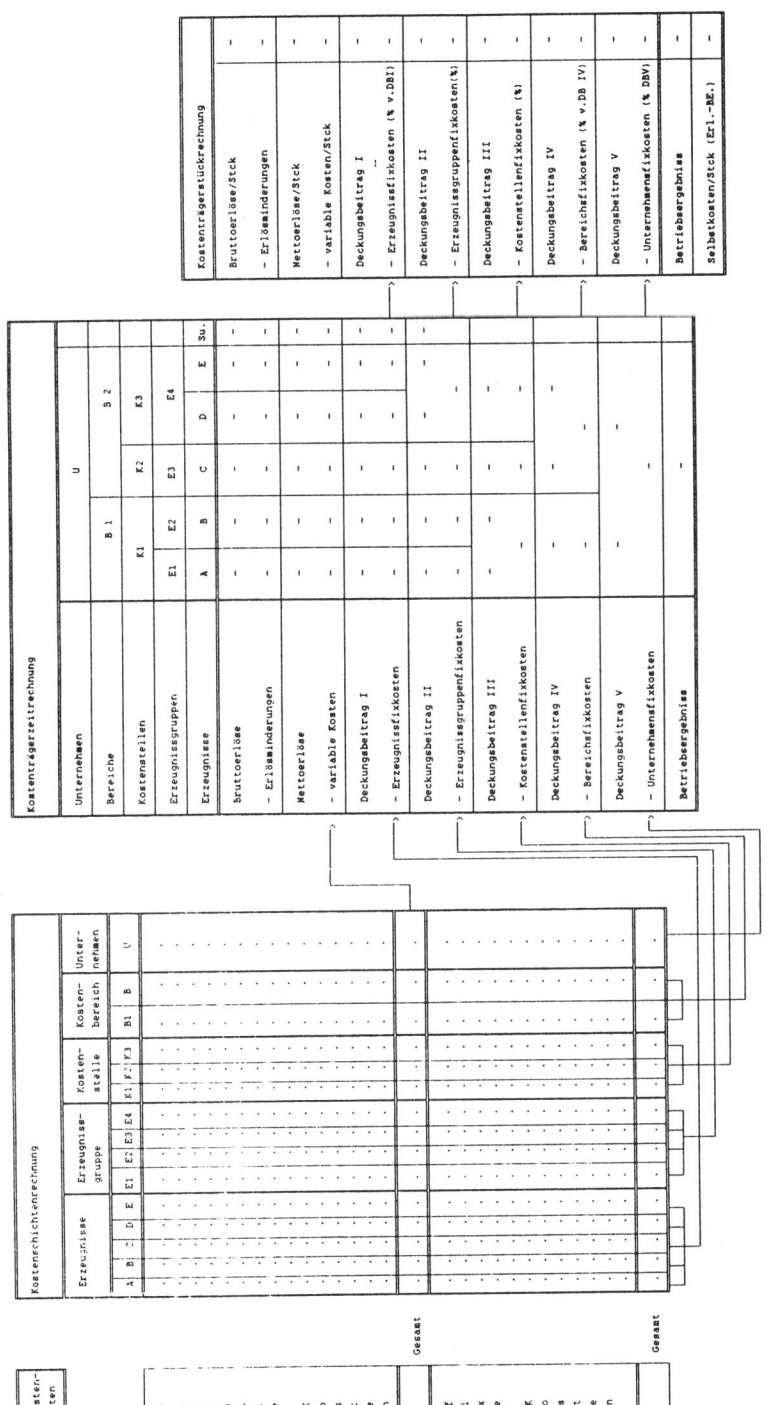

Abb. 51: Schematische Darstellung der Fixkostendeckungsrechnung

225

Unternehmung	U										
Bereiche	B₁							B₂			
Kostenstellen	KSt₁					KSt₂		KSt 3		KSt 4	
Erzeugnisgruppen	EG₁			EG₂		EG₃		EG₄	EG₅	EG₆	
Erzeugnisse	A	B	C	D	E	F	G	H	I	K	Σ
Bruttoerlös ./. Erlösschmälerungen	– –	– –	– –	– –	– –	– –	– –	– –	– –	– –	– –
Nettoerlös ./. variable Erzeugniskosten	– –	– –	– –	– –	– –	– –	– –	– –	– –	– –	– –
Deckungsbeitrag I ./. Erzeugnisfixkosten (in % von DB I)	– – %	– – %	– – %	– – %	– – %	– – %	– – %	– – %	– – %	– – %	– – %
Deckungsbeitrag II ./. Erzeugnisgruppenfix- kosten (in % von DB II)	–	–		–		–		–	–	–	–
		%		%		%		%	%	%	%
Deckungsbeitrag III ./. Kostenstellenfix- kosten (in % von DB III)	–			–		–		–	–	–	–
			%			%		%		%	%
Deckungsbeitrag IV ./. Bereichsfix- kosten (in % von DB IV)	–					–		–		–	–
				%				%			%
Deckungsbeitrag V ./. Unternehmensfix- kosten (in % von DB V)	–							–		–	–
						%					%
Nettoergebnis											–

Abb. 52: Retrograde Ergebnisrechnung mit Fixkostenprozentsätzen

(1)   Stückerlös

(2)   ./. variable Stückkosten

(3)   = Deckungsbeitrag I

(4)   ./. % Erzeugnisfixkosten

(5)   = Deckungsbeitrag II

(6)   ./. % Erzeugnisgruppenfixkosten

(7)   = Deckungsbeitrag III

(8)   ./. % Stellenfixkosten

(9)   = Deckungsbreitrag IV

(10)   ./. % Bereichsfixkosten

(11)   = Deckungsbeitrag V

(12)   ./. % Unternehmensfixkosten

(13)   = Nettoergebnis pro Stück

Abb. 53: Retrogrades Kalkulationsschema

Die vollen SK je Stück ergeben sich aus der Addition der variablen und fixen Kostenanteile bzw. aus der Differenz zwischen Preis und Nettoergebnis pro Stück.

Die retrograde Kalkulation setzt einen bekannten Martkpreis sowohl für die Zeitrechnung wie für die Stückrechnung voraus. Sie eignet sich daher bevorzugt für die Nachkalkulation. Abweichend von der traditionellen Vollkostenrechnung wird bei der schichtenweisen Zurechnung der fixen Kosten die Schlüsselung weitgehend vermieden. Durch den Bezug auf die Deckungsbeiträge kommt in der Kalkulation das Tragfähigkeitsprinzip zur Anwendung. Damit werden Vollkosteninformationen innerhalb der Teilkostenrechnung möglich. Die retrograde Kalkulationsmethode kann auch zur Vorkalkulation herangezogen werden. Dazu sind entweder Verkaufspreise oder der Deckungsbeitrag I anzunehmen und die entsprechenden Fixkostenschichten mit ihren normalisierten bzw. geplanten Prozentsätzen abzusetzen. Damit gelingt es, den Marktpreis oder den gewünschten Deckungsbeitrag I eines Produktes auf deren jeweilige Wirtschaftlichkeit zu überprüfen.

Rechenbeispiel:

Retrograde Kalkulation für ein Produkt A in der Fixkostendeckungsrechnung bei folgenden Angaben:

Nettoverkaufserlös je Stück	DM	28,—
variable Stückkosten	DM	17,80
Erzeugnisfixkosten		5 % (von DB I)
Erzeugnisgruppenfixkosten		20 % (von DB II)
Stellenfixkosten		40 % (von DB III)
Bereichsfixkosten		8 % (von DB IV)
Unternehmensfixkosten		45 % (von DB V)

	Stückerlös	28,—
./.	variable Stückkosten	17,80
=	DB I	10,20
./.	Erzeugnisfixkosten 5 %	—,51
=	DB II	9,69
./.	Erzeugnisgruppenfixkosten 20 %	1,94
=	DB III	7,75
./.	Stellenfixkosten 40 %	3,10
=	DB IV	4,65
./.	Bereichsfixkosten 8 %	—,38
=	DB V	4,27
./.	Unternehmensfixkosten 45 %	1,92
=	Nettoergebnis	2,35

bb) Während die retrograde Stückrechnung Deckungsbeiträge als Zuschlagsbasis verwendet, werden bei der progressiven Stückrechnung die jeweiligen fixen Schichtkosten auf die variablen Stückkosten bezogen. Ausgangspunkt sind die variablen Stückkosten, denen stufenweise die anteiligen fixen Kosten zugeschlagen werden (vgl. Abb. 54). Durch den Bezug auf die variablen Stückkosten kommt in dieser Kalkulation das Verursachungsprinzip zur Anwendung. Die prozentualen Zuschlagssätze ergeben sich aus einer progressiven Betriebsergebnisrechnung.

(1)		Variable Stückkosten
(2)	+	Erzeugnisfixkosten (in % der variablen Stückkosten)
(3)	=	Zwischensumme
(4)	+	Erzeugnisgruppenfixkosten (in % der variablen Stückkosten)
(5)	=	Zwischensumme
(6)	+	Stellenfixkosten (in % der variablen Stückkosten)
(7)	=	Zwischensumme
(8)	+	Bereichsfixkosten (in % der variablen Stückkosten)
(9)	=	Zwischensumme
(10)	+	Unternehmensfixkosten (in % der variablen Stückkosten
(11)	=	Gesamte Stückkosten
(12)	+	Gewinnzuschlag (in % der gesamten Stückkosten)
(13)	=	Preis

Abb. 54: Progressives Kalkulationsschema

Im Gegensatz zur retrograden Rechnung werden bei der progressiven Kalkulation die gesamten Stückkosten unmittelbar ausgewiesen und die Kenntnis von Marktpreisen ist nicht erforderlich. Dies ist besonders vorteilhaft für die Durchführung einer Vorkalkulation.

Rechenbeispiel:

Progressive Kalkulation für ein Produkt A in der Fixkostendeckungsrechnung bei folgenden Angaben:

Variable Stückkosten	DM 17,80
Erzeugnisfixkosten	2,87 % ⎫
Erzeugnisgruppenfixkosten	10,90 % ⎪
Stellenfixkosten	17,40 % ⎬ von variablen
Bereichsfixkosten	2,13 % ⎪ Stückkosten
Unternehmensfixkosten	10,80 % ⎭
Gewinn	9,16 % (von Selbstkosten)

	Variable Stückkosten	17,80
+	Erzeugnisfixkosten 2,87 %	−,51
	Zwischensumme	18,31
+	Erzeugnisgruppenfixkosten 10,9 %	1,94
	Zwischensumme	20,25
+	Stellenfixkosten 17,4 %	3,10
	Zwischensumme	23,35
+	Bereichsfixkosten 2,13 %	−,38
	Zwischensumme	23,73
+	Unternehmensfixkosten 10,8 %	1,92
	Selbstkosten	25,65
+	Gewinn 9,16 %	2,35
	Stückerlös	28,00

Beispiel zur Fixkostendeckungsrechnung

Kostenschichtenrechnung																			
Produkte									Produktgruppen					Kostenst.			Bereich		U
A	B	C	D	E	F	G	H	I	P1	P2	P3	P4	P5	K1	K2	K3	B1	B2	U

variable Kosten:

A	B	C	D	E	F	G	H	I	P1	P2	P3	P4	P5	K1	K2	K3	B1	B2	U
500	300	250	10	5	1900	2300	40	250	–	–	–	–	–	–	–	–	–	–	–
A	B	C	D	E	F	G	H	I	1	2	3	4	5	1	2	3	1	2	1

Fixkosten aus der Kostenartenrechnung

A	B	C	D	E	F	G	H	I	P1	P2	P3	P4	P5	K1	K2	K3	B1	B2	U
.	.	.	.	.	.	.	.	.	.	.	.	.	.	.	.	.	.	.	.
.	.	.	.	.	.	.	.	.	.	.	.	.	.	.	.	.	.	.	.
.	.	.	.	.	.	.	.	.	.	.	.	.	.	.	.	.	.	.	.
.	.	.	.	.	.	.	.	.	.	.	.	.	.	.	.	.	.	.	.
.	.	.	.	.	.	.	.	.	.	.	.	.	.	.	.	.	.	.	.
Gesamt																			
50	20	15	4	1	100	30	1	5	100	2	220	1	5	230	200	18	100	10	323

Kostenträgerzeitrechnung (Betriebsergebnisrechnung)

Unternehmen	U									
Bereich	B1							B2		
Kostenstelle	K1					K2		K3		
Produktgruppe	P1			P2		P3		P4	P5	
Produkte	A	B	C	D	E	F	G	H	I	
Bruttoerlöse	1000	500	400	40	10	2500	3000	50	300	
– Minderungen	50			10		100	250			
Nettoerlöse	950	500	400	30	10	2400	2750	50	300	
– Variable Kosten	500	300	250	10	5	1900	2300	40	250	
Deckungsbeitrag I	450	200	150	20	5	500	450	10	50	
– Erzeugnisfixkosten	50	20	15	4	1	100	30	1	5	
Deckungsbeitrag II	400	180	135	16	4	400	420	9	45	
	715			20		820				
– Erzeugnisgruppenfixk.	100			2		220		1	5	
Deckungsbeitrag III	615			18		600		8	40	
	633							48		
– Kostenstellenfixk.	230					200		18		
Deckungsbeitrag IV	403					400		30		
	803									
– Bereichsfixkosten	100							10		
Deckungsbeitrag V	703							20		
	723									
– Unternehmensfixkosten	323									
Betriebsergebnis	400									

Kostenträgerstückrechnung	
Stückrechnung Produkt A Absatzmenge 45 Stück	
Stückerlöse	22,22
-Erlösminderungen	1,11
Nettoerlöse	21,11
- variable Kosten/Stck	11,11
Deckungsbeitrag I	10,00
- Erzeugnisfixkosten (in % v. DB I= 11,1%)	1,11
Deckungsbeitrag II	8,89
- Erzeugnisgruppenfixk. (in % v. DB II= 13,4%)	1,19
Deckungsbeitrag III	7,70
- Kostenstellenfixk. (in % v. DB III= 36,3%)	2,80
Deckungsbeitrag IV	4,90
- Bereichsfixkosten (in % v. DB IV= 12,5%)	0,61
Deckungsbeitrag V	4,29
- Unternehmensfixkosten (in % v. DB V= 44,7%)	1,92
Nettoergebnis/Stck	2,37
Selbstkosten/Stck (Bruttoerl.-Nettoerg.)	19,85

c) Beurteilung der Teilkostenrechnungen mit Vollkosteninformationen

Die Fixkostenzuschlagsrechnung wie die Fixkostendeckungsrechnung stellen den Versuch dar, in der Kostenstellen- und der Kostenträgerstückrechnung auch Vollkosteninformationen zu ermöglichen. Dabei erfolgt die Zurechnung der fixen Kosten bei der retrograden Rechnung nach dem Tragfähigkeits- und nicht nach dem für Vollkostenrechnungen typischen Verursachungsprinzip[1]. In der Fixkostenzuschlagsrechnung wird jedoch durch die globalen Zuschlagssätze die allgemeine Schlüsselung von Periodenkosten in die Teilkostenrechnung eingeführt. Die daraus resultierenden Ungenauigkeiten machen die Fixkostenzuschlagsrechnung wenig geeignet.

Im Gegensatz dazu erreicht die Fixkostendeckungsrechnung durch die differenzierte, schlüsselfreie Auflösung des Fixkostenblocks in Zurechnungsschichten wesentlich genauere Ergebnisse. Durch den Ansatz von Prozentsätzen ist sie mit dem Problem der Proportionalisierung fixer Kosten behaftet. Nach Meinung von *K. Mellerowicz* liegt

---

[1] Bei der progressiven Berechnung erfolgt die Zurechnung der fixen Kosten nach dem Verursachungsprinzip.

die dadurch eintretende Ungenauigkeit innerhalb einer vertretbaren ökonomischen Grenze, da in der Praxis der Kostenrechnung eine absolute Genauigkeit nicht zu erreichen ist. Weiterhin leistet die Fixkostendeckungsrechnung einen brauchbaren Ansatz zur Lösung des Bewertungsproblems für die Bestände an Halb- und Fertigerzeugnissen, da die aktivierungsfähigen bzw. aktivierungspflichtigen Material- und Fertigungsgemeinkosten aus den entsprechenden Fixkostenschichten ermittelt werden können (vgl. *K. Mellerowicz*, I, S. 223 ff.).

Im Gegensatz zur Fixkostenzuschlagrechnung kann daher die Fixkostendeckungsrechnung als eine bedeutende Variante innerhalb der Teilkostenrechnungen angesehen werden, die als geschlossenes System in einem Arbeitsgang Teil- und Vollkosteninformationen vermittelt. Die wesentlichen Nachteile dieses Systems liegen in dem umfangreichen Rechenaufwand, einer hinreichend genauen Erfassung der fixen Kosten für die einzelnen Schichten sowie in der Einführung der Proportionalisierung periodenabhängiger Kosten in die Teilkostenrechnung.

Übungsfragen

21. Geben Sie als Kostenrechner eines mittleren Industriebetriebes Antwort auf folgende Fragen der Geschäftsleitung:
    - Worin liegen die wesentlichen Unterschiede zwischen Voll- und Teilkostenrechnungen?
    - Beschreiben Sie die wesentlichen Unterschiede der Ihnen bekannten Teilkostenvarianten.
    - Geben Sie eine Empfehlung für den Aufbau einer modernen Kostenrechnung.

V. Kosten- und Leistungsrechnung als Management-Instrument

Bei der Gestaltung eines leistungsfähigen Rechnungswesens stellt sich für jedes Unternehmen die Frage nach der praktischen Bedeutung sowie dem erforderlichen Umfang der Kosten- und Leistungsrechnung. Zunächst kann festgestellt werden, daß die Kostenrechnung keinen Selbstzweck darstellt. Sie übernimmt vielmehr eine Dienstleistungsfunktion im Rahmen der bestmöglichen Erfüllung betrieblicher Zielsetzungen. Daher wird auch ihr Umfang grundsätzlich vom Bedarf kostenrechnerischer Informationen durch die Führungskräfte bestimmt. Zur Konkretisierung dieses Tatbestandes werden abschließend die wesentlichen Einflußfaktoren auf die Gestaltung sowie die absehbare Weiterentwicklung der Kosten- und Leistungsrechnung dargestellt.

A. Einflußfaktoren auf die Gestaltung der Kosten- und Leistungsrechnung

Der Auf- und Ausbau einer unternehmensspezifischen Kostenrechnung wird durch mehrere Einflußfaktoren bestimmt. Eine wesentliche Rolle spielt dabei die *Unter-*

nehmensgröße. Sie wird u.a. an der Höhe des Kapitaleinsatzes gemessen. So zeichnet sich der Kleinbetrieb durch einen geringen Finanzbedarf aus. Er wird durch eine oder wenige Personen geführt, die auf Veränderungen am Markt kurzfristig reagieren können. Ein solcher Betrieb kommt mit einer einfach strukturierten, weitgehend manuell abwickelbaren, vergangenheitsorientierten Kostenrechnung aus.

Im Gegensatz dazu steht der Großbetrieb mit einer langfristigen Bindung hoher Investitionsmittel. Zur Führung eines solchen Unternehmens sind vielfältige Systeme erforderlich. Dies hat eine verhältnismäßige Unbeweglichkeit zur Folge, die auf Dauer nur dann ohne größere Gefahr für die Existenz bewältigt werden kann, wenn eine umfassende, weitgehend maschinell abwickelbare, zukunftsorientierte Kostenrechnung betrieben wird.

Das mittlere Unternehmen besitzt Merkmale des Klein- und Großbetriebes und muß daher eine ausreichende Kombination von vergangenheits- und zukunftsorientiertem Rechnungswesen finden.

Weiterhin ist die *Branche* zu beachten, der ein Unternehmen angehört. So betreiben Industriebetriebe aufgrund ihres komplexen Betriebsaufbaus generell mehr Rechnungswesen als vergleichsweise Handelsbetriebe oder Banken aus dem Dienstleistungssektor. Der Umfang des *Leistungsprogramms* muß ebenfalls als Einflußfaktor auf die Gestaltung der Kostenrechnung gesehen werden. Unternehmen, die sich mit einem oder wenigen Produkten beschäftigen und – soweit Industriebetriebe – mit einheitlichen Fertigungsverfahren auskommen, bevorzugen die Vollkostenrechnung. Liegen dagegen differenzierte Sortimente bzw. Herstellungsmethoden vor, gewinnt die Teilkostenrechnung wesentliche Bedeutung.

B. Weiterentwicklung zum Controlling

Zunehmend größere Veränderungen im Umfeld stellen neue Herausforderungen für eine ökonomisch erfolgreiche Gestaltung von Betrieben und Unternehmen dar. Zwar hat es den Wandel als solchen zu allen Zeiten gegeben, neu sind jedoch seine Ausmaße und die Geschwindigkeit, in denen er sich vollzieht. Man spricht diesbezüglich von Quantensprüngen und einer sich beschleunigenden Dynamik. Stetige, berechenbare Entwicklungen werden abgelöst durch überraschende, unberechenbare Ereignisse. Für ein effizientes leadership resultiert hieraus die Erfordernis, die „Verwaltung des Beständigen" zunehmend durch die „Gestaltung des Wandels" abzulösen. Zur Realisierung dieser Herausforderung hat sich als wesentliche Leitidee das Controlling als Managementfunktion und Führungskonzeption entwickelt.

Als aktuelles Konzept zur Lenkung und Steuerung des Unternehmens basiert das Controlling auf den klassischen Führungsaufgaben **Planen, Kontrollieren** und **Informieren.** Damit stellt das Controlling zunächst keinen grundlegend neuen Ansatz dar. Durch die inhaltliche Neuorientierung sowie durch die synergetische Verknüpfung der drei Grundelemente in Form lernfähiger Prozesse wurde das Controlling jedoch zu einer originellen Leitmaxime erfolgreicher Betriebssteuerung.

– Entwicklung einer neuen Planungs-, Kontroll- und Informationskultur

Der wirtschaftliche Wiederaufbau führte in der Bundesrepublik Deutschland nach dem Zweiten Weltkrieg zu einer längeren Phase beständiger Entwicklung. Sie begünstigte das Entstehen punktueller Vorstellungswelten bezüglich der Planungs-, Kontroll- und Informationsmöglichkeiten. Diese Form der Verengung des Denk-Horizontes beeinträchtigt die Beurteilungsfähigkeit des eigenen Tuns und bedingt letztlich die Gefahr der Degeneration der Führungs- und Fachkräfte zu „Verwaltern". Derartige Verhaltensweisen werden zunehmend problematisch, da die Veränderungen im Umfeld und im Betrieb an Turbulenz gewinnen. Dann sind „Gestalter" gefragt, die über die Beurteilungsfähigkeit bezüglich des eigenen Tuns verfügen. Diese beruht auf der Schaffung weiter Horizonte mit Hilfe eines extremen Denk-Spektrums. Durch die Formulierung von möglichst weit auseinanderliegenden Polen wird ersichtlich, daß es zwischen diesen eine Vielzahl von gedanklichen und tatsächlichen Ausprägungen für das Planen, Kontrollieren und Informieren gibt (vgl. Abb. 55). Optimales Controlling bedingt die Fähigkeit, situativ die jeweils bestgeeignete Planungs-, Kontroll-, und Informationsvariante auszuwählen und anzuwenden. Damit läßt sich eine offene, fließende und dynamische Controlling-Kultur (Fuzzy-Controlling) erreichen.

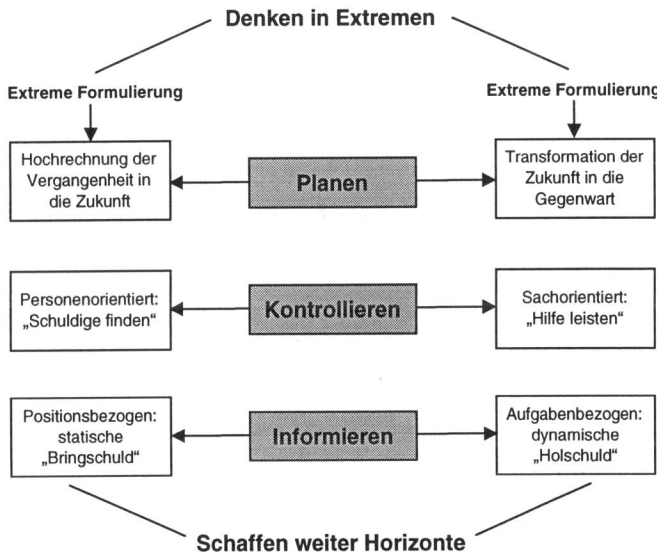

Abb. 55: Planungs-, Kontroll- und Informationskultur

233

– Gestaltung lernfähiger Prozesse

Die Verknüpfung von Planung, Kontrolle und Information führt zu synergetischen Prozessen. Der *Planung* obliegt die Entwicklung eines Soll-Zustandes als Orientierungsgröße für die Realisation und als Normgröße für die Kontrolle. Die Realisation verwirklicht in Form einer Ausführungshandlung das Ist. Informationen über Störgrößen aus dem Unternehmensumfeld werden bei der Planung und der Realisation feed forward berücksichtigt. Die Führungsaufgabe *Kontrolle* vergleicht das aufgestellte Soll mit dem realisierten Ist. Die aus diesem Vergleich gewonnenen Erkenntnisse werden als *Information* an die Planung und/oder Realisation zurückgemeldet. Dieses feed back schließt den Kreislauf und führt damit zur Regelung des Systems Unternehmung.

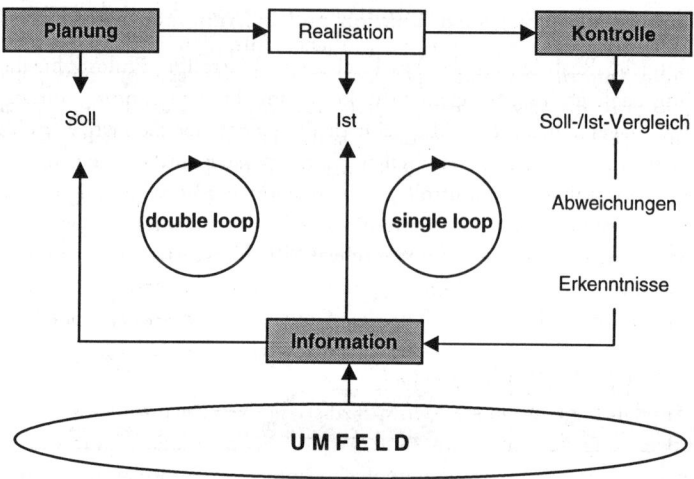

Abb. 56: Lernfähige Prozesse

Die Zielsetzung der feed back-Kontrollen liegt in der Sicherstellung einer effizienten Realisierung von Handlungen zum Zwecke der Zielerreichung. Diese single-loop-learning-Prozesse ermöglichen in einem vorgegebenen Kontext aus Normen und Zielen die Korrektur von erkannten Fehlentwicklungen. In Ergänzung untersuchen feed forward-orientierte Kontrollen die Validität der gesetzten Rahmenbedingungen und Ziele. Solche double-loop-learning-Prozesse sollen die Effektivität der Zielsetzungen bei sich verändernden Umfeldbedingungen sicherstellen. Das „deutero-learning" beschreibt über die dargestellten Lernebenen hinausgehende Lernprozesse, in denen das Lernen selbst zum Objekt des Lernens wird. Die spezifischen Problemlösungskontexte, i.e. unsere Denkweise, Philosophie und Methodik werden dabei kritisch reflektiert und die Unternehmung hat die Chance, Lernen zu lernen (vgl. Abb. 56).

Generell wurde bei der bisherigen Gestaltung von Soll-/Ist-Vergleichen eine Deckungsgleichheit zwischen Soll und Ist angestrebt. Die Abweichung „Null" wurde in der Regel positiv interpretiert. Ein solches Ergebnis gab keine unmittelbare Veranlassung, wesentliche Veränderungen herbeizuführen. Die zunehmende Dynamik macht es jedoch erforderlich, Veränderungsmöglichkeiten schneller zu erkennen und zu realisieren. Dazu ist die Gestaltung permanenter Lernprozesse notwendig. Solche entstehen nur, wenn die Teilhandlungen Planen, Kontrollieren und Informieren in ihrer neuen inhaltlichen Interpretation verstanden werden und die Bedeutung der Abweichung neu definiert wird. Eine veränderte Einstellung bezüglich des Umgangs mit Abweichungen, also eine neue **Abweichungskultur** ist erforderlich.

Je höher die Kreativität bei der Festlegung des Solls, um so unwahrscheinlicher ist eine sofortige Deckungsgleichheit zwischen Soll und Ist. Solchermaßen begründete Abweichungen sind positiv zu bewerten, soweit sie Lernpotentiale beinhalten. Nur wenn die Frage „wie gut sind wir?" durch die Frage „wie können wir schnell besser werden?" ersetzt wird, kann es gelingen, jeden Arbeitsplatz zu einem permanenten Lernort und den Betrieb zur lernenden Organisation umzuwandeln.

– Controlling als Managementfunktion und Führungskonzeption

Die erfolgreiche Realisierung der beschriebenen Controlling-Philosophie bedingt, das Controlling zugleich als Managementfunktion und Führungskonzeption zu verstehen. Als neue Managementfunktion übernehmen die Controller die Aufgabe, ein operatives Controllingsystem mit den Bestandteilen Planungssystem in Form der integrierten Unternehmensgesamtplanung, Kontrollsystem in Form der entscheidungsorientierten Kostenrechnungssysteme und Informationssystem in Form eines dynamischen Managementinformationssystems sowie strategische Controllinginstrumente im Unternehmen aufzubauen und weiterzuentwickeln. Innerhalb dieses Systems ist es dann die Aufgabe der übrigen Führungskräfte des Betriebs, Controlling im Sinne eines neuen Denk-, Verhaltens- und Orientierungsansatzes zum Zwecke einer effektiven und effizienten ökonomischen Steuerung zu betreiben.

Der Controller trägt als ein Systemspezialist die Verantwortung für die Pflege und Weiterentwicklung des Controllingsystems. Die Führungskräfte unterstützt er bei der erfolgreichen Bewältigung der Planung, Kontrolle und Information als „interner Unternehmens-Berater". Damit ist Controlling nur im kooperativen Miteinander von Controllern, den übrigen Führungskräften und Mitarbeitern und nicht im Kampf der Controller gegen die übrigen Führungskräfte und Mitarbeiter erfolgreich umsetzbar. Hieraus ergibt sich, daß Controlling zugleich auch als allgemeine Führungskonzeption zu begreifen ist, nach der sich alle Führungskräfte und Mitarbeiter des Unternehmens auszurichten haben, wenn eine erfolgreiche Optimierung der Betriebsstrukturen und -abläufe gelingen soll (vgl. Abb. 57).

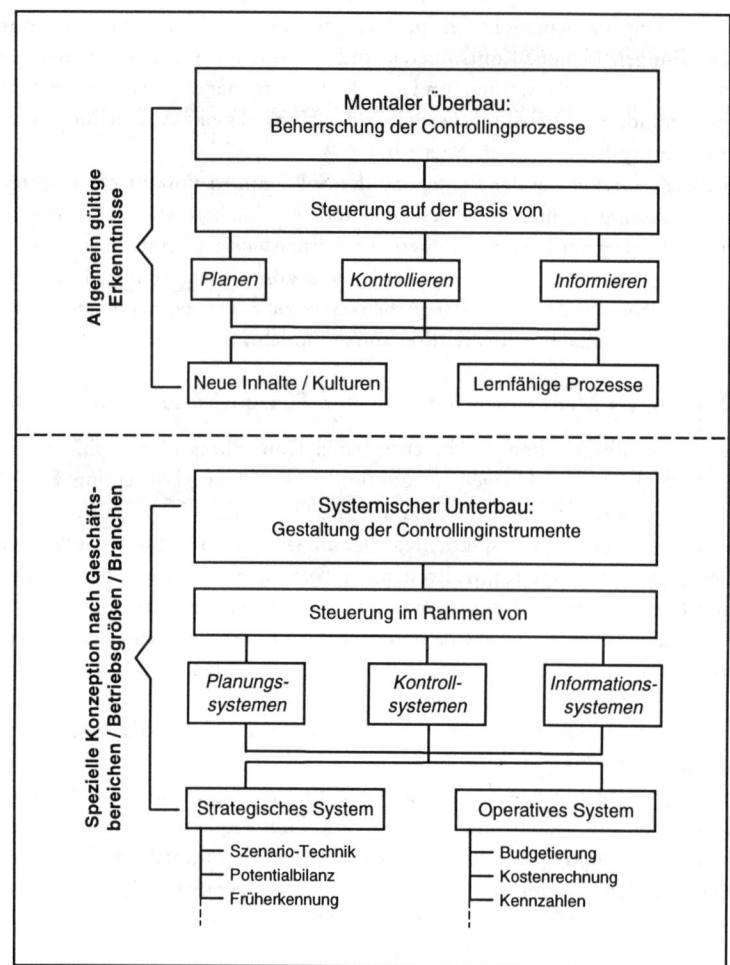

Abb. 57: Controlling als Managementfunktion und Führungskonzeption

236

Literatur zum dritten Kapitel

Riebel, P.: Das Rechnen mit Einzelkosten und Deckungsbeiträgen, in: ZfhF, 11. Jg., 1959 (III).

Plaut, H.G.: Unternehmenssteuerung mit Hilfe der Voll- oder Grenzplankostenrechnung, in: ZfB, 1961.

Agthe, K.: Kostenplanung und Kostenkontrolle im Industriebetrieb, 1963.

Käfer, K.: Standardkostenrechnung, 1964.

Matz, A.: Planung und Kontrolle von Kosten und Gewinn, 1964 (I).

Kosiol, E.: Plankostenrechnung, Handwörterbuch der Wirtschaftswissenschaften, 1966 (I).

Munzel, G.: Die fixen Kosten in der Kostenträgerrechnung, 1966.

Layer, M.: Möglichkeiten und Grenzen der Anwendbarkeit der Deckungsbeitragsrechnung im Rechnungswesen der Unternehmung, 1967.

Meffert, H.: Betriebswirtschaftliche Kosteninformation, 1968.

Moews, D.: Zur Aussagefähigkeit neuerer Kostenrechnungsverfahren, 1969.

Rascher, H.-J.: Neuzeitliche Methoden der Kostenrechnung, 1969.

RKW: Deckungsbeitragsrechnung in der Praxis, 3. Aufl., 1969.

Plaut, H.G., Müller, H., Medicke, W.: Grenzplankostenrechnung und Datenverarbeitung, 3. Aufl., 1973.

Mellerowicz, K.: Planung und Plankostenrechnung, 2 Bde., 3. Aufl., 1973.

Koller, H.: Organisation der Plankostenrechnung, 2. Aufl., 1973.

Riedel, G.: Der Weg zur Deckungsbeitragsrechnung, 1973.

Böhm. H.-H., Wille, F.: Deckungsbeitragsabrechnung, Grenzpreisrechnung und Optimierung, 6. Aufl., 1977.

Hantke, H.: Moderne Verfahren der Kostenrechnung II, 1974 (II).

Hochstrasser, A.: Kosten- und Investitionsrechnung für Betrieb und Marketing, 1974.

Kube, V.: Die Grenzplankostenrechnung, 1974.

Möllers, P.: Kosten- und Leistungsrechnung, 1974.

Unterguggenberger, S.: Kybernetik und Deckungsbeitragsrechnung, 1974.

Matz, A.: Plankosten, Deckungsbeiträge und Budgets, 1975 (II).

Schönfeld, H.-M.: Kostenrechnung II, 7. Aufl., 1975 (II).

Coenenberg, G. (Hrsg.): Unternehmensrechnung, 1976.

Jacob, J. (Hrsg.): Neuere Entwicklungen der Kostenrechnung I und II, 1976.

Groll, K.-H.: Kurzfristige Erfolgsrechnung und Kostenkontrolle als Instrumente der Gewinnanalyse, 1977.

Mellerowicz, K.: Neuzeitliche Kalkulationsverfahren, 6. Aufl., 1977.

Ebert, G.: Kostenrechnungs-Systeme, 1978.

Brausemann, R.: Controlling, 2. Aufl., 1980.

Kleineidam, E., Obenhaus, H.: Kostenrechnung, 2. Aufl., 1980.

Scholl, H.-J.: Fixkostenorientierte Plankostenrechnung, 1981.

Michel, R., Torspecken, H.-D.: Neuere Formen der Kostenrechnung II, 1981.

Ebert, G.: Kostenrechnungssysteme, in: Managementenzyklopädie, 5. Band, 2. Aufl., 1983, S. 700 ff.

Wolfstetter, G.: Moderne Verfahren der Kostenrechnung, 2. Aufl., 1984.

Däumler, K.D., Grabe, J.: Kostenrechnung 2 – Deckungsbeitragsrechnung, 4., vollst. überarb. Aufl., 1991, Kostenrechnung 3 – Plankostenrechnung, 1984.

Horvath, P.: Controlling, 5. Aufl., 1994.

Mayer, E.: Kostenrechnung I für Studium und Praxis, 2. Aufl., 1985.

Zimmermann, G.: Grundzüge der Kostenrechnung, 3., vorb. Aufl., 1985.

Horvath, P., Patsch, M., Weihe, M.: Standard-Anwendungssoftware für das Rechnungswesen, 2. Aufl., 1986.

Haberstock, L.: Kostenrechnung II, 7., durchges. Aufl., Hamburg 1986.

Schweitzer, M., Hettich, G.O.: Systeme der Kostenrechnung, 4. Aufl., 1986.

Ebert, G.: Planungsrechnung, in: Praktisches Lehrbuch Rechnungswesen, 1987.

Ebert, G.: Kosten- und Leistungsrechnung im Industriebetrieb, 2. Aufl., 1987.

Kilger, W.: Einführung in die Kostenrechnung, 3. Aufl., 1987.

Kloock, J., Sieben, G., Schildbach, Th.: Kosten- und Leistungsrechnung, 4. Aufl., 1987.

Däumler, K.D., Grabe, J.: Kostenrechnung 3 – Plankostenrechnung, 2. Aufl., 1988.

Kilger, W.: Flexible Plankostenrechnung und Deckungsbeitragsrechnung, 9., verb. Aufl., 1988.

Tanaka, M.: Cost Planing and Control Systems in the Design Phase of a new product, in: Monden, U., Sakurei, M. (Hrsg.): Japanese Management Accounting – A World Class Approach to Profit Management, Cambridge (Mass.) 1989, S. 49-71.

Ebert, G. (Hrsg.): Controlling – Managementfunktion und Führungskonzeption, Loseblattwerk, 6. Aufl., Landsberg 1997.

Ebert, G.: Unternehmensführung, in: Kompendium der Betriebswirtschaftslehre, herausg. von U. Bestmann, 9. Aufl., München 1997, S. 75 ff.

Ebert, G.: Management aktuell, Loseblattwerk, Landsberg/Lech 1992.

Coenenberg, A.G.: Kostenrechnung und Analyse, Landsberg 1992.

Horvath, P. (Hrsg.): Target Costing – marktorientierte Zielkosten in der deutschen Praxis, Stuttgart 1993.

Seidenschwarz, W.: Target Costing: marktorientiertes Zielkostenmanagement, München 1993.

Ebert, G., Koinecke, J., Peemöller, V.: Controlling, 6. Aufl., 1994.

Steinhübel, V.: Strategisches Controlling im Kontext moderner Unternehmensführung, unveröff. Diss., St. Petersburg/Nürtingen 1994.

Ebert, G. (Hrsg.): Handbuch des Controlling, Landsberg/Lech 1997.

Riek, O.: Target Costing in der Produktgestaltung, Diplomarbeit FH Nürtingen 1996/97.

Ebert, G. u.a.: Kosten-, Leistungsrechnung und Controlling, Heidelberg 1999.

Zeitschriften und Periodica

Kostenrechnungspraxis, Zeitschrift für Betriebsabrechnung, Kostenrechnungspraxis und Kostenplanung, Wiesbaden.

Controller magazin, Zeitschrift für Controller-Praxis, Gauting/München.

Jahrbuch für Praktiker des Rechnungswesens, Stuttgart.

Der Controlling-Berater, Freiburg.

Controlling, Zeitschrift für erfolgsorientierte Unternehmenssteuerung, München/Frankfurt.

Viertes Kapitel:
Fallbeispiel zur Vollkostenrechnung und Direktkostenrechnung

Die Nürtinger Spiel AG (NÜSAG) beschäftigt sich mit der Herstellung und dem Vertrieb von elektrischen Haushaltsgeräten. Das Programm umfaßt die Produkte Staubsauger (HS$_1$), Kaffeemaschine (KM$_1$) und das Rührgerät (RG$_1$).

Auf dem Gebiet des internen Rechnungswesens betreibt die NÜSAG eine Vollkosten- und eine Direktkostenrechnung auf der Basis von Istkosten. Als Mitarbeiter der NÜSAG sind Sie zuständig für die Durchführung der Kostenrechnung. Anhand der nachfolgenden Daten sollen Sie die jeweiligen Ergebnisse ermitteln. Dazu finden Sie entsprechend vorbereitete Unterlagen zur eigenständigen Bearbeitung. Die Lösungen sind am Ende des Fallbeispiels zusammengestellt.

I. Vollkostenrechnung

A. Kostenartenrechnung

Die Ausgangsdaten für das abgelaufene Geschäftsjahr liegen in Form einer Kostenartenübersicht vor (Anlage 1), die von der Finanzbuchhaltung erstellt wurde.

Anlage 1

NÜSAG	Kostenartenübersicht	
Kto.-Nr.	Kostenart	DM
400	Fertigungsmaterial	1.880.000,–
401	Hilfs- und Betriebsstoffe	381.300,–
403	Wasser/Strom	170.900,–
420	Fertigungslöhne	849.000,–
421	Gemeinkostenlöhne	470.000,–
430	Gehälter	1.200.800,–
440	Soziale Abgaben	835.400,–
464	Reisekosten	22.400,–
469	Sonstige Kosten	477.200,–
474	Sondereinzelkosten Fertigung	27.000,–
476	Sondereinzelkosten Vertrieb	452.466,50
480	Kalkulatorische Abschreibungen	260.000,–
481	Kalkulatorische Zinsen	142.000,–
	Summe	7.168.466,50

B. Kostenstellenrechnung

Für das abgelaufene Geschäftsjahr ist ein Betriebsabrechnungsbogen (Anlage 3) zu erstellen. Dazu müssen die Gemeinkosten auf die Stellen verteilt, die innerbetrieblichen Leistungen umgelegt und die verrechneten Gemeinkosten sowie die Über-/Unterdeckungen der Endkostenstellen ermittelt werden. Zur Berechnung der Herstellkostenwerte ist die Anlage 4 zu verwenden. Die Istzuschlagssätze sind gesondert auf Anlage 5 zu berechnen.

1. Kostenschlüssel

Für die Durchführung der Kostenverteilung, Kostenumlage und Kostenverrechnung sind folgende Angaben (Anlage 2) zu verwenden:

Anlage 2

Kostenschlüssel	Fuhrpark 1.0	Bearbeitung 2.1	Montage 2.2	Arbeits- vorbereitung 2.3	Material- wirtschaft 3.0	Verwaltung 4.0	Vertrieb 5.0
Kostenverteilung							
401 lt. Belegen	8.200,–	99.300,–	180.000,–	–	5.000,–	88.800,–	–
403 ''	3.200,–	56.200,–	87.000,–	1.400,–	7.000,–	13.500,–	2.600,–
421 ''	36.000,–	110.000,–	180.000,–	–	11.300,–	132.700,–	–
430 ''	32.000,–	226.350,–	311.400,–	84.170,–	13.650,–	303.230,–	230.000,–
440 ''	34.000,–	158.450,–	218.000,–	58.930,–	17.450,–	233.570,–	115.000,–
464 ''	–	–	8.100,–	–	1.600,–	2.700,–	10.000,–
469 ''	400,–	140.700,–	53.300,–	37.300,–	44.200,–	169.700,–	31.600,–
480 ''	40.000,–	120.000,–	40.000,–	2.800,–	11.200,–	40.400,–	5.600,–
481 ''	6.200,–	36.000,–	16.000,–	1.400,–	64.600,–	15.400,–	2.400,–
Kostenumlage							
Umlage 1.0 nach km	–	20.000 km	8.000 km	10.000 km	30.000 km	50.000 km	282.000 km
Umlage 2.3 nach Stunden	–	5320 Stunden	2280 Stunden	–	–	–	–
Kostenverrechnung							
Normal- zuschlagssätze	–	390 %	202 %	–	11 %	18 %	9 %

2. Bestandsveränderungen

Laut Inventur ergeben sich am Ende des abgelaufenen Geschäftsjahres folgende Bestandsänderungen:

	HS$_1$	KM$_1$	RG$_1$
Mehrungen	728 St. à 160,—		
Minderungen		300 St. à 51,60*	625 St. à 24,—*

* Die Minderungen sind mit Herstellkosten der Vorperiode bewertet.

3. Erstellung des Betriebsabrechnungsbogens

Anlage 3

NÜSAG					Betriebsabrechnungsbogen					
Kostenarten	Kostenstellen		Fuhrpark 1.0	Bearbeitung 2.1	Fertigung Montage 2.2	Σ	Arbeitsvor-bereitung 2.3	Material-wirtschaft 3.0	Verwaltung 4.0	Vertrieb 5.0
Lfd.-Nr.	Bezeichnung	DM								
1	401									
2	403									
3	421									
4	430									
5	440									
6	464									
7	469									
8	480									
9	481									
10	Σ									
11	Umlage 1.0									
12	Σ									
13	Umlage 2.3									
14	Σ Ist-GK									
15	Normal-Zuschlagssätze									
16	Zuschlagsbasis									
17	Verrechn.GK									
18	Über-/Unterd.									

4. Berechnung der verschiedenen Herstellkostenwerte

Anlage 4

		Istwerte				Normalwerte	
	%	Σ	HS$_1$	KM$_1$	RG$_1$	%	Σ
FL – Bearbeitung	—	272.000,—	100.000,—	102.000,—	70.000,—	—	272.000,—
FGK – Bearbeitung							
FL – Montage	—	577.000,—	180.000,—	187.000,—	210.000,—	—	577.000,—
FGK – Montage							
FM	—	1.880.000,—	500.000,—	680.000,—	700.000,—	—	1.880.000,—
MGK							
SEK der Fertigung	—	27.000,—	10.000,—	17.000,—	—	—	
HK der hergest. Leist.	—					—	
Bestandsminderungen	—					—	
Bestandsmehrungen	—					—	
HK der abges. Leist.	—					—	

241

5. Ermittlung der Istzuschlagssätze

Anlage 5

Istzuschlagssätze

FGK - Bearbeitung: ————————— · 100 =   %

FGK - Montage: ————————— · 100 =   %

MGK: ————————— · 100 =   %

VwGK: * ————————— · 100 =   %

VtGK: * ————————— · 100 =   %

* Die Verwaltungs- und Vertriebsgemeinkosten werden jeweils auf die Herstellkosten der abgesetzten Leistungen berechnet.

C. Kostenträgerstückrechnung (Kalkulation)

Es ist eine Vorkalkulation mit Hilfe der Normalzuschlagssätze (Anlage 6) sowie eine Nachkalkulation mit Hilfe der Istzuschlagssätze (Anlage 7) je *einem* Stück der drei Produktarten durchzuführen. Dazu benötigen Sie neben den Angaben der Anlagen 4 und 5 nach folgende Daten:

Stückzahlen

	HS_1	KM_1	RG_1
hergestellte Stück	10.000	34.000	70.000
verkaufte Stück	9.272	34.300	70.625
Bestandsmehrung/-minder.	+ 728	− 300	− 625
Sondereinzelkosten			
SEK der Fertigung je hergestelltem Stück	1,−	−,50	−,−
SEK des Vertriebs je verkauftem Stück	12,−	4,80	2,50

242

1. Durchführung der Vorkalkulation

Anlage 6

Vorkalkulation	%	HS$_1$	KM$_1$	RG$_1$
FL – Bearbeitung	—			
FGK – Bearbeitung				
FL – Montage	—			
FGK – Montage				
FM	—			
MGK				
SEK der Fertigung	—			
HK	—			
VwGK				
VtGK				
SEK des Vertriebs	—			
SK	—			

2. Durchführung der Nachkalkulation

Anlage 7

Nachkalkulation	%	HS$_1$	KM$_1$	RG$_1$
FL – Bearbeitung	—			
FGK – Bearbeitung				
FL – Montage	—			
FGK – Montage				
FM	—			
MGK				
SEK der Fertigung	—			
HK	—			
VwGK				
VtGK				
SEK des Vertriebs	—			
SK	—			

243

D. Kostenträgerzeitrechnung (Betriebsergebnisrechnung)

Die Kostenträgerzeitrechnung ist nach dem Gesamt- und nach dem Umsatzkostenverfahren durchzuführen.

Für die Berechnung des Betriebsergebnisses benötigen Sie noch folgende Daten:

Erlöse

	HS_1	KM_1	RG_1
Bruttoverkaufserlöse je Stück	298,–	119,–	49,–
Erlösschmälerungen je Stück	65,–	38,–	12,–
Nettoverkaufserlöse je Stück	233,–	81,–	37,–

1. Gesamtkostenverfahren

Das Betriebsergebnis ist in Kontenform mit Hilfe der Istwerte (Anlage 8) und zur Probe in Staffelform mit Hilfe der Normalwerte (Anlage 9) zu ermitteln.

Anlage 8

Gesamtkostenverfahren			
Geamtkosten	DM	Nettoverkaufserlöse	DM
Bestandsminderungen		Bestandsmehrungen	
Gewinn			

Anlage 9

Staffelform (Normalwerte)

	%	
FL – Bearbeitung	–	
FGK – Bearbeitung		
FL – Montage	–	
FGK – Montage		
FM	–	
MGK		
SEK der Fertigung	–	
HK der hergest. Leistungen	–	
Bestandsminderungen	–	
Bestandsmehrungen	–	
HK der abgesetzt. Leistungen	–	
VwGK		
VtGK		
SEK des Vertriebs	–	
SK des Umsatzes	–	
Nettoerlöse	–	
Umsatzergebnis	–	
Unter-/Überdeckung	–	
Betriebsergebnis	–	

2. Umsatzkostenverfahren

Das Betriebsergebnis ist außerdem nach dem Umsatzkostenverfahren für das Unternehmen sowie für die drei Produktarten zu berechnen (Anlage 10). Die Herstellkostenwerte der Produktarten sind der Anlage 4 zu entnehmen.

Anlage 10

Umsatzkostenverfahren

HK der abgesetzt. Leistungen	DM	Nettoverkaufserlöse	DM
VwGK			
VtGK			
SEK des Vertriebs			
Gewinn			

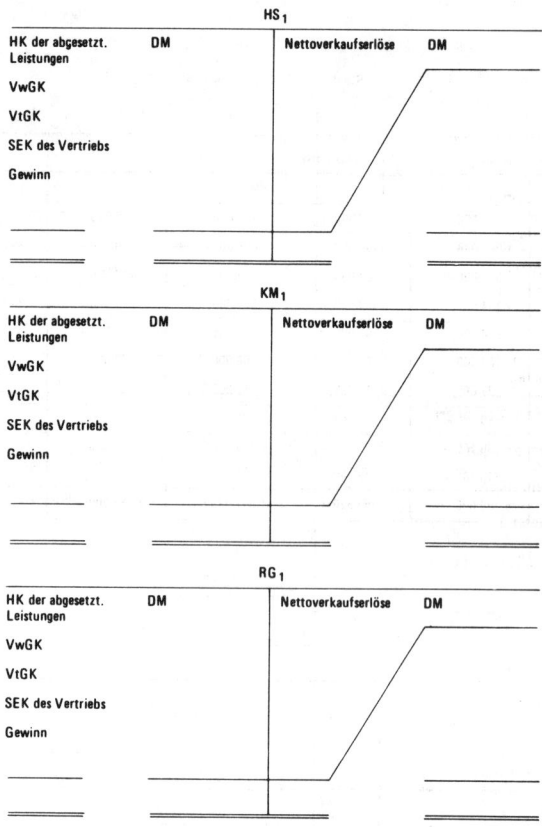

E Lösungen zur Vollkostenrechnung

Anlage 3 (Lösung)

NÜSAG										
							Betriebsabrechnungsbogen			
Kostenarten		Kostenstellen	Fuhrpark 1.0	Bearbeitung 2.1	Fertigung Montage 2.2	Σ	Arbeitsvor- bereitung 2.3	Material- wirtschaft 3.0	Verwaltung 4.0	Vertrieb 5.0
Lfd-Nr	Bezeichnung	DM								
1	401	381.300,–	8.200,–	99.300,–	180.000,–	279.300,–	–	5.000,–	88.800,–	–
2	403	170.900,–	3.200,–	56.200,–	87.000,–	143.200,–	1.400,–	7.000,–	13.500,–	2.600,–
3	421	470.000,–	36.000,–	110.000,–	180.000,–	290.000,–	–	11.300,–	132.700,–	–
4	430	1.200.800,–	32.000,–	226.350,–	311.400,–	537.750,–	84.170,–	13.650,–	303.230,–	230.000,–
5	440	835.400,–	34.000,–	158.450,–	218.000,–	376.450,–	58.930,–	17.450,–	233.570,–	115.000,–
6	464	22.400,–			8.100,–	8.100,–	–	1.600,–	2.700,–	10.000,–
7	469	477.200,–	400,–	140.700,–	53.300,–	194.000,–	37.300,–	44.200,–	169.700,–	31.600,–
8	480	260.000,–	40.000,–	120.000,–	40.000,–	160.000,–	2.800,–	11.200,–	40.400,–	5.600,–
9	481	142.000,–	6.200,–	36.000,–	16.000,–	52.000,–	1.400,–	64600,–	15.400,–	2.400,–
10	Σ	3.960.000,–	160.000,–	947.000,–	1.093.800,–	2.040.800,–	186.000,–	176.000,–	1.000.000,–	397.200,–
11	Umlage 1.0	–	–160.000,–	8.000,–	3.200,–	11.200,–	4.000,–	12.000,–	20.000,–	112.800,–
12	Σ	3.960.000,–	–	955.000,–	1.097.000,–	2.052.000,–	190.000,–	188.000,–	1.020.000,–	510.000,–
13	Umlage 2.3	–		133.000,–	57.000,–	190.000,–	–190.000,–	–	–	–
14	Σ	3.960.000,–		1.088.000,–	1.154.000,–	2.242.000,–		188.000,–	1.020.000,–	510.000,–
15	Normal- Zuschlagssätze	–		390 %	202 %	–	–	11 %	18 %	9 %
16	Zuschlagsbasis	– ·		272.000,–	577.000,–			1.880.000,–	5.103.140,–	5.103.140,–
17	Verrechn.GK	3.810.987,80	–	1.060.800,–	1.165.540,–	2.226.340,–		206.800,–	918.565,20	459.282,60
18	Über-/Unterd.	–149.012,20	–	–27.200,–	+11.540,–	–15.660,–		+18.800,–	–101.434,80	–50.717,40

Anlage 4 (Lösung)

		Istwerte				Normalwerte	
	%	Σ	HS_1	KM_1	RG_1	%	Σ
FL – Bearbeitung		272.000,–	100.000,–	102.000,–	70.000,–		272.000,– *
FGK – Bearbeitung	400	1.088.000,–	400.000,–	408.000,–	280.000,–	390	1.060.800,–
FL – Montage		577.000,–	180.000,–	187.000,–	210.000,–		577.000,– *
FGK – Montage	200	1.154.000,–	360.000,–	374.000,–	420.000,–	202	1.165.540,–
FM		1.880.000,–	500.000,–	680.000,–	700.000,–		1.880.000,– *
MGK	10	188.000,–	50.000,–	68.000,–	70.000,–	11	206.800,–
SEK der Fertigung		27.000,–	10.000,–	17.000,–	–,–		27.000,– *
HK der hergest. Leist.		5.186.000,–	1.600.000,–	1.836.000,–	1.750.000,–		5.189.140,–
Bestandsminderungen		+ 30.480,–	–,–	+ 15.480,–	+ 15.000,–		+ 30.480,– *
Bestandsmehrungen		–116.480,–	–116.480,–	–,–	–,–		–116.480,– *
HK der abges. Leist.		5.100.000,–	1.483.520,–	1.851.480,–	1.765.000,–		5.103.140,–

* Normalwerte = Istwerte

Anlage 5 (Lösung)

Istzuschlagssätze

FGK – Bearbeitung : $\dfrac{1.088.000,-}{272.000,-} \cdot 100 = 400\ \%$

FGK – Montage   : $\dfrac{1.154.000,-}{577.000,-} \cdot 100 = 200\ \%$

MGK   : $\dfrac{188.000,-}{1.880.000,-} \cdot 100 = 10\ \%$

VwGK   : $\dfrac{1.020.000,-}{5.100.000,-} \cdot 100 = 20\ \%$

VtGK   : $\dfrac{510.000,-}{5.100.000,-} \cdot 100 = 10\ \%$

Anlage 6 (Lösung)

Vorkalkulation	%	HS_1	KM_1	RG_1
FL – Bearbeitung		10,–	3,–	1,–
FGK – Bearbeitung	390	39,–	11,70	3,90
FL – Montage		18,–	5,50	3,–
FGK – Montage	202	36,36	11,11	6,06
FM		50,–	20,–	10,–
MGK	11	5,50	2,20	1,10
SEK der Fertigung		1,–	–,50	–,–
HK		159,86	54,01	25,06
VwGK	18	28,77	9,72	4,51
VtGK	9	14,39	4,86	2,26
SEK des Vertriebs		12,–	4,80	2,50
SK		215,02	73,39	34,33

Anlage 7 (Lösung)

Nachkalkulation	%	HS_1	KM_1	RG_1
FL – Bearbeitung		10,–	3,–	1,–
FGK – Bearbeitung	400	40,–	12,–	4,–
FL – Montage		18,–	5,50	3,–
FGK – Montage	200	36,–	11,–	6,–
FM		50,–	20,–	10,–
MGK	10	5,–	2,–	1,–
SEK der Fertigung		1,–	–,50	–,–
HK		160,–	54,–	25,–
VwGK	20	32,–	10,80	5,–
VtGK	10	16,–	5,40	2,50
SEK des Vertriebs		12,–	4,80	2,50
SK		220,–	75,–	35,–

248

Anlage 8 (Lösung)
Gesamtkostenverfahren

Kontenform (Istwerte)

Gesamtkosten	DM 7.168.466,50	Nettoverkaufserlöse	DM 7.551.801,–
Bestandsminderungen	30.480,–	Bestandsmehrungen	116.480,–
Gewinn	469.334,50		
	7.668.281,–		7.668.281,–

Anlage 9 (Lösung)

Staffelform (Normalwerte)

	%	
FL – Bearbeitung		272.000,–
FGK – Bearbeitung	390	1.060.800,–
FL – Montage		577.000,–
FGK – Montage	202	1.165.540,–
FM		1.880.000,–
MGK	11	206.800,–
SEK der Fertigung		27.000,–
HK der hergest. Leistungen		5.189.140,–
Bestandsminderungen	+	30.480,–
Bestandsmehrungen	./.	116.480,–
HK der abgesetzt. Leistungen		5.103.140,–
VwGK	18	918.565,20
VtGK	9	459.282,60
SEK des Vertriebs		452.466,50
SK des Umsatzes		6.933.454,30
Nettoerlöse		7.551.801,–
Umsatzergebnis		618.346,70
Unter-/Überdeckung	./.	149.012,20
Betriebsergebnis		469.334,50

Anlage 10 (Lösung)

Umsatzkostenverfahren

HK der abgesetzt. Leistungen	DM 5.100.000,–	Nettoverkaufserlöse	DM 7.551.801,–
VwGK	1.020.000,–		
VtGK	510.000,–		
SEK des Vertriebs	452.466,50		
Gewinn	469.334,50		
	7.551.801,–		7.551.801,–

HS_1

HK der abgesetzt. Leistungen	DM 1.483.520,–	Nettoverkaufserlöse	DM 2.160.376,–
VwGK	296.704,–		
VtGK	148.352,–		
SEK des Vertriebs	111.264,–		
Gewinn	120.536,–		
	2.160.376,–		2.160.376,–

KM_1

HK der abgesetzt. Leistungen	DM 1.851.480,–	Nettoverkaufserlöse	DM 2.778.300,–
VwGK	370.296,–		
VtGK	185.148,–		
SEK des Vertriebs	164.640,–		
Gewinn	206.736,–		
	2.778.300,–		2.778.300,–

RG_1

HK der abgesetzt. Leistungen	DM 1.765.000,–	Nettoverkaufserlöse	DM 2.613.125,–
VwGK	353.000,–		
VtGK	176.500,–		
SEK des Vertriebs	176.562,50		
Gewinn	142.062,50		
	2.613.125,–		2.613.125,–

Ermittlung des Betriebsergebnisses durch Hochrechnung über die Stückzahlen
(Ergänzung zu Anlage 10)

	Σ	HS_1	KM_1	RG_1
verkaufte Stück	–	9.272	34.300	70.625
Gewinn pro Stück	–	13,–	6,–	2,–
Gewinn pro Produktart	467.586,–	120.536,–	205.800,–	141.250,–
+ Minderungen	1.345,–	–	720,–[1]	625,–[2]
+ VwGK 20 %	269,–	–	144,–	125,–
+ VtGK 10 %	134,50	–	72,–	62,50
Summe	469.334,50	120.536,–	206.736,–	142.062,50

II. Direktkostenrechnung (Direct costing)

Die NÜSAG führt eine einstufige Direktkostenrechnung durch.

A. Kostenartenrechnung

Die Ausgangsdaten für das abgelaufene Geschäftsjahr liegen in Form einer Kostenartenübersicht (Anlage 11) vor. Die Mischkosten wurden mit Hilfe von Kostenauflösungsverfahren in ihre fixen und proportionalen Bestandteile getrennt.

Anlage 11

NÜSAG	Kostenartenübersicht		
Kto.-Nr.	Kostenart	Σ	proportional	fix
400	Fertigungsmaterial	1.880.000,–	1.880.000,–	–
401	Hilfs- und Betriebsstoffe	381.300,–	210.000,–	171.300,–
403	Wasser/Strom	170.900,–	140.000,–	30.900,–
420	Fertigungslohn	849.000,–	849.000,–	–
421	Gemeinkostenlöhne	470.000,–	–	470.000,–
430	Gehälter	1.200.800,–	–	1.200.800,–
440	Soziale Abgaben	835.400,–	297.200,–	538.200,–
464	Reisekosten	22.400,–	–	22.400,–
469	Sonstige Kosten	477.200,–	242.200,–	235.000,–
474	Sondereinzelkosten Fertigung	27.000,–	27.000,–	–
476	Sondereinzelkosten Vertrieb	452.466,50	452.466,50	–
480	Kalkulatorische Abschreibungen	260.000,–	–	260.000,–
481	Kalkulatorische Zinsen	142.000,–	–	142.000,–
	Summe	7.168.466,50	4.097.866,50	3.070.600,–

---

1   300 Stück · (54–51,60 = HK) = 720,–

2   625 Stück · (25–24 = HK) = 625,–

B. Kostenstellenrechnung

Für das abgelaufene Geschäftsjahr ist ein Betriebsabrechnungsbogen (Anlage 13) zu erstellen. Es werden nur die proportionalen Kosten in den BAB übernommen und auf der Grundlage der nachfolgenden Kostenschlüssel (Anlage 12) auf die Stellen verteilt und umgelegt. Zur Berechnung der Herstellkostenwerte ist die Anlage 14 zu verwenden. Die Istzuschlagssätze sind gesondert auf Anlage 15 zu berechnen.

Fehlende Daten sind aus der Vollkostenrechnung zu entnehmen.

1. Kostenschlüssel

Anlage 12

Kostenschlüssel	Fuhrpark 1.0	Bearbeitung 2.1	Montage 2.2	Arbeits-vorbereitung 2.3	Material-wirtschaft 3.0	Verwaltung 4.0	Vertrieb 5.0
Kostenverteilung							
401 lt. Belegen	–	81.800,–	123.700,–	–	4.500,–	–	–
403 "	2.500,–	49.000,–	82.000,–	200,–	6.300,–	–	–
440 "	–	95.200,–	202.000,–			–	–
469 "	1.000,–	130.500,–	42.800,–	32.100,–	35.800,–	–	–
Kostenumlage							
Umlage 1.0		2.000,–	1.000,–	100,–	400,–		
Umlage 2.3		22.300,–	10.100,–				

2. Bestandsveränderungen

Laut Inventur ergeben sich am Ende des Geschäftsjahres folgende Bestandsveränderungen:

	HS_1	KM_1	RG_1
Mehrungen	728 St. à 108.65	–	–
Minderungen	–	300 St. à 36.40	625 St. à 17.30

Anlage 13

				Fertigung				
NÜSAG					Betriebsabrechnungsbogen			
Kostenarten Lfd-Nr.	Bezeichnung	Kostenstellen DM	Fuhrpark 1.0	Bearbeitung 2.1	Montage 2.2	Σ	Arbeitsvor-bereitung 2.3	Material-wirtschaft 3.0
1	401							
2	403							
3	421							
4	430							
5	440							
6	464							
7	469							
8	480							
9	481							
10	Σ							
11	Umlage 1.0							
12	Σ							
13	Umlage 2.3							
14	Σ							

Anlage 14

	%	Σ	HS$_1$	KM$_1$	RG$_1$
FL – Bearbeitung	—				
FGK – Bearbeitung					
FL – Montage	—				
FGK – Montage					
FM	—				
MGK					
SEK der Fertigung	—				
HK der hergest. Leist.	—				
Bestandsminderungen	—				
Bestandsmehrungen	—				
HK der abgesetzten Leist.	—				
SEK des Vertriebs	—				
variable Kosten der abgesetzten Leistungen	—				

Anlage 15

Istzuschlagssätze

FGK – Bearbeitung : $\underline{\hspace{3cm}}$ · 100 =   %

FGK – Montage   : $\underline{\hspace{3cm}}$ · 100 =   %

MGK   : $\underline{\hspace{3cm}}$ · 100 =   %

C. Kostenträgerstückrechnung (Kalkulation)

Es ist eine Nachkalkulation mit Hilfe der Istzuschlagssätze je *einem* Stück der drei Produktarten durchzuführen (Anlage 16). Dazu benötigen Sie die Angaben der Anlagen 13 und 15 sowie die unter Punkt I, C. genannten Daten.

Anlage 16

	%	HS$_1$	KM$_1$	RG$_1$
FL – Bearbeitung	—			
FGK – Bearbeitung				
FL – Montage	—			
FGK – Montage				
FM	—			
MGK				
SEK der Fertigung	—			
Variable HK	—			
SEK des Vertriebs	—			
Variable SK	—			
Nettoverkaufserlöse	—			
Deckungsbeitrag je Stück	—			

D. Kostenträgerzeitrechnung (Betriebsergebnisrechnung)

Die Betriebsergebnisrechnung ist in einstufiger Form (Anlage 17) durchzuführen. Die erforderlichen Angaben sind aus I, D. sowie aus den Anlagen 11 und 15 zu entnehmen.

Anlage 17

	HS$_1$	KM$_1$	RG$_1$	Σ
Bruttoerlöse				
./. Erlösschmälerungen				
Nettoerlöse				
./. variable Kosten der abgesetzt. Leistungen				
Deckungsbeitrag				
./. fixe Kosten				
Betriebsergebnis				

Anlage 13 (Lösung)

NÜSAG				Betriebsabrechnungsbogen				
Kostenarten	Kostenstellen		Fuhrpark 1.0	Fertigung			Arbeitsvorbereitung 2.3	Materialwirtschaft 3.0
Lfd-Nr.	Bezeichnung	DM		Bearbeitung 2.1	Montage 2.2	Σ		
1	401	210.000,–	–	81.800,–	123.700,–	205.500,–	–	4.500,–
2	403	140.000,–	2.500,–	49.000,–	82.000,–	131.000,–	200,–	6.300,–
3	421	–	–	..	–	–	–	–
4	430	–	–	–	–	–	–	–
5	440	297.200,–	–	95.200,–	202.000,–	297.200,–	–	–
6	464	–	..	–	–	–	–	–
7	469	242.200,–	1.000,–	130.500,–	42.800,–	173.300,–	32.100,–	35.800,–
8	480	–	–	–	–	–	–	–
9	481	–	..	–	–	–	–	–
10	Σ	889.400,–	3.500,–	356.500,–	450.500,–	807.000,–	32.300,–	46.600,–
11	Umlage 1.0	–	–3.500,–	2.000,–	1.000,–	3.000,–	100,–	400,–
12	Σ	889.400,–	–	358.500,–	451.500,–	810.000,–	32.400,–	47.000,–
13	Umlage 2.3	–	–	22.300,–	10.100,–	32.400,–	32.400,–	–
14	Σ	889.400,–	–	380.800,–	461.600,–	842.400,–	–	47.000,–

Anlage 14 (Lösung)

	%	Σ	HS_1	KM_1	RG_1
FL – Bearbeitung		272.000,–	100.000,–	102.000,–	70.000,–
FGK – Bearbeitung	140	380.800,–	140.000,–	142.800,–	98.000,–
FL – Montage		577.000,–	180.000,–	187.000,–	210.000,–
FGK – Montage	80	461.600,–	144.000,–	149.600,–	168.000,–
FM		1.880.000.–	500.000,–	680.000,–	700.000,–
MGK	2,5	47.000,–	12.500,–	17.000,–	17.500,–
SEK der Fertigung		27.000,–	10.000,–	17.000,–	–
HK der hergest. Leist.		3.645.400,–	1.086.500,–	1.295.400,–	1.263.500,–
Bestandsminderungen		+ 21.732,50	–	+ 10.920,–	+ 10.812,50
Bestandsmehrungen		– 79.097,20	– 79.097,20	–	–
HK der abgesetzten Leist.		3.588.035,30	1.007.402,80	1.306.320,–	1.274.312,50
SEK des Vertriebs		452.466,50	111.264,–	164.640,–	176.562,50
variable Kosten der abgesetzten Leistungen		4.040.501,80	1.118.666,80	1.470.960,–	1.450.875,–

Anlage 15 (Lösung)

Istzuschlagssätze

$$\text{FGK} - \text{Bearbeitung}: \quad \frac{380.800,-}{272.000,-} \cdot 100 = 140\ \%$$

$$\text{FGK} - \text{Montage} \quad : \quad \frac{461.600,-}{577.000,-} \cdot 100 = 80\ \%$$

$$\text{MGK} \quad : \quad \frac{47.000,-}{1.880.000,-} \cdot 100 = 2,5\ \%$$

Anlage 16 (Lösung)

	%	HS_1	KM_1	RG_1
FL Bearbeitung		10,–	3,–	1,–
FGK – Bearbeitung	140	14,–	4,20	1,40
FL – Montage		18,–	5,50	3,–
FGK – Montage	80	14,40	4,40	2,40
FM		50,–	20,–	10,–
MGK	2,5	1,25	–,50	–,25
SEK der Fertigung		1,–	–,50	–,–
Variable HK		108,65	38,10	18,05
SEK des Vertriebs		12,–	4,80	2,50
Variable SK		120,65	42,90	20,55
Nettoverkaufserlöse		233,–	81,–	37,–
Deckungsbeitrag je Stück		112,35	38,10	16,45

Anlage 17 (Lösung)

	HS_1	KM_1	RG_1	Σ
Bruttoerlöse	2.763.056,–	4.081.700,–	3.460.625,–	10.305.381,–
./. Erlösschmälerungen	602.680,–	1.303.400,–	847.500,–	2.753.580,–
Nettoerlöse	2.160.376,–	2.778.300,–	2.613.125,–	7.551.801,–
./. variable Kosten der abgesetzt. Leistungen	1.118.666,80	1.470.960,–	1.450.875,–	4.040.501,80
Deckungsbeitrag	1.041.709,20	1.307.340,–	1.162.250,–	3.511.299,20
./. fixe Kosten				3.070.600,–
Betriebsergebnis				440.699,20

Vergleich Vollkosten-/Teilkostenergebnis

Vollkostenergebnis	DM	469.334,50	
Teilkostenergebnis	DM	440.699,20	
Abweichung	DM	28.635,30	
entspricht der Abweichung			
in den Beständen	DM	86.000,00	(Vollkostenrechnung)
	DM	57.364,70	(Teilkostenrechnung)
in VKR aktivierte			
Fixkosten	DM	28.635,30	

Stichwortverzeichnis

Konzepte für das neue Jahrtausend

Topseller zur „Balanced Scorecard"

Die Balanced Scorecard ist in aller Munde. Sie revolutioniert zurzeit die bestehenden Denkstrukturen im Controlling. Die erfolgreichen deutschen Unternehmen führen dieses integrierte Kennzahlensystem zunehmend ein. Aber was ist die Balanced Scorecard genau und was muss man bei der Implementierung beachten?

Jürgen Weber, Utz Schäffer
Balanced Scorecard & Controlling
Implementierung - Nutzen für Manager und Controller - Erfahrungen in deutschen Unternehmen
2., akt. Aufl. 2000.
XIV, 280 S. (Advanced Controlling), Geb. DM 78,00
ISBN 3-409-21518-2

Personal führen mit Balanced Scorecard

Das Konzept der Balanced Scorecard (BSC) als ganzheitliches Steuerungsinstrument zur Strategie-Implementation findet auch in der deutschen Unternehmenspraxis immer mehr Beachtung. Das Buch soll die Kreativität und Begeisterung zur Generierung einer BSC im eigenen Unternehmen herausfordern und Mut zur Veränderung und Anpassung der klassischen BSC auf die unternehmensspezifischen Anforderungen machen.

Karl-Friedrich Ackermann (Hrsg.)
Balanced Scorecard für Personalmanagement und Personalführung
Praxisansätze und Diskussion
2000., ca. 250 S. Br. ca.
DM 78,00
ISBN 3-409-11567-6

Management mit Zahlen

Dieses Lehrbuch führt systematisch in die Grundlagen einer modernen Kostenrechnung ein. Der Autor geht ausführlich auf die Systeme der klassischen Kostenrechnung und deren Schnittstellen zu den aktuellen Entwicklungen ein. Die 2. Auflage berücksichtigt noch stärker neue Ansätze im Dienstleistungsbereich am Beispiel des Consulting.

Wolfgang Walter
Einführung in die moderne Kostenrechnung
Grundlagen - Methoden - Neue Ansätze. mit Aufgaben und Lösungen
2., vollst. überarb. Aufl. 2000.
ca. 350 S., Br. ca. DM 49,80
ISBN 3-409-22246-4

Änderungen vorbehalten. Stand: März 2000.

Gabler Verlag · Abraham-Lincoln-Str. 46 · 65189 Wiesbaden · www.gabler.de **GABLER**

Fachinformation auf Mausklick

Das Internet-Angebot der Verlage **Gabler, Vieweg, Westdeutscher Verlag, B. G. Teubner** sowie des **Deutschen Universitäts-verlages** bietet frei zugäng-liche Informationen über Bücher, Zeitschriften, Neue Medien und die Seminare der Verlage. Die Produkte sind über einen Online-Shop recherchier- und bestellbar.

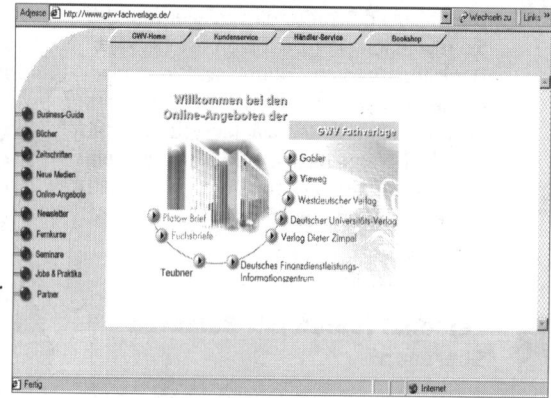

Für ausgewählte Produkte werden Demoversionen zum Download, Leseproben, weitere Informationsquellen im Internet und Rezensionen bereitgestellt. So ist zum Beispiel eine Online-Variante des Gabler Wirtschafts-Lexikon mit über 500 Stichworten voll recherchierbar auf der Homepage integriert.

Über die Homepage finden Sie auch den Einstieg in die Online-Angebote der Verlagsgruppe, so etwa zum Business-Guide, der die Informationsangebote der Gabler-Wirtschaftspresse unter einem Dach vereint, oder zu den Börsen- und Wirtschaftsinfos des Platow Briefes und der Fuchsbriefe.

Selbstverständlich bietet die Homepage dem Nutzer auch die Möglichkeit mit den Mitarbeitern in den Verlagen via E-Mail zu kommunizieren. In unterschiedli-chen Foren ist darüber hinaus die Möglichkeit gegeben, sich mit einer „commu-nity of interest" online auszutauschen.

... wir freuen uns auf Ihren Besuch!

www.gabler.de
www.vieweg.de
www.westdeutschervlg.de
www.teubner.de
www.duv.de

Abraham-Lincoln-Str. 46
65189 Wiesbaden
Fax: 06 11.78 78-400